第二辑

中华全国外国哲学史学会
古希腊罗马哲学专业委员会 ○ 主办

古希腊罗马哲学研究

Journal of Ancient Greek and
Roman Philosophy

中国社会科学出版社

图书在版编目(CIP)数据

古希腊罗马哲学研究. 第二辑 /《古希腊罗马哲学研究》编辑委员会主编. —北京：中国社会科学出版社，2018.12
ISBN 978-7-5203-3873-8

Ⅰ.①古… Ⅱ.①古… Ⅲ.①古希腊罗马哲学—文集 Ⅳ.①B502-53

中国版本图书馆 CIP 数据核字（2018）第 297311 号

出 版 人	赵剑英
责任编辑	冯春凤
责任校对	张爱华
责任印制	张雪娇

出 版	中国社会科学出版社
社 址	北京鼓楼西大街甲 158 号
邮 编	100720
网 址	http://www.csspw.cn
发 行 部	010-84083685
门 市 部	010-84029450
经 销	新华书店及其他书店
印 刷	北京君升印刷有限公司
装 订	廊坊市广阳区广增装订厂
版 次	2018 年 12 月第 1 版
印 次	2018 年 12 月第 1 次印刷
开 本	880×1230 1/32
印 张	9
插 页	2
字 数	226 千字
定 价	48.00 元

凡购买中国社会科学出版社图书，如有质量问题请与本社营销中心联系调换
电话：010-84083683
版权所有 侵权必究

主办：中华全国外国哲学史学会古希腊罗马哲学专业委员会

主编：《古希腊罗马哲学研究》编辑委员会

编委会成员（按姓氏拼音顺序）：

曹青云　陈斯一　陈　玮　梁中和　刘　玮
聂敏里　宋继杰　吴　飞　吴天岳　先　刚
谢文郁　熊　林　詹文杰　章雪富

本辑执行编委： 陈斯一　陈　玮

协办机构：
　　北京大学西方古典学中心
　　中国人民大学古希腊哲学研究中心
　　浙江大学外国哲学研究所
　　山东大学古希腊思想研究中心
　　四川大学西方古典哲学和宗教研究所
　　清华大学道德与宗教研究院古希腊罗马哲学与宗教研究中心

出版资助： 中国社会科学院登峰战略西方哲学优势学科建设项目资助

目　录

论文

柏拉图的经验论

　　　　　　　　　　　　　　　　　　　　先刚 / 3

柏拉图《斐多》论知识的获得

　　　　　　　　　　　　　　　　　　　　詹文杰 / 24

"一"与"多"可否作为柏拉图哲学的最高本原？
　　——以《斐莱布》为例

　　　　　　　　　　　　　　　　　　　　常旭旻 / 48

柏拉图论宇宙的唯一性

　　　　　　　　　　　　　　　　　　　　刘未沫 / 69

问号对柏拉图哲学表达的意义
　　——以《欧绪弗洛》12d 和《美诺》73a、81a 为例

　　　　　　　　　　　　　　　　　　　　盛传捷 / 93

存在洞见与自然视野
　　——《斐德罗》论美

　　　　　　　　　　　　　　　　　　　　樊黎 / 112

"功能论证"：从柏拉图到亚里士多德

　　　　　　　　　　　　　　　　　　　　刘玮 / 127

亚里士多德对科学知识体系的划分

　　　　　　　　　　　　　　　　　　　　聂敏里 /148

亚里士多德《范畴篇》中的"第一实体":
　　一种"新柏拉图主义"的解释
　　　　　　　　　　　　　　　　　　　　　王玉峰 / 168

存在的缺失——抑或形式的缺失
　　——论海德格尔《论 Φύσις 的本质和概念》中的 sterèsis 概念
　　　　　　　　　　　　　　　　　　　　　曾怡 / 188

《形而上学》Z 卷的形式与实体
　　——兼与弗雷德和帕兹克商榷
　　　　　　　　　　　　　　　　　　　　　吕纯山 / 204

实体的可感部分与实体
　　——兼论亚里士多德分析实体的两种模式
　　　　　　　　　　　　　　　　　　　　　葛天勤 / 230

纪念
纪念汪子嵩先生
　　　　　　　　　　　　　　　　　　　　　聂敏里 / 259

英文摘要　　　　　　　　　　　　　　　　269
2017 年学术会议简报　　　　　　　　　　279
《古希腊罗马哲学研究》征稿启事　　　　282

Contents

Articles

XIAN Gang, Plato's Empiricism..3

ZHAN Wen-jie, Acquisition of Knowledge in Plato's
Phaedo 24

CHANG Xu-min, Are One and Many the Highest Principles
of Plato's Philosophy? 48

LIU Wei-mo, Plato on the Unicity of the World....................69

SHENG Chuan-jie, Question Mark in Plato's Philosophy:
Euthyphro 12d and *Meno* 73a, 81a 93

FAN Li, The Insight of Being and the Vision of Nature ——
The *Phaedrus* on Beauty 112

LIU Wei, Function Argument: From Plato to
Aristotle...127

NIE Min-li, Aristotle's Classification of Scientific
Knowledge..148

WANG Yu-feng, The "Primary Substance" in Aristotle's *Categories*:
An Interpretation of Neoplatonism....................................168

ZENG Yi, Absence of Being or Absence of Form, On the
notion of *sterèsis* in Heidegger' s *On the Essence and*

Concept of Φύσις in Aristotle's "Physics"..................188

LV Chun-shan, Form and *Ousia* in *Metaphysics* Z:
Discussion with Michael Frede & Günther
Patzig..204

GE Tian-qin, The Physical Parts of Substance and the
Substance: On the Dual Model of Analysis in Aristotle's
Theory of Substance..230

Memorial

NIE Min-li, In Memory of Mr. Wang Zi-song 259

English Abstracts..269

Conferences in 2017 279

Call for Papers

论 文

柏拉图的经验论①

先刚（北京大学哲学系）

摘要： 通常认为，柏拉图追求位于彼岸的理念世界，忽视甚至蔑视现实的经验世界。但这其实是对于柏拉图的文字的一个片面的误读。从柏拉图的整全性辩证法精神来看，他并不主张理念与事物的分离，因此其对于理念的知识必然是从对于事物的经验知识出发，并且把经验知识包含在自身之内。就此而言，柏拉图哲学是一种经验论；其和近代经验论的根本区别在于，柏拉图始终坚持着经验知识和理性知识的对立统一。

关键词： 经验论；分离说；理念；归纳；辩证法

一

康德在其《纯粹理性批判》中有一个著名的关于柏拉图的论断，他说柏拉图像一只"轻灵的鸽子"，以为自己在没有空气阻力的空间里能够更加轻快地飞行："同样，因为感官世界给知性设置了这样严格的限制，所以柏拉图抛弃了它，勇敢地鼓起理念的双翼飞到感官世界的彼岸，进入纯粹知性的真空。"（B9）②实际上，

---

① 本文首发于《哲学动态》2017年，第9期。
② Immanuel Kant, *Kritik der reinen Vernunft*, in *Kants Werke*, Akademie-Textausgabe,

康德的这番话只不过是重复了一个广为流传的论调，即柏拉图根本不重视乃至蔑视经验，仅仅追求一个虚无缥缈的、彼岸的理念世界，因此与"脚踏实地的"亚里士多德相比，柏拉图更像是一个沉迷于空洞概念中的理想主义者，对于现实的经验世界一无所知。

人们在研究哲学史的时候，通常把柏拉图对于经验的蔑视归咎于巴门尼德的影响，因为在一则由柏拉图亲自提供的关于巴门尼德的报道里，后者严厉地告诫我们："不要让多种经验的习俗迫使你沿着这条路，运用盲目的眼睛、轰鸣的耳朵和舌头，而是运用理性来判断充满争执的否证……"（KRS 294）[①]针对这个言论，青年尼采批评道："他[巴门尼德]把感觉和抽象思维能力即理性断然分割开来，仿佛它们是两种截然分离的能力，结果，他就完全击碎了理智本身，促成了'精神'与'肉体'的完全错误的分离。特别是自柏拉图以来，这种分离就像一种灾难压在哲学头上……通过经验认识到的那个世界的全部多样性和丰富性，它的质的变化，其上升与下降的秩序，都被作为单纯的假象和错觉无情地甩在了一边。从这个世界，人们学不到任何东西……现在，真理只能栖身于最苍白、最抽象的普遍性之中，栖息于由最不确定的言语筑就的空壳之中……"[②]尼采的这个判断支配了整个后来的哲学史的意见，即从巴门尼德开始，思维与经验的斗争以及"思维至上"的论调成为了西方哲学史上的一个主旋律，而在古希腊哲学家里，柏拉图尤其继承了巴门尼德的这条路线。就此而言，尼采的上述批评与其说是针对巴门尼德，毋宁更多地是针对柏拉图

（接上页）Band III, S. 32, Berlin 1968.
① 中译引自[英]基尔克等：《前苏格拉底哲学家：原文精选的批评史》，聂敏里译，华东师范大学出版社 2014 年，第 382 页。
② [德]尼采：《希腊悲剧时代的哲学》，李超杰译，商务印书馆 2006 年，第 64—65 页。

而发。

需要承认的是,正是柏拉图本人的某些言论,给人造成了这样一些深刻的印象。在柏拉图的各种贬低感官和经验的言论中,《斐多》尤其占据着一个特别显要的位置。在这篇对话录里,柏拉图借苏格拉底之口反复强调,哲学家的任务是尽可能地让灵魂摆脱身体,因为身体经常阻止我们获得"真正的知识"。在进行认识的时候,"看"、"听"等感觉都是没有用的,借助于身体,灵魂很难获得真理,而是只能通过思想,把各种感觉丢到一边。(*Phaid.* 65a-c)他说,我们必须"仅仅借助于纯粹的思想,努力理解把握每个东西纯粹的自身,尽可能地脱离眼睛、耳朵乃至整个身体,因为身体只会添乱,不让灵魂获得真理和认识……"(*Phaid.* 66a)这是"真正的哲学家"——这个概念在该对话录的相关语境下多次出现,参阅 *Phaid.* 63e, 64a, 64b, 64e, 66b, 67d, 67e, 68b, 69d, 80e, 82c, 83b——的共识:只要有身体在,我们就永远都不能得到我们所追求的东西;身体及其欲望是战争、骚乱、屠杀的元凶;身体让人们疲于奔命,没有闲暇去追求真理,如此等等。(*Phaid.* 66b-c)总之,"如果我们想要纯粹地认识某些东西,就必须摆脱身体,借助于灵魂本身来审视事物本身。"(*Phaid.* 66d)在随后的地方,苏格拉底继续重复道,"真正的哲学家"发现身体是一座囚禁着灵魂的监狱,为了使灵魂得到解脱,他们表明,"一切透过肉眼的观察都充满了欺骗,同样,一切透过耳朵及其他感官进行的观察也充满欺骗……他们鼓励人们返回到自身内,保持这种凝聚状态,除了自身之外不相信任何别的东西……那些可感知的和可见的东西是不真实的,真正真实的东西是可思想的和不可见的东西。"(*Phaid.* 83a-b)这些言论的必然结果,就是要我们脱离身体,坦然接受死亡,因为这其实是一件大好事,它意味着"净化"和"解脱"。而这就是"哲学就是关于死亡的预备练习"的真正意思。

二

柏拉图的以上言论在思想史上非常出名，经常被拿来当作他极端反对经验论的证据。我在写作《柏拉图的本原学说》(2014)一书时，也过多地受到了这些言论的影响，在某种程度上太过于强调柏拉图对于思维的重视和对于经验的贬斥。但现在我认为，柏拉图的这些言论——它们在别的对话录里从未采取如此激烈的表达方式——更应该在《斐多》这篇特定的对话录的特殊语境中来对待，它们与其说是反对"感官和经验"，不如说是反对"身体"，尤其是反对人们对于身体的片面执着。确切地说，对话录中的苏格拉底在发表这些言论的时候，正面临着马上就要行刑赴死的重大危机，因此，很有可能主要是为了安抚他的学生和朋友，他一方面论证"灵魂不朽"，另一方面对身体采取了极端的贬斥态度，以表明他的（身体上的）死亡与他向来追求的智慧完全合拍。但是，正如我刚才指出的，我们最好是在这个特殊的语境里面看待这些言论，而不要匆忙地得出柏拉图完全反对感官和经验的结论。

另一个促使我在这个问题上重新反思的因素，源于我前一段时间对于陈康的博士论文的研究。我的这方面的阶段性研究成果发表在《哲学门》第十五卷第二册上面。[①]在这篇论文里，针对陈康在"分离"问题上与其论敌的争论，我提出了一个统摄性的解决方案，即在柏拉图那里，"理念既是与事物分离的，也不是与事物分离的"：所谓"分离的"，是指理念在本质上不同于事物——

---

① 先刚：《柏拉图理念学说"分离"问题再考察》，载于《哲学门》第 15 卷，第 2 册，北京大学出版社 2014 年，第 9–26 页。

这是亚里士多德说到理念在事物"之外"（para, praeter, außer）时的真正意思——，在存在性上高于事物，二者必须严格区分开来，而所谓"不是分离的"，则是指任何事物都是本原混合的产物[①]，而理念作为某种层次上的本原，因此必然是事物的构成要素之一，必然与事物结合在一起。[②]也就是说，从一个方面来看，我捍卫了陈康的那个主张，即柏拉图和他的学生亚里士多德一样，也是主张"理念在事物之内"——借用黑格尔经常强调的一句话来说，真正的理念必然是那种把它的对立面（亦即事物）包含在自身内的理念。从这里出发，几乎可以立即得出一个推论：既然如此，那么为了认识到真正的理念，就必须也要认识到那些包含在理念之内的事物，随之关于理念的认识和关于事物的认识（即经验知识）必然具有一种根本重要的关系。

基于以上两点认识，我觉得有必要重新讨论柏拉图对于经验知识的态度。也就是说，通常的那种观点，即柏拉图是一个极端蔑视和贬低经验知识的人，在我看来并不符合柏拉图哲学的真相。在这里，我的任务不是仅仅满足于指出柏拉图其实对于经验世界有着丰富的知识等等（这本来就是一件显而易见的事情）；我真正的核心命题是：柏拉图的真正的"知识"（epistēmē, phronēsis）——即关于理念以及本原的知识——必须开始于并且立足于经验，必须将经验包含在自身之内。在这个意义上，可以说柏拉图哲学是一种经验论。当然，为了避免我们把它和洛克以降的"英国经验论"混淆起来，我希望预先提出，柏拉图的"知识"并非完全和仅仅来自于经验，毋宁说它是一种虽然开始于经验、但却超越了

[①] 关于这个问题，可参阅先刚《柏拉图的本原学说》，第9章："从本原出发的道路：混合"，三联书店2014年，第264–300页。

[②] 我在讨论这个问题的时候，甚至借用了费希特的一个著名的辩证法观点：凡是分离的（对立的），必然也是结合的（统一的），反之亦然。

经验，并且反过来使得经验成为可能的东西；反之，"英国经验论"并不是真正意义上的"经验论"（这个名称是后来康德才给予他们的），严格说来，他们的哲学标签应该是"感觉主义"（Sensualismus）才对。

首先，我对前面所说的那个"显而易见的"事情略作澄清，即柏拉图事实上对于经验世界有着深入的了解，拥有丰富的经验知识。我们看到，无论是在一系列"探究性的"（即没有把最终答案明确书写下来的）对话录中，还是在那些明确的"宣教性的"对话录中，柏拉图都展示出了他对于经验世界的深入而丰富的了解。在他的笔下，面对"学富五车的"诗人和智术师，苏格拉底能够和他们就一件具体的事情和一个具体的事物展开精细的辩论，丝毫不落下风；面对社会阅历丰富的贤达人士，苏格拉底不但能够和他们侃侃而谈，更是引导他们反思经验中熟知的事情，获得新的深入的认识；而当面对那些涉世未深或各方面尚未完全成熟的有为青年，苏格拉底更是在经验和思想中引领他们，完美地诠释了"导师"的角色。尤其在《法律》这部鸿篇巨制中，柏拉图展示出他对于经验世界的了解甚至到了连鸡毛蒜皮都不放过的地步，比如他可以指导一位母亲应当用怎样的姿势抱着她的失眠的婴儿，让其尽快入睡等等（*Leg.* 790d-e）。

当然，柏拉图之所以成为柏拉图，最重要的关键在于，他在经验知识的基础上走向了真正的知识，这也是柏拉图哲学与近代经验论的根本不同之处。但是，如果没有以这些经验知识为基础，柏拉图如何能够获得真正的知识呢？我们当然不能想象，柏拉图就像黑格尔挖苦的那些人一样，无需付出任何努力，"上帝就在睡梦中把智慧赏赐给他们了。"[①]

---

① [德]黑格尔：《精神现象学》，先刚译，人民出版社 2013 年，第 7 页。

三

这里我们进入一些具体的例子,来看看柏拉图如何从经验知识出发上升到真正的知识。众所周知,柏拉图在《斐多》里通过所谓的"第二次航行"获得了真正的知识亦即对于理念的知识。关于那个与"第二次航行"相对立的"第一次航行"究竟意味着什么,是指"最佳"意义上的"第一"呢,还是指时间顺序意义上的"第一次",学术界有着许多争论。[①]我在这里采纳意大利学者雷亚利(Giovanni Reale)的主张,即"第二次航行"代表着西方哲学的第一次"形而上之旅",柏拉图以此找到了超越经验的"理念"。[②]不过雷亚利在论述这个问题的时候,重心放在"超越经验的形而上之旅"的伟大意义上面。过去我也是主要依据柏拉图在这里的论断,强调柏拉图对于经验论的拒斥。不过随着认识的深入,我在这里却是注意到了这样一个事实,即如果没有"第一次航行"(从知觉和经验出发的探索),那么也不会有后来的"第二次航行"。也就是说,"第二次航行"虽然超越了"第一次航行",但它不是横空出世,毋宁必须以作为经验知识的"第一次航行"为基础,并在这个意义上包含着经验知识在自身之内。因此,只是在充分经历了各种经验和思考之后,苏格拉底才作出决断:"放弃直观'存在者'(ta onta)……我意识到那种危险,很怕用眼睛盯着事物或者用其他官能掌握事物会使灵魂变瞎。因此我认为必

[①] 程炜在其未刊论文《何谓"Deuteros plous"——再辨〈菲多〉96a6–107b9》中对此作出了一个很好的研究综述。至于程炜自己的观点,即"第一"意味着"最佳",笔者未敢苟同,因为这等于是主张有一种神秘莫测的、完全不依赖于经验的"直观"理念的知识。

[②] Vgl, Giovanni Reale, *Zu einer neuen Interpretation Platons*, Paderborn, 2000, S. 135 ff.

须求助于思想，在思想中考察'存在者'的真相。也许我的比方不大精确，因为我绝没有意思说，一个通过思想研究'存在者'的人从影子看实物，会比从生活实际看它们更清楚。"（Phaid. 99e-100a）试想，柏拉图如果脱离经验，随随便便就例举出各种"xx自身"或"理念"，这种连小孩子都会做的事情未免太过于轻巧，而柏拉图竟然以此成为一名伟大的哲学家，这就太令人匪夷所思了。

接下来我们以"美"的理念为例子，来证明柏拉图对它的认识同样也是立足于经验知识。

在《大希比亚》里，苏格拉底追问"美本身"是什么。虽然与之对话的希比亚并没有达到对于"美本身"的认识，但他们的讨论显然已经涉及到了经验中的许多具体的"美的东西"，而这些东西显然也是柏拉图所熟悉的。我们要注意，苏格拉底虽然批评希比亚不知道"美本身"是什么，但他并没有从原则上否认希比亚提到的美食、美酒、美女等等确实是"美的东西"。也就是说，他并没有否认希比亚的经验知识，而只是指出希比亚的这些认识是不充分的、未达根本的。

而在《会饮》里，通过对"爱"尤其是"对美的爱"的阐述，柏拉图已经明确勾勒出了一个从经验出发并上升到理念的过程（Symp. 210b-211b）。从人的自然天性来说，人们（尤其是年轻人）首先会被一个"美的肉体"吸引，仅仅爱这个东西，而随着年龄和见识的增长，他们会发现"美"是普遍的，不是限定在某个特定的肉体上面，因此只爱一个特定的肉体是非常不明智的事情，毋宁说一个真正爱"美"的人必须爱"所有美的肉体"。这话听起来好像是在为人们的滥情和泛爱寻找哲学理由，但这其实是真正的知识之路必然提出的要求。如果没有"阅人无数"，在这方面有无比丰富的经验，一个人怎么会认识到真正的"美"呢。正是以对"美的肉体"的爱为基础，人们才会上升到对"美的灵魂"的爱，认识到灵魂是一个比肉体更美的东西。也只有在这个基础上，人们最终才会认识到"美本身"或"美"的理念，把最大的爱奉献给它。有些学者认为，这种"柏拉图式爱情"实际上根本就不爱任何一个人，因为他真正所爱的是寓居在某个人身上的具有普遍意义的"美"，而不是爱这个人本身。这个观点其实是没有弄懂柏拉图的辩证法精神，因为柏拉图真正的主张是，既要爱"美"的理念，也要爱"美的灵魂"、"美的肉体"乃至一切具体的"美的东西"，而且前面那种爱是以后面这种（在经验世界中发生的）爱为前提，以之为基础的。柏拉图也从来没有宣称，一个爱"美"的理念的人就不应当、或者不能够爱经验世界中的"美的东西"，毋宁说正相反，那个认识到"美"的人比始终陷身经验世界中的任何别的人都更懂得如何去"爱"。因此柏拉图笔下的苏格拉底完全有理由宣称自己是一位"精通爱情的大师"（*Symp.* 177e）。关于"柏拉图式爱情"，网上流传着一个不知道什么人杜撰的段子，搜集了柏拉图关于爱情的言论。其中第一句话是："如果爱，请深爱。"这句话虽然压根就是杜撰，但也不算太离谱，当然，柏拉图真正的意思是："如果爱，请全爱。"

对于这个问题，《理想国》有着更为明确的阐述。柏拉图指出，如果真正爱一个东西，就一定是爱它的全部，而不是仅仅爱其中的一部分而不爱其余部分（*Resp.* 474c）。比如，如果一个人爱"美"，那么除了爱美少年、美女、美酒、美食、美的风景、美的声调、美的色彩、美的形状等等之外，他还应当爱一切"美的东西"，而发展下来，自然不应当遗漏最重要的那个东西，即"美本身"或"美的理念"。诚然，有些人只知道各种"美的东西"，但不能认识"美本身"，只有极少的人能够认识"美本身"，即"美"的理念。但反过来，那认识到"美"的理念的人，却必须做到这一点，即"能够分辨'美本身'和包括'美本身'在内的许多具体东西,同时又不把'美本身'与含有'美'的许多个别东西,彼此混淆。"(*Resp.* 476c-d)很显然,柏拉图从来没有说,那认识到"美"的理念人,却不知道什么是"美的东西",不具有这方面的经验知识,正如他在《巴门尼德》里面明确反驳那种说法,即认识到理念的诸神却不能认识人间的事物(*Parm.* 134e)。柏拉图更没有在任何地方指出,一个对于经验世界和现实事物茫然无知的人,居然能够认识到理念!由此可见,一个能够认识到理念的人,一定是一个对于现实事物有丰富经验的人(这时可以说他具有"知识",*Resp.* 476d),虽然反过来就不能这么说(这样的人充其量仅仅具有"意见")。

正是在这里,柏拉图以一种极为明确的方式强调指出,经验知识是真正的知识的一个绝对不可或缺的组成部分。他多次提到,一位哲学家应该具有"两个方面的优点"或"两种品质"(*Resp.* 485a),能够从"两个方向"(*Resp.* 501b)看问题,能够参加"两种生活"(*Resp.* 520c)等等,这些都是指哲学家不但应当具有关于理念的知识,而且也应当具有丰富的经验知识(甚至在这方面不应当逊色于任何普通人)。为此柏拉图甚至区分了"器量狭小的"哲学家和真正"眼界开阔的"哲学家(*Resp.* 485a),后者无论在神的事情还是人的事情上都追求"完整和完全",因此他必然不能在经验知识方面有所欠缺。为了更直观地证明这一点,我引用柏拉图的如下几条原文作为佐证:

1)"另外还有一种人,他们知道每一事物的实在,而且在经验方面也不少似上述那种人,在任何美德方面也不差似上述那种人,那么,我们还不任命这种人当护卫者,反而去任命上述那种类似盲人的人当护卫者吗?"(*Resp.* 484d-e)

2)"同一个人同时具有两种品质是可能的;应当让这种人而

不是让别种人当城邦的统治者。"（*Resp.* 485a）

3）"一个人必须兼具这两个方面的优点，并且结合妥当。"（*Resp.* 485a）

4）"制度拟定之后，我想，他们在工作过程中大概会时不时地向两个方向看望，向一个方向看绝对正义、美、节制等等，向另一个方向看他们努力在人类中描画出来的它们的摹本……"（*Resp.* 501b）

5）"一经习惯[对于理念的知识]，你就会比他们看得清楚不知多少倍，就能辨别各种不同的影子，并且知道影子所反映的东西，因为你已经看见过'美'、'正义'和'善'的真实。"（*Resp.* 520c）

　　这些证据可以充分表明，柏拉图所谓的真正的知识绝不排斥经验知识，相反却是必然把后者包含在自身之内。更重要的是，柏拉图在这里以一种非常明确的方式指出了两种知识的结合途径。这就是我们耳熟能详的"线喻"。在这里，柏拉图划分出"可见世界"和"可知世界"两个世界，并在这两个世界内部进而划分出"影像"—"实物"—"数学对象"—"理念"四个层次（前两者为经验世界），对应以"想象"—"意见"—"理智"—"理性"这四种知识（前两者为经验知识）。通常我们总是强调这四个层次的高低贵贱，强调柏拉图对于"可知世界"和"理性知识"的推崇，但却忽视了柏拉图在这里提出的四个层次之间的延续性（也就是我们屡次强调的"完整性"）。柏拉图指出，"逻各斯本身凭着辩证的力量达到的那种知识……是从这个起点一直上升到一个高于假设的世界，上升到绝对本原，并且在达到绝对本原之后，又回过头来把握那些以绝对本原为根据提出来的东西，最后下降到结论。"（*Resp.* 511b-c）这里面明明白白地有一个自下而上，然后又自上而下的过渡和延续，因此这里实际上只有一种完整的知识，而单纯的理性知识无论如何高超,都必须是从那个起点(即经验)上升而来。就对于理念的认识而言,如果一个人没有事先认识到想象、实物、数学对象等等,那么他也不可能认识到理念,不可能如柏拉图反复强调的那样,把理念和前面那些东西区分开来。换言之,一个人必须先具有"意见",然后才能获得"知识",同时知道"知识"和"意见"的区别。虽然只有"意见"或经验知识的人不知道什么是"知识",但是,具有"知识"的人一定知道什么是"意见"或经验知识。正因如此,在走向真正的知识的过程中,"意见",尤其是"正确的意见"(he alethes doxa),也扮演着不可取代的重要角色。在《泰阿泰德》里,苏格拉底虽然猛烈抨击"知识即感觉"这一命题,但他并没有绝对地排斥感觉。比如,我们总是首先通过感觉接触到一些最具体的方面,比如红的东西,黑的东西,刺耳的东西,悦耳的东西,然后才能想到"红"、"黑"(乃至更普遍的"颜色")、"声音"等概念。(Tht. 185b)当然,苏格拉底并不认为这些概念是来自于感觉,而是认为必须借助于灵魂或思维才能把握到它们。但无论如何,苏格拉底也承认,为了把握那些概念,必须一方面借助于灵魂,另一方面借助于身体的各种官能和感觉,二者缺一不可。(Tht. 185e)当然,如果人们仅仅局限于感觉和经验,那么他们得到的仅仅是"意见",但即便是"错误的意见",也不是一种子虚乌有的东西,它不等于"无知",而毕竟是一种知识,只不过是把经验中的东西错误地混淆在一起(Tht. 189b-c)。而如果人们把概念和对象正确地放在一起,就形成"正确的意见"(Tht. 198d),虽然它不是真正的知识,但毕竟是后者的必经阶段,而且"正确的意见"的确可以在现实生活中给予我们重要的指导(Tht. 201a)。当然,苏格拉底同时强调指出,无论是"错误的意见"还是"正确的意见"都不等于是真正的知识(而绝大多数普通人,包括职业智者,却把他们具有的"意见"标榜为"知识"或"智慧"),因此哲学家必须在这个基础上走向真正的知识,而且唯有如此,他们才能反过来区分"知识"和"意见",同时区分"错误的意见"和"正确的意见"(*Tht.* 200b)。

　　与之联系在一起的是柏拉图的"洞喻"。过去我们总是以为,柏拉图是在强调"洞穴内的"经验世界的悲惨境地,在赞美"洞穴外的"理念世界的光明美丽,仿佛他最为强调的是两个世界(相应地两种知识)的分离和断裂。诚然,哲学家是一些能够来到洞穴之外的幸运儿。但关键在于,哲学家并不是天生就在洞穴之外,并不是天生就获得了关于理念世界的知识。毋宁说柏拉图明确指出,洞穴里的囚徒是"和我们一样的人"(*Resp.* 515a)!也就是说,我们每一个人(包括哲学家)的出发点都是被囚禁的状态,哲学家同样经历了被束缚、仅仅看到阴影的阶段,只是随后才挣脱桎梏,看到火光和事物,而这些都意味着,哲学家必然是从经验世界出发,不断提升他的经验知识。至于哲学家走出洞穴的过程——柏拉图把它称作"适应过程"(*Synetheia, Resp.* 516a),它在字面上也可以理解为"经验积累过程"——,即从经验知识上升到理性知识的过程,完全可以和"线喻"划分的四个阶段对应起来,而正如我们前面指出的,我们不应当片面地强调"理性知识"(即洞穴之外的知识)的意义和重要性,而是应当把这理解为一个完整的过程,理解为一种完整的知识。同样,我们也必须在这个意义上理解《理想国》随后提出的从体操和文艺出发,经过算术、几何学(包括立体几何学)、天文学、谐音学,最终达到对于"善的理念"的知识的过程。在这些阐述中,经验知识始终是真正的知识的基础和必要组成部分。不仅如此,我们也必须在这个意义上理解柏拉图在《第七封信》里面提出的五个层次的划分(*Epist.* VII,

342a ff.)。柏拉图在那里指出,要最终认识到理念,必须具有关于具体的形状、颜色、善、美、公正、任何物体(人造的和天然的)、火、水、任何生物、灵魂的本质类型、人所做和遭受的一切的知识,而这同样意味着,如果人们没有掌握前面四种层次的知识,那么永远不可能达到第五个层次的知识。(*Epist*. VII, 342d-e)在这个过程中,柏拉图不仅强调对于具体事情的经验知识,甚至提出了"共同生活"的要求,惟其如此,那种理性知识才能够像一朵火花一样,从灵魂里面绽放出来(*Epist*. VII, 341c)。

我们看到,柏拉图不仅强调理性知识必须立足于经验知识,而且指出,在达到理性知识之后,必须反过来回到经验。在洞穴外认识到理念的哲学家必须返回到洞穴之内,通常人们把这解释为哲学家肩负的解放人类的"使命",并在这个基础上极力强调哲学家在洞穴内的悲惨际遇。但我们想要指出的是,哲学家之所以返回到洞穴之内,并不是基于什么外来的"任务"或"使命",而仅仅是因为他的真正的知识始终不能脱离经验世界和经验知识——经验并不是人们在登上屋顶之后就可以丢弃的一把梯子,毋宁说,人们在沿着它攀升之后,还必须能够沿着它爬下来。在《理想国》描述的那个上升过程里,各方面合格的哲学家在35岁的时候就已经认识到了洞穴之外最上方的"善的理念",但这并不是事情的终结和完满,因为他们必须下到洞穴里面,负责指挥战争或其他公务等等,以便"他们可以在实际经验方面不低于别人"(*Resp*. 539e)。也就是说,哲学家必须和经验知识再度结合(这里不仅仅是一个"复习"过程,毋宁主要是用理性知识来解释并指导经验知识,并在这个意义上为经验"奠基",惟其如此,柏拉图才可以说哲学家比那些从未走出洞穴的人更懂得经验),这样持续15年之后,直到他们在"实际工作和知识学习"方面都完全合格,才能重新看到"善本身"(*Resp*. 540a),

而这才意味着他们的知识真正达到了一个完满的境地。

到此为止我们已经阐明，在柏拉图哲学里，经验知识扮演着一个基础性的、不可或缺的重要角色，真正的知识必须立足于经验知识，并且始终把经验知识包含在自身之内。因此可以说，柏拉图哲学是一种经验论。

四

当然，为了完善我们的观点，我们必须在如下几个方面回应人们可能对我们提出的质疑。

首先，关于柏拉图本人的那些贬低经验和感觉的言论，我在本文一开篇就已经作出了解释和澄清。简言之，柏拉图实际上批评的，其实是那种完全并且仅仅限定在经验和感觉层面的做法。

其次，人们可能会质疑道，柏拉图的经验论是否与他的"回忆说"——即人们已经先天地具有了对于理念的知识——相矛盾。诚然，在《斐德罗》里，柏拉图用一个著名的神话告诉我们，灵魂在降生到现实世界之前，已经在天上看到了各种"真实的存在者"，亦即理念（Phaidr. 247c），只是在后来，灵魂才跌落凡间，不得不以"假象"（经验）为食。同样，在明确提出"回忆说"的《斐多》和《门农》里，苏格拉底也是转述他从古代祭司和诗人（品达等等）那里听来的一个神话：由于灵魂是不死的，所以它在历生历世知道的东西太多太多，故而对于"美德"或其他理念，只需回忆起来即可。人们通常所谓的"学习"，无非是勇敢而不知疲倦地去寻求，并在这个过程中回忆起已知的东西。"因此求知和学习完完全全就是回忆。"（Men. 81d; vgl. Phaid. 76a）在这个过程中，苏格拉底甚至用一个仆人来"做实验"，证明这个仆人能够"回忆起"他从未学习过的几何学知识（虽然我们觉得这个例子并没有什么说服力，毋宁它更多地是表明，苏格拉底如何通过问答法教会了仆人相关知识，而且归根到底，仆人仍然不具有这方面的知识）。关于《门农》的例子，我们想要指出的是，柏拉图在这里并未证明灵魂具有一种彻底的先天知识，而充其量只是证明灵魂具有一种相对于此生而言的先天知识，因为那些知识完全有可能是在前世通过经验而获得的。当然，如果以《斐德罗》为据，那么我们不妨承认灵魂具有一种彻底的先天知识。但是，撇开这两个神话的外衣，实际上柏拉图仅仅告诉我们：存在着一些先天的、不依赖于经验的理念，它们才是灵魂的真正的知识的对象——然而我们本来就没有否认这一点，我们本来就承认，灵魂在自身内先天地包含着这些理念，只不过我们强调的是，即便如此，对于任何一个现实的、活生生的人来说，他都只能从经验出发，并通过经验而逐渐认识到这些理念，比如同样在《斐德罗》讲述的那个神话里，柏拉图也不忘提醒我们，一个人是首先看到"美的东西"，亦即通过一种经验，然后才能激发起对于"美本身"的爱和追求（*Phaidr.* 244a, 250a）。至于这个过程是被称作"回忆"、"学习"或是"经验"，那是无关紧要的。

刚才我们说，我们承认"回忆说"的一个核心方面，即原初地存在着一些先天的、不依赖于经验的理念；因此对于柏拉图的经验论来说，关键在于，人们通过经验不是"发明"理念，而仅仅是"发现"理念。假若理念是人们"发明"出来的，就像英国经验论者以为的那样，仅仅是从众多个别事物里面"抽象"和"提炼"出来的，那么这种意义上的"理念"——作为单纯抽象而空洞的"概念"——遭到人们的非议乃至否认也就不足为奇了。然而柏拉图的"理念"当然不是这样的东西（这里我要再度强调一下，就此而言，英国经验论者根本没有资格使用"*idea*"这个高贵的术语)。无论是在《斐德罗》、《斐多》或《理想国》里,还是在《巴门尼德》和《蒂迈欧》里,柏拉图都以一种无比确定的方式指出,理念是一些原初存在着的、在本性和本质上先于个别事物的东西。也就是说,柏拉图和亚里士多德一样主张,虽然从认识来说,经验中的个别事物是在先的,但从本性来说,理念却是在先的;[①]柏拉图和亚里士多德一样,用形式("一")和质料("不定的二")这两个本原来解释万物的存在和转变(这方面的论述主要见于"未成文学说"和《蒂迈欧》),而且柏拉图比亚里士多德更为明确得多地指出,经验中的事物之间的关系和秩序是以众多理念之间的关系和秩序为基础的(比如,正是理念相互之间的结合和排斥关系决定了,经验中的事物哪些能够结合在一起,哪些不能结合在一起,参阅《斐多》Phaid. 104b-105b),所以,我们之所以能够在经验中认识到事物及其关系是怎样的,原因仅仅在于,它们的本性就是这样的。在这个意义上,我们说,柏拉图的理念不仅是"先天的"(即它们不依赖于经验而原初存在着的),而且是"先验的"(即它们是经验事物得以存在和得以被认识的原因)。惟有对此始终保持着明确的意识,我们才能够在强调柏拉图的经验论的极端重要性的同时,不至于落入到英国经验论的层次。

最后还有一个重要的问题。我们说,柏拉图的观点是,我们通过经验的积累,通过对于现实事物的认识而"发现"了理念。无论如何,现实事物和理念是两种根本不同的东西(这是我们在另一方面强调理念的"分离性"的理由)。那么,从现实事物过渡到理念的那一瞬间,究竟是怎样发生的呢?柏拉图告诉我们,有些人永远都停留在经验和现实事物的层面,而有些人(哲学家)能够从经验世界上升到理念世

[①] 亚里士多德在他的《形而上学》(Met. D11)里亲自承认,"认识在先"(τὸ τῇ γνώσει πρότερον)和"本性在先"(πρότερα κατὰ φύσιν καὶ οὐσίαν)是柏拉图已经作出的区分(1018b-1019a4)。

界——关于后面这些人的认识过程,柏拉图在绝大多数情况下(比如在《斐德罗》、《会饮》和《理想国》里面)都把这描述为一个虽然充满艰辛,但毕竟是自然延续的过程,但在某些场合,他的言论给人一种感觉,仿佛这里有一个跳跃的关键点,比如在《斐多》里,苏格拉底突然就得出了一个"利索的"答案,从现实事物跳跃到了各种"xx本身"(*Phaid.* 100d),又比如在《第七封信》提到的第五个层次亦即最高层次上,那个在灵魂里面绽放出的火花(*Epist.* VII, 341c)似乎也在暗示这里有一个质的飞跃。

就前面这种情况而言,柏拉图似乎认为,人们是通过"归纳"(*epagoge*)而得到了理念。考虑到亚里士多德曾经用"归纳论证"和"寻求普遍定义"这两个主要标志来刻画苏格拉底的思想(*Met.* M4, 1078b29),①那么柏拉图继续采用其老师的归纳方法也是一件很合理的事情。当然,这里的麻烦在于,自从英国经验论以来,人们已经认定了一个结论,即通过归纳不可能得出诸如理念这样的普遍必然的东西——然而正如本文前面已经指出的,这样理解的"归纳"和我们所批评的那种"发明"、"抽象"的想法是一脉相承的,因此根本不符合柏拉图的本意。实际上,即使是亚里士多德本人也从来没有在后来的英国经验论的意义上理解"归纳",毋宁说,他把"归纳"和"演绎"看作是同等基础和同等重要的推理过程。在这个意义上,我们可以说,苏格拉底-柏拉图的"归纳"更像是康德在《判断力批判》里面提出的那种通过"反思的判断力"(reflektierende Urteilskraft)而达到"多中之一"的过程。②

---

① 亚里士多德在这里同时指出,苏格拉底并没有使普遍者与事物相分离,可是某些"理念论者"却把普遍者分离出来。(*Met.* M4, 1078b30-31)关于这里所说的"理念论者"是否也包括柏拉图本人在内,学界争论甚多。从本文的立场来看,很显然,我们和陈康一样认为,柏拉图不能被算在那些所谓的"理念论者"之内,因为我们主张,柏拉图的理念是在事物之内,与事物必然结合在一起的。

② Immanuel Kant, *Kritik der Urteilskraft*, in *Kants Werke*, Akademie-Textausgabe, Band

归根到底，我们不应当把"归纳"看作是一种绝对孤立的东西（这种思想其实是近代才发展起来的一个观念），而是应当把"归纳"和"演绎"结合起来考虑，也就是说，既没有单纯的"归纳"，也没有单纯的"演绎"，毋宁说"归纳"以"演绎"为前提，而"演绎"同样也以"归纳"为前提，二者仅仅是同一条道路的上下不同的两个方向。如果认识到这一点，我们就不会反对柏拉图通过"归纳"而发现理念的做法，也不会因此拒斥柏拉图的经验论。

而就后面那种貌似跳跃的情况而言，如果我们把这看作是柏拉图对于认识过程的结果的强调，那么就不会认为它和前面那种情况有着根本的区别。按照某些学者的解释，柏拉图在这里上升到了对于理念的"直观"或"直觉"。我们并不排斥"直观"之类术语，但正如黑格尔指出的那样，通常人们所谓的"直观"，只不过是经过长期的经验积累而终于认识到结果而已，但关键在于，结果"只有与它的转变过程合并起来才是一个现实的整体"[①]，也就是说，对于结果的"直观"必须与之前的经验积累过程结合起来，才是一个真实的东西。[②]因此，如果人们在谈到"直观"的时候，刻意强调其中的直接性，仿佛没有包含着任何中介过程（经验知识）自身在内，赤裸裸地就认识到了理念，那么这完全是一个错觉。在这里，我们甚至不用引述黑格尔的另外一个深刻

（接上页）V, S. 179, Berlin 1968.

① [德]黑格尔:《精神现象学》，先刚译，人民出版社2013年，第2页。

② 我们并非绝对排斥"直观"，因为这是一个明显的经验事实。但关键在于，很多所谓的"直接的"答案其实是建立在丰富复杂的经验之上，是反复思索和长期生活经验的产物，就像黑格尔指出的那样："[所谓的]直接知识实际上就是间接知识的产物和结果。"（G. W. F. Hegel, *Enzyklopädie der philosophischen Wissenschaften I*, Theorie-Werkausgabe, Frankfurt am Main, 1970, S. 156）历史上的那些哲学家主张的"直接知识"（比如柏罗丁的"灵魂出窍"和斯宾诺莎的"第三种知识"）都必须在这个意义上来理解，至于某些神秘主义者鼓吹的种种神秘体验，我们只能表示敬谢不敏。

洞见，即这个世界上根本不存在什么纯粹直接的东西；我们只需看看柏拉图在谈到那种跳跃时的前后文本，就可以清楚地发现，即使这是一种"直观"，那么它始终还是以之前的漫长探索为基础，因而在这个意义上绝不是一种"直接的"知识。与此相联系的，是我在本文前面部分提到的关于"第一次航行"中的"第一次"究竟意指为何的争论。我之所以不接受那种把"第一次"解释为"最佳"，随之把"最佳"解释为"直观理念"的说法，原因恰恰在于，这种对于理念的"直接认识"恰恰是与柏拉图的经验论和辩证法精神相悖的；除非人们认为，《斐德罗》里面说到的那种在天空中飘荡的灵魂对于理念的观望就是"最佳"认识，然而这毕竟只是一个神话，而且这种貌似轻松、实则空洞贫瘠的、把广袤丰富的经验世界排除在外的"认识"根本不能让我们得到满足。

参考文献

1. Hegel, G. W. F.: *Enzyklopädie der philosophischen Wissenschaften I*, Theorie-Werkausgabe, Frankfurt am Main, 1970.
2. Reale, G.: *Zu einer neuen Interpretation Platons*, Paderborn, 2000.
3. Kant, I.: *Kritik der reinen Vernunft*, in *Kants Werke*, Akademie-Textausgabe, Berlin, 1968.
4. Kant, I.: *Kritik der Urteilskraft*, in *Kants Werke*, Akademie-Textausgabe, Berlin, 1968.
5. [英]基尔克等：《前苏格拉底哲学家：原文精选的批评史》，聂敏里译，华东师范大学出版社，2014年。
6. [德]黑格尔：《精神现象学》，先刚译，人民出版社，2013年。
7. [德]尼采：《希腊悲剧时代的哲学》，李超杰译，商务印书馆，

2006年。
8. 先刚:《柏拉图的本原学说》,三联书店,2014年。
9. 先刚:《柏拉图理念学说"分离"问题再考察》,载于《哲学门》,第15卷,第2册,北京大学出版社,2014年。

柏拉图《斐多》论知识的获得[①]

詹文杰（中国社会科学院哲学研究所）

摘要：按照柏拉图的《斐多》，获得知识首先意味着灵魂自身的净化，其次意味着灵魂对于纯粹实在或诸理念的回忆，最后意味着借助"假设法"或命题推演的方法而不是借助经验观察来探究实在。本文从这三个方面阐释了《斐多》中关于知识之获得的论述，从而说明柏拉图在写作这篇对话录之时关于认知和知识所持有的基本思想。本文同时还反驳了陈康的一个主张，即《斐多》提及了比"思维"更高级的所谓"理念直观"。

关键词：《斐多》；知识；净化；回忆说；假设法

柏拉图的《斐多》在哲学主题上可以被看作《美诺》的后继，它将后者以次要和外在的方式出现的"灵魂不死"当成核心主题严肃地进行论证，与此同时，真正的知识是关于什么对象的，我们是否可能、如何能够获得知识这些问题也得到了进一步考察。

[①] 本文的精简版首发于《世界哲学》2017年第5期，此为未经删减的版本。本文在2017年9月16—17日中国人民大学哲学院召开的"陈康先生学术思想研讨会——暨苗力田先生诞辰100周年座谈会"上报告过，笔者感谢参会学者的评论。

按照《斐多》，获得知识首先意味着灵魂自身的净化，其次意味着灵魂对于纯粹实在的回忆，最后意味着借助论证（logos）、运用命题推演的方法（假设法）而不是借助经验观察来探究实在。本文试图从这三个方面阐释《斐多》中关于知识之获得的论述，从而说明柏拉图在写作这篇对话录时关于"知识"所持有的基本思想。本文同时还反驳了陈康的一个主张，即《斐多》提及了比"思维"更高级的"理念直观"。

一、获得知识作为灵魂的净化

苏格拉底临刑前试图说服他的同伴相信真正爱智慧的人不应该害怕死亡，因为以正确方式从事哲学的人其实就是在练习赴死（《斐多》64a）。在什么意义上哲学家是练习死亡的人呢？苏格拉底解释说，爱智慧的人要尽可能摆脱身体的羁绊而达到灵魂的净化。如果死亡就是灵魂摆脱身体而独立存在，那么灵魂的净化状态其实跟人死后状态无异。不过，这里讲的灵魂净化实际指灵魂获得智慧的状态。智慧（phronēsis）和知识（epistēmē）在《斐多》这里基本是不分的，虽然智慧偏于从灵魂自身的完满状态上讲，而知识偏于从关于对象的完满领会上讲。在《斐多》65a–67a，苏格拉底从灵魂净化的角度谈论了"获得知识"的意涵。下面我们对其中关于认知现象的描述做些解释。

首先，认知的主体是灵魂，而身体是认知的干扰因素。人实际上是灵魂和身体的结合物，然而，身体对于获取知识没有任何益处而只是一种妨碍。如果我们要获得真正的智慧，那么就需要"尽可能疏离身体，习惯于让灵魂脱离开身体的各个部分而自身以独立方式聚合和集中于自身"（67d6–8）。真正的认知主体是与身体没有瓜葛的纯粹灵魂。身体在这里主要是作为诸感觉官能和诸情感赖以存在的基础得到考虑的。身体对于认知的妨碍作用主要体现在如下方面（66b–d）：首先，身体的各种需要使得我们"没有空闲"去追求知识。其次，因身体而出现的欲望和各种情感使得我们不能"理解"（*phronēsai*）事物。这还不是指欲望和情感使我们的认知出错，而是说灵魂陷入欲望和各种情感活动之中而没有机会去认知。第三，当我们获得空闲去探究真理的时候，身体因素仍然误导和妨碍我们。[①]这时候的妨碍就是内在的而不是外在的了。这整个论述的预设是：纯粹灵魂保证纯粹智慧，纯粹身体必然关联于智慧的对立面。灵魂跟身体"混合"的程度越高，它距离纯粹智慧就越远，反之亦然。这样设定的"纯粹灵魂"实际上是理想化的认识主体，是完满的理智能力本身。然而，现实中活着的人都是带有身体的，没有任何人在此世生存中作为纯粹灵魂而存在。于是，灵魂能否获得智慧关键在于能否摆脱身体的影响而达到"独立自在"。在此，"自在的灵魂"和"受身体影响的灵魂"在某种意义上被区别开来了，后者也就是作为感觉、欲望和各种情感之主体的那个灵魂。这种区分在《蒂迈欧》（69c以下）被发展为灵魂中的不朽部分和可朽部分的区分。

其次，认知主体所达到的理想认知成就是智慧或知识，而智慧的对立面是愚蠢或无知（*aphrosynē*）。大概是由于愚蠢完全不能归给灵魂本身，因而它被归给了身体（在67a7有"身体的愚蠢"这个表述）。如果说，纯粹灵魂拥有完全的智慧，而身体本身永远处于愚蠢状态，那么灵魂与身体的结合状态就会处于完全智慧和完全愚蠢之间。从某些措辞中我们可以看出，柏拉图在此确实谈到了某种居间状态，如，67a谈到了人活着的时候所能达到的最

[①] 《蒂迈欧》42–44关于身体对灵魂的干扰作用有更为具体的描述。

好状态是"最接近于知识"(engytatō ... tou eidenai)的状态,而在 65e 谈到以最充分和最精确的方式对每一个东西本身进行思维的人"最接近于认识每一个东西"。然而,"最接近于知识"的状态没有被等同于《美诺》所说的"真信念"。"信念"状态在此根本没有被提及。在这里起作用的是"知识"与"无知"二元对立的模式,而在此模式主导下,"信念"和"谬误"的本性难以得到说明:感性认识总体上被归为"谬误",而"谬误"则与完全无知混为一谈。柏拉图后来在《泰阿泰德》对谬误(假信念)的本性有专门考察,这里暂且不论。

第三,认知的对象是"诸实在"(ta onta)。诸实在也被说成"诸事物本身"(auta ta pragmata,66e1-2)、"纯净的东西"(to eilikrines,67b1)、"最真实的东西"(to alēthestaton,65e2),等等。这里提及诸实在的例子有"正义""美""善""健康"和"力量"之类的东西。它们是一些不可为眼睛所看见的东西(65d9),或者说不可为诸感官所感觉到的东西。感性对象算不上真正知识的对象。真正有待认识的不是某个正义的人或者某个美的建筑物之类的可感对象,而是像"正义本身"或"美本身"之类的东西。这类认知对象在 102b 开始被命名为 eidos(复数 eidē),通常被译为"理念"或"理型"。在这里柏拉图第一次明确引入了超感性的理念界这个特别的存在论领域。

第四,认知目标是领会到[①]"真"(alētheia)。"接触到真"、"获得智慧"和"认识/知道/理解"[②]这几种说法表达的是同一回事。"获得智慧"是就认知主体而言,"接触到真"是就认知对象

[①] 《斐多》65b9:haptetai(接触到);65e2:theōreitai(观看到);66a6:ktēsasthai(获得);66a8:teuxomenos(触及到);66d7:kathoran(看见);66e1:theateon(观看到)。

[②] 《斐多》65e4:tougnōnai;66c5:phronēsai;66e1:katharōseisesthai;66e5:katharōsgnōnai。

而言。灵魂获得智慧必定意味着它把握到了对象之"真",然而能否反过来说,灵魂接触到对象之"真"必定意味着它获得了"知识"呢?尽管《斐多》预设了这点,但是柏拉图在其他场合考虑到了某种"接触到真"而又算不上"拥有知识"的状态,即"真信念"。① 换言之,"接触到真"是"知识"的必要而非充分条件。可是《斐多》这里没有考虑这方面的意思。《斐多》这里的"真"之概念主要表示对象之真而非命题之真。② "真"在这里与"精确性"和"清晰性"这些概念关联在一起(65b),它的含义是:事物以清楚明白的方式呈现出来,或者,事物自身作为自身(而不是作为模糊或扭曲之类的样子)呈现出来。"真"本身不是一个对象,而是任一对象被认识时提供给认识主体的对象性、客观性。当65d11-e1说所要认识的是健康或力量之类的东西的"所是,即每个东西实际是什么",这里的"所是"(ousia)表达的与"真"是同一个含义。

第五,认知主体有两种不同的认知方式:(1)伴随身体进行考察;(2)不带身体而独立地进行探究。前一种方式指凭借"感觉"(*aisthēsis*)进行考察,或者在痛苦或快乐之类的情感影响下进行考察。后一种方式指凭借"理智"(*dianoia*或*logismos*)本身进行探究,也就是进行*dianoeisthai*或*logizesthai*,③思维或推理。

"感觉"在此不是跟记忆、思维之类的东西归在一起算作某种理智性能力,而是跟欲望、情感之类一起算作缺乏理智的意识活动。

---

① 参考《美诺》97b5-7;《会饮》202a5-9;《泰阿泰德》200e-202c。
② "对象之真"也可以称为"修饰性的真",而"命题之真"也可以称为"断言性的真"。所谓"修饰性的真"就是当我们说"真的老虎"、"真的黄金"等等的时候所考虑的"真"、"真实"。所谓"断言性的真"就是当我们说"他去过雅典这件事是真的"、"你这句话是真的"等等的时候所考虑的"真"、"正确"。参考 J. Szaif, "Doxa and Epistēmē as Modes of Acquaintance in Republic V," in *Les Etudes Platoniciennes*, vol. IV, Paris: Les Belles Lettres, 2007, pp. 253-272。
③ 柏拉图没有严格区分这两个名词及对应的两个动词,而是把它们用作可互换的。

"Aisthēsis"在日常希腊语里除了表示"感官知觉"之外还表示"感受"和"情感",而这些含义在此还没有清晰地被分离出来。①在《斐多》这里,诸感觉(视觉、听觉之类)和诸情感(尤其是快乐与痛苦)都与身体密切相关(在79c,感觉被描述为心灵"通过"身体而进行运作的认知模式),它们在某种意义上都被看作被动的"遭受"。如果说感觉活动被认为与身体密不可分,那么相反地,思维活动被看作灵魂"自己的"活动。灵魂要把握到每个实在的"所是"或"真",不能凭借感觉能力而只能凭借理智能力。②

二、《斐多》提及了比"思维"更高级的"理念直观"吗?

陈康在他诠释柏拉图的著作中认为,③《斐多》这里在"思维/推理"(*dianoeisthai*或*logizesthai*)之外还提及了某种更高级的认知模式,就是由动词*theasthai*(66e1,84b1)与*theorein*(65e2)④所表达的"理智性观看"(intellectual seeing)或"理念直观"(Ideenschau)。这种认知模式是人在活着的时候不可能拥有而只有在死后才可以达到的。这样陈康就把《斐多》中的知识论之基本特征概括为某种"悲观主义",即认为人在活着的时候不可能获得关于"理念"的最充分的把握。他的理由主要有:(a)上述几

---

① 根据 M. Frede 的考察,柏拉图明确把 *aisthēsis* 表示"感官知觉"的含义剥离和凸显出来是在《泰阿泰德》(184-187)才做到的。参考 M. Frede, "Observations on Perception in Plato's Later Dialogues", in his *Essays on Ancient Philosophy*, Minneapolis, 1987, pp. 3-8。
② 主要参见以下几处文本:《斐多》65c5-9,65d4-e4,65e6-66a8。
③ L. C. H. Chen, *Acquiring Knowledge of the Ideas: A Study of the Methods in Plato's Phaedo, Symposium and the Central Books of the Republic*, Stuttgart: Franz Steiner, 1992, pp. 13-18.
④ 还有 *kathoran*、*horan* 等表示"观看"的这些词。

个"观看"动词与那两个"思维"动词含义迥异:"思维"是过程性推理,而"观看"是瞬间活动;这些"观看"动词比喻性地表示灵魂对于实在的直接的理智性接触,而"思维/推理"并不直接"接触到"理念领域。(b) 66d-e提到,人们只有在死后才能"直观到"(theateon)理念,而在活着的时候并不能。既然"思维/推理"是我们活着时就可以进行的认知活动,那么它一定不等于死后才能达到的"直观"。最好的"思维/推理"也只是预备性步骤。(c) 陈康举《理想国》的材料来说明 dianoia(思维)是数学家的认知状态,而 noēsis 或 thea(直观)才是辩证法家的认知状态;thea 是比 dianoia 更高的对于理念的"直接的认知性接触"。然而,陈康的这种解读在我看来难以成立。我认为《斐多》中并没有在"思维/推理"之上设定某种更高的可以被称为"理念直观"的认知能力,理由如下:

首先,我们在文本中始终看到的是对"感觉"与"理智/思维"之间的差异乃至对立的强调,而且"理智/思维"始终以肯定的方式得到描述而并无关于它的"局限性"的描述。让我们来看三处文本:(1) 65a-d;(2) 65d11-66a;(3) 79a-d。首先,第一处文本说的是感觉与思维的对立。苏格拉底说要"把握到真"不能依靠感觉而要依靠思维。其次,在第二处文本中说到,"我们当中那个以最充分和最精确的方式做好预备对所考察的每一个东西本身进行思维(dianoēthēnai)的人,只有他才最接近于认识每一个东西"。这里的"最接近于"(engytata)被陈康解读为负面意义的"尚未达到",但是在我看来,"最接近于"没有负面意义,因为这里说的是,谁能够以最充分和最精确的方式进行思维,谁就最接近于认识实在。这不妨碍我们说,以最充分和最精确的方式思维的人有可能以完满方式认识实在——而这恰好是紧接下来65e6-66a8所说的意思。最后,在第三处文本中苏格拉底也只区分了感觉与"理智之思维"(tōi tēs dianoias logismōi),前者针对可见领域而后者针对不可见领域(即,诸理念)。苏格拉底说得很清楚:"那些永远维持自身同一的东西**只能由理智之思维来把握**"(79a2-3)。这里没有提到超越于"思维"之上的某种更高级的能力。在79c-d,得到区分的是感觉与phronēsis(理解/智慧),然而从79a-d文本的整个关联性来看,这里的phronēsis与前面的"思维"不可能是两件不同的事而只能是同一件事——在后面我会说明,phronēsis可以被看作思维活动得到完满实现的状态,而不是某种"直观"。

其次,针对陈康提出的理由(a),我支持另一种解释:那些"观看"动词(以及"接触"动词)实际上只能是比喻性说法而不能从字面上来理解。所谓"看见"或"接触到"实在,可以被解释为是"理智之思维"这种认知活动的"完成"(犹如推理过程最终要得出一个结论),而不必被解读为比思维更高级的、单独的某种认知能力之活动方式。所谓对于实在的"直接"观看或把握乃是强调经过思维之运作而"最终"达到对于实在的完满领会,而不应该被理解为"不需任何过程"的"瞬间活动",即不同于思维的某种所谓"理念直观"。

第三,对于陈康的理由(b),我的反驳如下。《斐多》66d-67b的确说到,"实际上,我们已经证明了,如果我们要以纯粹的方式认识(katharōs eisesthai)某个东西,我们必须从身体中解放出来,通过灵魂自身而洞见(theateon)诸事物自身。于是,似乎只有当我们死后,才能获得我们希求而且热爱的那个东西,即,智慧(phronēsis);而如这个论证所示,在活着的时候是得不到它的。"在这里,感觉与思维之间的对立被置换为身体与纯粹灵魂之间的对立,于是,本来摆脱感觉而诉诸思维就可以"接触到真"的条件设定被置换成了需要彻底摆脱身体而让灵魂处于纯粹独立状态。这实际上是把"完满的思维"（等同于 *phronēsis*，66e3）与"纯粹灵魂"之认知能力等同起来，换言之，只有灵魂"完全"得到净化，它才能以完满的方式进行思维。所以，这里的意思根本不是说，灵魂在摆脱身体之后就获得了某种全新的认知方式，毋宁说，伴随身体的灵魂具备一种认知能力，只是它在身体的影响下不能得到完满实现，而一旦摆脱身体影响就可以完满实现。所谓"通过灵魂自身观看诸事物自身"就是灵魂自身之思维能力得到充分实现；这里的"观看"（*theorein*）无非是思维之完满运作的"完成"。对此我们还可以参考 84a6-9："[爱智者的灵魂]会从这样一些情感中平静下来，遵循理性思维，永远处于其中，观看（*theōmenē*）真的东西、神圣的东西以及不属于意见对象的东西，并且得到它的滋养"，在这里，"遵循理性思维"（*hemomenē tōi logismōi*）也就是 *logizesthai*，进行思维、推理、计算、度量之类，它与对于"真的东西"的"观看"并不指两件不同的事情，而最多指同一件事情的不同方面或不同阶段。就像"to look"（看）和"to see"（看见）不是两类不同的活动，而是同一类活动的活动本身和它的实现，同样，"思维"（*logizesthai*）与"洞见"（*theasthai*）也不过是同一类活动的活动本身和它的实现。

第四，陈康的理由（c）更容易反驳。首先，《斐多》这里关于灵魂之认知能力的区分与《理想国》的区分存在很大差别；后者在 *dianoia*（思维）与 *noēsis*（纯思）之间作出的精细划分在《斐多》中根本不存在。其次，哪怕《理想国》提到的 *noēsis* 也不应被视为与 *dianoia* 有种类的差别，毋宁说，*noēsis* 仍属于思维这个大的范围里，而只不过它是更少数人才能达到的、对于基本原理的领会方式。[1]Noēsis实际属于"辩证能力"的最高层次，与"说理"（logos）密不可分，因而把它理解为某种超脱语言的"直观"能力本身就是非常成问题的。

总之，《斐多》满足于感觉与思维之间的二元划分，它实际类似于《理想国》卷5末尾中出现的信念（doxa）与知识（epistēmē）之间的划分。《理想国》中epistēmē与"真"之间的内在关联性就类似于《斐多》中dianoia与"真"之间的关联性。[2]《斐多》中的phronēsis也不能被看作高于dianoia的某种独立的认知能力，而应该被看作dianoia本身得到充分、完全实现时灵魂所处的状态（参考66e，79d）。这种状态当然也不能被说成"理念直观"，因为它根本上属于"思维"而不是"直观"。我们当然也不能设想有比phronēsis更高的认知状态。正如不能把表示"认识/知道"的动词（gignōskein、eidenai或phronein，等等）看作表达了比"思维/推理"更高层次的"认知方式"一样，我们也不能把表示"观看/看见"的动词（theasthai、theorein、kathoran、horan，等等）看作表达了更高层次的认知方式。此外，如果我们注意到，这里对于认知方式的区分实际上是与认知对象的区分是一一对应的，而且认知对象也只是被区分为感性对象和理智性对象（理念），那么我们也能够得出结论说，这里得到确立的认知方式只有两类：感性认知方式和理性认知方式，除此再没有别的。这就是所谓"两个世界"的学说。既然世界已经被划分为两个不同的领域，而且

---

[1] F. Trabattoni 的观点与此一致，见 Trabattoni, *Essays on Plato's Epistemology*, Leuven: Leuven University Press, 2016, pp. 149-150.

[2] 表面上看，《斐多》这里在"感觉"与"思维/反思"之间做出的划分跟《泰阿泰德》在"感觉"与"判断"（doxazein，相当于 dianoeisthai，参考《泰阿泰德》189e-190a）之间做出的划分比较接近。然而，从知识论意涵上讲，《斐多》这里的划分更接近于《理想国》核心卷在 doxa 与 epistēmē 之间做出的划分。因为"doxazein"在《泰阿泰德》那里不具有《斐多》的 dianoia 或《理想国》的 epistēmē 那样与"真"之间的紧密关联性。

主体的认知能力也被分成了两类，那么剩下的任务应该是对这两个领域和两种能力分别进行讨论，这在《理想国》核心卷中得到进一步展开。

三、获得知识作为对理念的回忆

在《斐多》72e 论证"灵魂是不死的"的语境中，对话人克贝引入了"学习是回忆"的论题，认为它可能有助于证明灵魂不死。这引发了一段关于"回忆"（*anamnēsis*）的讨论，包括三个部分：（1）引入回忆说并且简要回顾《美诺》中关于回忆的说明（72e-73a）；（2）阐明一般而言的"回忆"是如何发生的（73b-74a）；（3）以"相等"理念为例说明我们可以回忆起"理念"，这证明我们在出生之前就拥有关于诸"理念"的知识，从而证明灵魂在我们出生之前就存在（74a-77a）。最后这个论证要求"诸理念存在"这个预设。

首先值得注意的是《斐多》73b-74a 所说的回忆现象的基本条件：（1）一个人感觉到并且认识（或"认出"，*gnōi*）一个对象 x（尤其以"视觉"为例）。（2）关于 x 的感觉激发他想到另一个对象 y（关于 y 的知识不同于关于 x 的知识）。（3）y 与 x 必须拥有某种关系；这种关系可以是相似性方面的，也可以不是相似性方面的。不相似的例子有：看到一把里拉琴（一件外套、一匹马）想到其主人的形象，或者，看到西米亚斯想到（作为亲密伙伴的）克贝。相似的例子有：看到西米亚斯的图像想到西米亚斯本人。（4）y 必须是他之前已经认识到的（在列举的例子中，y 是通过感觉认识到的）。（5）关于 y 的记忆一直以某种方式保存在灵魂中。（6）这种对于y的记忆可能由于长时间没有注意到而被遗忘。①

上述例子中所说明的"回忆"仍然停留在可感事物的领域，它们属于预备性解释，即为了接下来说明关于理念的回忆是如何发生的。尤其值得注意的是，一个人可以通过看到某个东西的图像（影像）而想到这个图像所代表的原物（原型）。影像与原型之间的区分跟普通的两个事物（如一把里拉琴和某个人）之间的区分不同，因为一方面影像与原型之间有相似性，另一方面它们之间又有着实在性程度上的根本区别。这样，影像和原型的差异可以借用来指示感性对象和理念之间的在存在论层次上的差异性。

《斐多》74a-77a提出来的论证是"回忆说"真正重要的部分。这里以"相等"理念为例说明我们可以回忆起"理念"，从而证明我们在出生之前就拥有关于诸"理念"的知识，由此证明灵魂在我们出生之前就存在。这个论证过程大体如下：（1）首先预设有两个层次的"相等"：一方面是感性对象（如，两段木头、两块石头）的相等；另一方面是"相等本身"（74a）。（2）从关于感性对象的相等的观看可以想到"相等本身"（74b）。（3）相等的感性对象的相等不是绝对的、无条件的，而是相对的、有条件的（74b）。② （4）"相等本身"的相等是绝对的、无条件的（74b）。③ （5）相 等

---

① 参考 L. Brisson, "Reminiscence in Plato," in Jure Zovko & John Dillon (eds.), *Platonism and Forms of Intelligence*, De Gruyter, 2008, p. 185.

② 《斐多》74b："相等的石块和木头之类的东西 *tōi men isa phainetai, tōi d' ou*（抄本 B 如此，而抄本 TW 则是：*tote men isa phainetai, tote d' ou*）"，对于后面这半句话有不同的翻译和理解方式：（a）这些相等的石头（或木头）在保持自身同一的时候，对于一个观察者显得相等，而对另一个观察者显得不相等；（b）它们显得与一个东西相等，而与另一个东西不相等；（c）它们显得在一方面（如长度）相等，而在另一方面（如重量）不相等；（d）它们在保持自身同一的时候，显得一个时间里相等，而在另一个时间里不相等（根据后一种抄本）。这四种读法都有人支持；不过如果采纳抄本 B，则最有可能的还是前两种读法。参考 D. Gallop, *Plato's Phaedo*, Oxford: Oxford University Press, 1975, pp. 121-123.

③ 《斐多》74c："但是，那些相等本身（*auta ta isa*）呢？它们曾经对你显得是不相等

的感性对象与"相等本身"是不同的(74c)。①(6)从相等的感性对象出发可以想到并且把握到关于"相等本身"的知识(74c)。(7)相等的感性对象 "是相等的",跟相等本身"是相等的",不是以同一个方式说的(74d)。相等的感性对象以不完满的方式"是相等的",而相等本身以完满的方式"是相等的"(74d)。(8)一个人意识到所看见的东西x像另一个东西X,但是x与X还不是一样的、是有所不足的东西,这意味着他"预先认识"(proeidota)完满的东西X。在"相等"的例子中,我们在"第一次看见相等的东西这个时间之前就预先知道了'相等'"(74e)。②(9)我们想到一切相等的东西都追求达到与'相等'一样,但却有所缺乏,而想到这点不能不通过感觉能力(75a)。(10)我们在出生之后才具备感觉能力,开展感觉活动。(11)那么,我们断定我们必定在此之前就已经获得了关于"相等"的知识。这样,似乎我们必定在出生之前就拥有了它(75c)。

感性事物和理念的区分在这里是至关重要的:从(1)到(7)的主要论证都是为了说明在感性对象之外还有超越的理念。理念在相应的感性事物之外"独立存在",这种"分离说"可能引起很大的困难,它后来受到亚里士多德的严厉批评,而柏拉图自己在《巴门尼德》中对此也有所反思。不管怎样,柏拉图在这里已经提出了"两个世界"的学说:一个是由感性对象构成的世界,另一个是超越的理念构成的世界。诸理念的例子除了"相等本身"

(接上页)等的吗?或者,"相等"(isotēs)是"不相等"(anisotēs)?——从来不会。"这里的"auta ta isa"的复数形式引起了很多争议。我认为在这个语境里它与单数的"相等本身"(auto to ison)和抽象名词"相等"(isotēs)在意思上没有区别,都表示"相等"理念。

① 这里的 tauta ta isa 表示相等的木头或石头之类的东西,而不是"auta ta isa"。
② 参考《斐多》75b:如果我们将要把我们感觉到的那些相等的东西**联系到**(anoisein)相等本身,并且想到,它们全都追求与它一样却又有所不如,那么在我们开始看、听或进行其它感知之前,我们必定拥有了关于"相等本身"的知识(epistēmē)。

之外，还有如"大本身"、"小本身"之类，以及"美本身"、"善本身"、"正义本身"、"虔敬本身"之类。①柏拉图在这里仍然没有将它们命名为"*eidos*"，而是称为"我们在提问和回答的过程中通过'是某某本身'（*auto ho esti*）来标识的那些东西"（75d）。理念F"是f"而不可能"不是f"。它的感性实例在某种意义上"是f"而又在某种意义上"不是f"。这就是为什么理念F可以被称为"是f的东西本身"的缘故。

让人感到最困惑的是"感觉"对于获得知识而言究竟起什么作用。在阐述灵魂净化的段落中，我们看到"感觉"混同于欲望和情感之类，并被认为对获得智慧有百害而无一利。感官知觉"既不精确、也不清晰"（65b），不能让灵魂达到"真"，而我们需要尽可能远离它。但是在阐述回忆说的段落里，灵魂回忆起关于理念的知识又离不开感觉的激发作用。②有一种可能的解释是：讨论灵魂净化时，柏拉图主要是从"纯粹灵魂"的视域来谈论感觉，故而它只有消极的意义，而在讨论回忆理念时，他是站在带有身体的人的立场上来谈论感觉及其作用，故而感觉是他可资利用的最直接和最基本的认知方式。当然，感觉最多也只能被当作跳板，而当灵魂回忆起纯粹实在的时候它就应该被扬弃。柏拉图贬黜感觉的主要原因是他从道德的视野而非单纯知识论视野来看待感觉。感觉被认为与欲望和情感一起妨碍人过纯粹理性的生活。这个预设使他在此难以从知识论立场对感觉的作用进行更详细的考

---

① 在灵魂净化的文段中已经提及"正义""美""善""体积/大小""健康"和"力量"这些理念，参见《斐多》65d。
② "我们的诸感觉能力必定让我们想到，一切在感觉中把握到的东西都追求达到那个是'相等的'的东西，但比它仍是不如；不然，我们怎么说？——就是这样。"（《斐多》75a11-b3）"但是，我认为，如果我们生前获得过而在出生时丧失了，而后来我们针对它们通过运用诸感觉能力而恢复了我们之前曾经拥有的那些知识"（《斐多》75e3-5）

察和更恰当的评价。①

《斐多》这里的"回忆"没有像《美诺》(98a)那样被说成是通过"关于原因的思考"(aitias logismos)把真信念"绑定"下来,而是被描述为感觉能力自身意识到感性对象的"不足"从而联想到与之相似的、但是却作为完满模型而存在的理念。能够在不完满性和完满性之间作出区分的能力是至关重要的,这种能力在这里似乎被赋予了诸感觉官能(如,视觉、听觉);但是严格说来它不能被归于诸感觉官能,因为它们只能觉察到具体事物的感性特征,而超出这点之外对这种特征进行理想化并且在完满的和不完满的属性之间进行比较和区分的能力与其说属于感觉能力不如说属于思维能力。然而,在回忆说段落中恰恰没有提及思维的作用,而"回忆"实际承担了思维的功能。在回忆的认知模型中,认知者不用费力"形成"关于诸理念的知识,因为灵魂已经"预先认识"它们,故而重点不在于"产生"这种知识而在于"重新召回"它。柏拉图的假定是,外部的、感性的和物质性的世界有着根本的缺陷,因而从其中出发构建或者获取概念的所有努力都是徒劳的。这样,如果真正的知识是可能的,它就只能是关于超越的、非物质性的、完满的实在的领会,而这种知识只能是某种先天知识而不会是经验性知识。

四、假设法作为探究实在的途径

现在让我们来考察《斐多》99d-102a关于假设法的论述。这种假设法被认为适用于考察"诸实在"(ta onta, 100a2)或"诸

---

① 柏拉图完全从知识论立场出发对于感觉能力及其作用的一般考察要等到《泰阿泰德》(151e-186e)才出现,而从生理学与心理学层面对感觉器官和感知活动的细致描述则只有在《蒂迈欧》(42e-44b;45b-47e;61c-68d)中才能看到。另外,《斐莱布》33c-34a关于感觉的界定与《蒂迈欧》的论述属于同一思路。

实在之真相"(tōn ontōn tēn alētheian, 99e6)。首先让我们来看看假设法被引入的语境。在99d-100a,苏格拉底向他的对话人表示愿意去解释他关于"原因"的探究①的"第二航行"(ton deuteron ploun, 99c9-d1)。"航行"显然是个比喻的说法,在这里就是把对于(事物之生成和毁灭的)"原因"(aitia)的探究过程比喻为在海上的航行过程。②"第二航行"显然是相对于"第一航行"而言的。有些诠释者把这里的"第二航行"读作"次好的"(second-best)航行,意思似乎是说还有"最好的"航行是苏格拉底没有采用的。③但是我认为这种读法并不合乎语境,相反,关于探究原因的整个文段的语境要求我们把"第二航行"读作最简单的含义,即"第二次航行"。与之相对的是"第一次航行"(而不是所谓"最好的航行"④),也就是前面提及的苏格拉底年轻时候以"自然研究"(peri physeōs historian, 96a8)的方式对于生成

---

① 指"生成和毁灭的原因"(《斐多》96e9)。
② 参考《斐多》85c-d 把最好的、最难以反驳的 logoi(道理)比喻为木筏以"航行通过"(diapleusai)人生。另参考《理想国》第5卷453d把论证比喻为在海里游泳(而避免被淹死)。
③ 如 Gallop, *Plato's Phaedo*, p. 176, C. J. Rowe, *Plato: Phaedo*, Cambridge: Cambridge University Press, 1993, pp. 238-239。这种观点受某个古代诠释的影响(Eustathius *in Od.* 1453. 20),即认为"第二航行"表示"当风不起作用的时候改用桨来航行",从而指更慢、更费力但是更为可靠的航行方式。参考 J. Burnet, *Plato's Phaedo*, Oxford: Clarendon Press, 1911, p.108.
④ 有人会认为苏格拉底的确只想表达"次好的航行"而略去"最好的航行",因为他自己承认做不到这种"最好的航行"。而这个"做不到"的文本依据是他在95c8-9表示他"缺乏这种[原因],自己不能发现它,也没能从别人那里领教到"。但是,这种解读的错误在于没有注意到,当苏格拉底这么说的时候,他是针对"tēs toiautēs aitias"(99c6-7)来说的,其中的"这种"(toiautēs)原因指的是以"自然探究"的方式所追求的原因,也就是某种可感的自然事物。苏格拉底自己也没能通过"自然探究"的方式发现"这种原因究竟是怎样的"(tēs toiautēs aitias hopēi pote echei),因而他开始尝试探究"另外一种原因",即不同于可感事物的原因,并且是通过与"自然探究"不同的方式,而这才是"在探究原因方面的第二次航行"(ton deuteron ploun epi tēn tēs aitias zētēsin)的含义。

和毁灭的原因的探究。这种"自然研究"仅仅从感性对象或物质性的东西出发来解释事物的产生、持存和毁灭，并且仅仅从感性对象和感觉出发来解释我们的各种意识形式或认知状态。① 但是，至少这种解释方式对于数学领域的问题而言缺乏说服力（96d-97b），也难以解释自然世界和生活实践领域的"好"或"目的性"。阿那克萨戈拉提出来的"心智/理性"（nous）被认为很可能是更好的"原因"或"解释理由"（97b-98b），但是可惜它没有被阿那克萨戈拉本人贯彻到底，因为他在解释各类现象的时候仍然仅仅归因于某些自然元素（98b）。至少在道德现象方面的解释上，仅仅诉诸作为感性对象的自然元素或物质因是不可行的（98c-99b）。这样，苏格拉底表示他希望摆脱这种"自然研究"而采用新的方式来探究对于事物原因的解释，这就是所谓"第二航行"（99c-d）。

"第二航行"紧接着就被说成是"逃入 logoi，在其中考察诸实在之真"（99e5-6）②。所谓"逃入 logoi"意味着第一次航行转向第二次航行。"逃"有出发点和目的地；出发点是感性对象和诸感官，而目的地是 logoi。③ 希腊词 logos（复数 logoi）的含义非常广泛，它在这里指什么是不易确定的。"Logos"首先可以表示"说出来的东西"，一个表达式、句子甚至整个谈话；其次，它可以表

---

① 《斐多》96a-b："因为我想，认识每个东西之诸原因，为什么它产生，为什么消灭，又为什么持存，乃是很了不得的。我经常颠来倒去思考，先是这样一些问题：每当热与冷造成某种腐化作用，如某些人说的，这时候生物就得到滋养吗？我们借助于血液进行思维吗，还是借助于气或者火？或者这些都不是，而是头脑提供了听、看、嗅等诸感觉，从这些感觉中产生出记忆与信念，当记忆和信念得到稳固，从其中就产生出知识。"
② 这里的 ta onta（诸实在/是的东西）只是泛泛表示"诸事物"而不特指"诸理念"。
③ 参考 Chen, *Acquiring Knowledge of the Ideas*, p. 30. 陈康把逃离感性对象而转入 logoi 之中跟灵魂净化段落中的"练习赴死"关联起来考虑，认为"逃入 logoi"就是"练习死亡"的范例。这有一定的道理。

示话语所传达的"思想"(thought);第三,它可以表示"论证"(argument),也就是一组推理;第四,它可以表示关于某个东西的"说明"(account),甚至"定义"(definition)。正如Bostock指出的,①虽然"定义"这种读法有一定的吸引力,但是最终不符合接下来的文本语境,因为后面提及假设的例子并不是关于某某理念的定义,而是诸如"诸理念存在"和"一般事物通过分有相应的理念而是其所是"这样的表述。所以我们最好把这里的 *logos* 理解为一般的"陈述"或"命题"而不是"定义"。

苏格拉底在这里使用了一个比喻,就是我们在观看日蚀的时候不要直接观看太阳,否则会毁坏眼睛,而我们可以转而从水里观看它的影像(*tēn eikona*)。②在这里,太阳(它的光)比喻诸实在之"真";太阳在水里的影像比喻在 *logoi* 中得到揭示的诸实在之真。用肉眼直接观看太阳比喻灵魂借助诸感官直接考察诸实在之真;在水中间接观看太阳的影像比喻灵魂借助 *logoi* 考察诸实在

---

① 参考 D. Bostock, *Plato's Phaedo*, Oxford: Oxford University Press, pp. 159-160。另外,现代西文译本对于99e5 的 *logous*(=100a1 的[en] *logo*is)和 100a4 的 *logon* 的翻译有很大分歧。C. S. Stanford(1873)译作 reasons 和 principle;E. M. Cope (1875) 译作 words 和 conception;H. Cary 1888 (*Plato's Dialogues*)译作 reasons 和 reason;B. Jowett 译作 the world of mind(thought)和 principle;H. N. Fowler (Loeb 本)译作 conceptions 和 principle。D. Gallop 译为 theories 和 theory。G. M. A. Grube 译为 discussions (words)和 theory。德文本方面,施莱尔马赫译为 Gedanke,而 O. Apelt 译为 Begriffe。Budé法文本译为 des idées。Burnet(Burnet, *Plato's Phaedo*, p. 109)表示这里的 *logous* 很难翻译,不过他明确认为把它说成是 concepts (Begriffe)是误导性的;他的备选译法是 propositions、judgements 或 definitions。"*Logoi*" 是 *eidē* 在其中得到呈现的地方。
② 这里讲的直接观看"太阳"并非(如某些人设想的那样)指直接观看"善"本身。文本的意思是说,通过自然研究的方式来探究事物的原因,也就是借助于感性观察来考察实在、通过直接以感性的方式"观看"诸实在的真相,这会让我们的灵魂之眼变瞎。这句话说得很清楚(99e2-4):"我担心,如果我用双眼来观看诸事物、试图用诸感觉官能来接触它们,那么我的灵魂会完全变瞎"。所以苏格拉底说的是,他要逃离感性对象和诸感官,而逃到 *logoi* 里面来考察诸实在的真相。另参考《斐多》96c5。

之真。①考察的目标始终是"诸实在之真"而不是"诸实在之影像"。所以苏格拉底在提出这个比喻之后有个修正性的补充:"这个比喻在某种方式上不合适"(99e6-100a1)。因为这个比喻容易让人造成误解:"在*logoi*中"考察比"在具体事物(*erga*)中"考察更加间接、更加远离实在,因为它是"在影像中"(而不是"在自身中")进行考察。苏格拉底强调说,"在*logoi*中"考察实在的东西并不比"在具体事物中"②更加是"在影像中"进行考察(100a1-3)。这里没有否认"在*logoi*中"考察实在是"在影像中"进行考察,而只是说"在具体事物中"进行考察其实也是"在影像中",而且某种意义上讲"更加"属于"在影像中"。对于真正的实在而言,感性事物不过是影像而已,这点在后来的柏拉图对话录中得到进一步阐发。③感性事物就其是存在论上低于真正实在(理念)的不完满事物而言是"影像/摹本"(*eidōlon / mimēma*),而*logoi*则主要在认识论上表示作为真正实在的"图像/影像"(*eikones*)。"*logoi*"作为"影像/图像"在这里没有特别的贬义,而只是表示"有所显明的东西"或"有所指示的东西"这层涵义。总之,通过*logoi*所显明的并不比具体事物所显示的更加远离"真"。

"逃入*logoi*"来考察实在又被解释为通过"假设"进行论证的方法。假设法本身是排除感性观察而完全运行在思维或推理的领域之中的。但是,这些供思维的概念是从哪里来的呢?这就需

---

① 不要直接用感官而要从 *logoi* 出发来考察诸实在之真,这个说法可以拿几何学研究的例子来说明。我们仅仅靠肉眼观察画在黑板上的三角形或圆形没有办法真正弄清楚这些图形的几何学性质,而真正可靠的是借助命题论证的方式来进行几何学推理。

② "*en [tois] ergois*"表示 in realities。这里的 *erga* 相当于 *pragmata* 或 *onta*。参看 Burnet, *Plato's Phaedo*, p. 109。Grube 翻译为 facts, Gallop 翻译为[in] concrete。

③ 柏拉图使用了 *eikōn*、*eidōlon*、*homoiōma*、*mimēma* 等等这些词来表示作为理念之影像或摹本的感性事物。参看 Rowe, *Plato: Phaedo*, p. 240。

要我们联系到前面提及的回忆说。只有在感觉的帮助下，我们唤醒了关于特定概念的理解，我们才能在思维中应用它们。所以假设法应该被看作"回忆"的后续。①我们通过"回忆"获得概念，而通过"假设法"进行演绎推理。

假设法的步骤是：(1)为解决某个难题，不管涉及原因问题还是其他问题，可以建立一个假设，它是"最强的"(*errōmenestaton*)命题。跟这个假设"相容"(*symphōnein*)的命题会被接受为真，不相容的命题要被当作假的而拒斥(100a3-7)。(2)要检验假设的真假，需要考察它的那些逻辑后果②，看它们彼此是相容的还是不相容的(101d3-5)。(3)为了验证假设，可以建立一个更高阶的假设，进而还要更高阶的假设，也就是上升到越来越高阶的假设，它们可以得出较低阶的假设，而最终合理证成最初的假设。这个上升过程持续进行，直到抵达"某个充足的东西"(*ti hikanon*)(101d5-e1)。前两个步骤形成一个演绎推理，从假定的前提推出结论，第三步是将低阶的预设导向更高阶的预设。陈康把前者说成"下降之路"(演绎推理)，把后者说成"上升之路"，这应该是从《理想国》第 6 卷中的描述来讲的。③

假设法最终把考察者带向"充足的东西"，也就是最初始的、最强的、最牢固的预设。不过它不能被等同于《理想国》第 6 卷那个所谓的"非假设性的本原"(*archē*

---

① Bostock 和陈康都认为作为假设法的最初预设的东西只能来源于"回忆"。参考 Bostock, *Plato's Phaedo*, p. 162; Chen, *Acquiring Knowledge of the Ideas*, p. 33。
② "逻辑后果"在原文是"*ta ap'ekeinēs hormēthenta*"(101d4)，字面上表示"从其中得出来的那些东西"。
③ Cf. Chen, *Acquiring Knowledge of the Ideas*, p. 31.

anhypothetos)。①《斐多》这里说的"充足的东西"指的是一个 *logos*，一个最基本的命题，而不是指存在论意义上的"本原"(*archē*)。而且，"充足的东西"在这里与其说是"自明的命题"或"必然为真的命题"，不如说是被所有参与讨论的人一致同意的命题，因为柏拉图始终是在"对话"或"辩证"的语境中来阐述这里关于"实在"的探究的。需要注意的是，"充足的东西"不是作为假设法的最初出发点，而是整个论证最后建立的命题。论证的起点始终是对于某个讨论者而言显得"最强的"命题，不过它要经受住别人的提问，对于要求他提供解释的人，他要能够为他的立场进行辩护。

《斐多》99d-102a关于假设法的讨论是跟关于理念的讨论关联在一起的。苏格拉底表示要放弃通过感性观察来考察实在，而转向"在 *logoi* 中研究实在"。这样，我们就从感性对象被带向了语言表达或命题(*logos*)。在 *logos* 作为命题的意义上，我们的确看到苏格拉底立即提及了命题推演的方法，讨论了命题之间的融贯和不融贯关系，以及从前提到结论的命题推演关系。但是，我们也发现假设法的提出实际上是服务于理念论的(100b-101c)，尽管表面上看，假设诸理念存在仅仅是假设法得以运用的一个例子。不管怎样，假设法和理念论在这里的关联显得是偶然的外在关联。只有到了《理想国》(第6卷)那里，柏拉图才真正把理念论和假设法整合在一起，也就是说，诸理念的存在是假设法本身有效运作的前提，而假设法的任务则是对理念世界的关联结构的考察。②

---

① Robinson 和 Hackforth 也是这个主张。但是，Robin 和 Cherniss 把"令人满意的东西"当成了"非假设性的本原"了。Cf. Chen, *Acquiring Knowledge of the Ideas*, p. 32.
② Cf. N. Gulley, *Plato's Theory of Knowledge*, London: Barnes & Noble, pp. 45-47.

结　语

在辩驳式的早期对话录之后，柏拉图在《斐多》这里以正面的方式提出自己的哲学理论。除了灵魂不朽这个主要论证之外，超越的理念领域的存在以及认识它的可能性是这篇作品关注的核心问题。柏拉图通过确立"纯粹灵魂"的概念（作为理想的认知主体）和"纯粹实在"的概念（即作为理想的认知对象的"诸理念"）从而设定了"纯粹知识"的概念：纯粹知识是纯粹灵魂对于纯粹实在的完全"洞见"。获得知识首先意味着灵魂自身的净化（也就是"练习死亡"），其次意味着灵魂对于纯粹实在的回忆，最后意味着借助 *logos*、运用命题推演的方法（假设法）而不是借助经验观察来探究实在。"练习死亡"、"回忆"和"假设法"被陈康称为获得知识的三种"方法"。不过，我认为"练习死亡"很难说是某种认知方法，而柏拉图通过灵魂净化的论述毋宁是要说明理想的认知主体。回忆说段落从认识论的角度看有两方面的意义：一方面它指出了真正有待认识的是诸理念，另一方面它表明我们把握理念的方式不是从感觉印象出发进行抽象，而是通过"回忆"重新召回某种先天知识。如果说"回忆"是要解释我们获得概念的方式，那么"假设法"则尝试解释了我们进行演绎推理的方式。

参考文献

1. Plato: *Platonis Opera. Tomus I-IV*, J. Burnet (ed.), Oxford:

Clarendon Press, 1900-1903.
2. Plato: *Complete Works*, J. M. Cooper (ed.), Cambridge: Hackett Publishing Company, 1997.
3. Bostock, D.: *Plato's Phaedo*, Oxford: Oxford University Press, 1986.
4. Brisson, L.: "Reminiscence in Plato," in Jure Zovko & John Dillon (eds.), *Platonism and Forms of Intelligence*, De Gruyter, 2008.
5. Burnet, J.: *Plato's Phaedo*, Oxford: Clarendon Press, 1911.
6. Chen, L. C. H.: *Acquiring Knowledge of the Ideas: A Study of the Methods in Plato's Phaedo, Symposium and the Central Books of the Republic*, Stuttgart: Franz Steiner, 1992.
7. Cope, E. M.: *Plato's Phaedo*, Cambridge: Cambridge University Press, 1875.
8. Fowler, H. N.: *Plato I: Euthyphro. Apology. Crito. Phaedo. Phaedrus*, Greek text with an English translation by H. N. Fowler, Cambridge Ma.: Harvard University Press, 1914.
9. Frede, M.: "Observations on Perception in Plato's Later Dialogues", in his *Essays on Ancient Philosophy*, Minneapolis, 1987.
10. Gallop, D.: *Plato's Phaedo*, Oxford: Oxford University Press, 1975.
11. Gulley, N.: *Plato's Theory of Knowledge*, London: Barnes & Noble, 1962.
12. Guthrie, W. K. C.: *A History of Greek Philosophy, vol. 4. Plato, the Man and His Dialogues: Earlier Period*, Cambridge: Cambridge University Press, 1975.
13. Rowe, C. J.: *Plato: Phaedo*, Cambridge: Cambridge University Press, 1993.
14. Stanford, C. S.: *Phaedo. The Immortality of the Soul*, New York,

James Miller, 1873.
15. Szaif, J.: "Doxa and Epistémê as Modes of Acquaintance in Republic V", in *Les Etudes Platoniciennes*, vol. IV, Paris: Les Belles Lettres, 2007.
16. Trabattoni, F.: *Essays on Plato's Epistemology*, Leuven: Leuven University Press, 2016.

"一"与"多"可否作为柏拉图哲学的最高本原?

——以《斐莱布》为例[①]

常旭旻(华侨大学哲学与社会发展学院)

摘要:图宾根学派的"未成文学说"主张"理念论"并非柏拉图哲学的核心学说,"一"作为最高本原和"二"才是柏拉图哲学的二元论本原,并由此才能发生包括理念在内的存在者等级架构及其关系。而《斐莱布》通过"混合"说明了这一学说的存在者发生机制。本文通过分析《斐莱布》中对于"一"与"多"、"有限"和"无限"以及"混合"的内在规定及其相互关系,阐明尽管"未成文学说"关于这一存在者架构的解释是完整的,并且能够体现"理念"并非柏拉图哲学当中所谓最高存在者乃至存在核心。但是该对话录一方面对数本原的界说与规定并非充分,而且也未跳出如同"理念论"寻求最高超感实体的形而上学路径。本文最后简要对照亚里士多德《欧德谟斯伦理学》中试图对善和存在进行

[①] 本文的原始稿本曾经作为报告提交北京大学哲学系先刚教授开设的"柏拉图哲学"研讨班,在此对先刚教授的各种指导致谢,同时也以此文记念曾经一起讨论《斐莱布》、又共同学习于北京和图宾根、探讨诸多经典文本和哲学问题、现在天国的李敏强君。

意义区分的尝试，认为亚里士多德已经开始抛弃柏拉图的形而上学框架，在存在论之外开启了在逻辑学、纯粹思想层面探讨存在之优先意义的形而上学新方向。

关键词：柏拉图；《斐莱布》；本原；一；多

引言：《斐莱布》与柏拉图的本原二元论

通常认为，《斐莱布》作为柏拉图的后期对话主要讨论的是伦理问题：善是快乐还是知识。[①]从这部对话录的基本内容来看，大致可以分为 11A—31A 和 31B—67B 两个部分。前面 11A—31A 的一部分开篇就提出一种劝人向善的生活，首先思考快乐和知识在善的生活里的作用，进而讨论如何寻求善的本原。后面 31B—67B 这一部分在篇幅上显然分量要大得多，占了整部对话内容的三分之二，主要是探讨快乐和知识的分类、善的生活和善作为终极原因。就这两部分的内容来看，在《斐莱布》整个对话录当中，作为伦理学的"善的生活"当然是中心问题。但是，对于始终追求理性和智慧的苏格拉底和柏拉图来说，善首先不仅仅是一个伦理道德的问题，而是一个知识论的问题，并且，需要思考如何从对"善"与伦理生活的探讨达致本原问题。所以《斐莱布》不仅仅是一部单纯的道德对话，"柏拉图以正确或错误的世界观（本体论）以及实际的精确认识（方法论和认识论）来阐述这一主题（善的生活）。所以这个对话周转往复于伦理学、本体论，以

[①] 例如汪子嵩等：《希腊哲学史》第二卷第二十三章；C. Hampton, *Pleasure Knowledge and Being: An Analysis of Plato's Philebus*, New York: State University of New York Press 以及 R. Hackforth, *Plato's Philebus*, Cambridge: Cambridge University Press 的导言。

及方法论/认识论"。①

如果将《斐莱布》当中蕴涵的对于"本原"问题的探讨纳入主张柏拉图"未成文学说"的图宾根学派的视野中,我们就可以尝试将《斐莱布》对一和多、类型及终极原因的讨论,以及对快乐与知识何为善的基本原则和方法的探讨,与图宾根学派主张的柏拉图本原二元论相对照,考察《斐莱布》的形而上学与知识论探讨,是否有助于理解并澄清,**不同于传统理念论的柏拉图哲学解释,图宾根学派所主张"未成文学说"另外提出的最高本原、存在等级结构等学说方为柏拉图哲学核心思想的论断**。本文即试图循此思路对《斐莱布》中涉及本原二元论的文本做出一个集中而简明的解释学梳理。

当然,我们首先要概括一下,在通常理解并极为熟悉的柏拉图理念论之外,何谓柏拉图哲学当中最根本的本原二元论。②根据"未成文学说",柏拉图哲学设定了两个最高本原:"一"和"二",前者规定了理念和万物之"何所是",也就是本质,后者则是它们的质料,二者分别代表了绝对的规定性和绝对的无规定性。同时,不同于哲学史上最为著名的、作为柏拉图哲学核心的"理念"论,对于柏拉图的"未成文学说"而言,理念不再位于存在的最高等级地位,在柏拉图哲学中存在着另外一个形而上学意义上万物存在的等级架构:"本原"——"数"——"理念"——"数学对象"——"感性事物"。在众所周知的"理念"与万物摹仿或者

---

① 参见 Hampton, *Pleasure Knowledge and Being*, p. 2,另外,《斐莱布》对于形而上学问题、知识问题以及方法论的重视,从 John Dillon & Luc Brisson (eds.), *Plato's Philebus, selected papers from the VIII Symposium Platonicum*, Sankt Augustin: Academia Verlag, 2010,以及 Donald Davidson, *Plato's Philebus*, Routledge, 2013 的大篇幅讨论中都可以被发现。

② 这里对柏拉图哲学二元论基本内容的介绍来自北京大学先刚教授的论文《柏拉图未成文学说的几个基本问题》,载于《哲学门》第五卷(2004)第一期;以及先刚教授著作《柏拉图的本原学说》的相关章节,北京:三联书店,2014 年。

分有理念的区分之外，由于万物各有其理念，因此理念是"多"，而数作为两个本原结合的初始产物,数的秩序规定了理念的秩序，并进而派生出理念、数学对象、感性事物。

在对《斐莱布》的考察中，或许我们可以通过该对话录前一部分的内容来印证、解说这样一个二元论的哲学体系；但是后一部分对话的内容，则无论从知识论还是本体论的角度都难以支持以两个最高本原作为基础的柏拉图二元论。最终我们可能发现，《斐莱布》当中对于"一"、"多"以及"数"问题的讨论，可能只是为柏拉图的本原学说提供了虽然丰富，但推论并不清晰也欠效力的一个混乱例证。

二、《斐莱布》对"一"、"多"问题的论证思路及其目的

本文将基本忽略对《斐莱布》当中有关快乐、知识的界定、分类的分析，以及这些主题在伦理学意义上与善的生活的关系，除非它们与"一"、"多"以及本原问题相关。因此，本文首先主要只会就柏拉图如何引出"一"与"多"的问题，并继而在本原的意义上论述二者以及二者的关系，将《斐莱布》当中有关的论证思路勾勒为如下层次。

1）问题当然首先还是从思考快乐和知识在善的生活里的功能出发，但苏格拉底在开启了这个话题之后，却没有直接将此话题进行下去，他转向了形而上学的内容，让普罗塔库认识到快乐和知识都不是单一的实体,快乐和知识作为存在都有不同的类型，而且其中某个部分与另一部分是对立的。到 14C—15B 苏格拉底就引出了一与多的问题。

2）既而，对话（16C—18D）开始以神的方法解决一和多的

问题,并以此确证快乐和知识的分类。但苏格拉底并未将这种神的方法直接运用于快乐和知识的伦理学内容本身,而是转而认为善的生活是二者的混合。这样,问题就不再是对伦理学问题的探讨,而是演变为,在其中二者谁扮演了更重要的角色(20D—23C),同时,混合在存在等级的序列划分中起到什么样的功能作用。为此,

3)从23C开始,柏拉图从宇宙论入手展开形而上学的讨论。他把所谓宇宙(cosmos)划分为:无定(the indefinite/*apeiron*)、限定(the definite/*peras*)、二者的混合、原因(the cause/*aitia*)。据此,快乐和知识的不同类型按其对善的生活的不同重要性分为尺度(measure)、比例或美(proportion/beauty)、知识的最高形式(highest form of knowledge,即 *phronēsis*:intelligence or practical reason,或 *nous*:intellectual intuition)这样的等级,还有更低等的知识形式就是纯粹无痛苦的快乐。这与《斐莱布》后一部分当中将善划分为真、比例、美三方面(59E—67B)也是相吻合的。

需要特别说明的是,柏拉图在这里的划分既是针对宇宙论意义上的不同等级的存在,同时又是将这些不同等级上的存在置于确定的形而上学概念之中加以区分,柏拉图的宇宙论区分服务于对这些形而上学概念的反思。[1]因此,上述几个层次的分类和分等都建立在本体论基础之上,上述作出这种等次区分的东西在本体论上优先于那些与感性世界紧密联系的东西。即使在更接近于伦理学内容的对真的快乐和假的快乐的区分中,关键的仍是本体论上的一。这样的基本预设可以在《斐莱布》逐渐展开的对一与多的本体论论证当中得到印证。

从 11A-15C,《斐莱布》首先展开了对善的定义和对快乐与

---

[1] 参见 Plato, *Philebus, Translated with Notes and Commentary*, by Gosling, J. C. B., Oxford: Clarendon Press, 1975, pp. xvix–viii.

知识的考察，但是这一考察并没有在伦理学的方向上继续推进，也并未对善的原因加以确定，反而是导出了关于"一"与"多"的困惑。

如同其他对话录一样，本来在《斐莱布》的开头，苏格拉底要对某个确定的主题——在本对话录中就是"善"——寻求定义。对于"善"而言，尽管可以说，"享受、快乐、高兴以及可以和谐地归入此类的事物构成一切有生命的存在物的善"（11B），①不过苏格拉底认为这还不是关于善的定义，只有比上述更优秀、更有价值的思想、理智、记忆等，正确的意见和真正的推理对有生命事物的参与才是善，但苏格拉底并未就此展开深入论证，并以此反驳这篇对话录的主人公之一斐莱布。他的方法是跳出上述提到的快乐与理智之外，去寻求某种更高的第三种状态，如果这种状态是灵魂中使生活幸福（也即善）的某种状态和条件，而快乐和理智这两种生活之中哪一个更接近第三种状态，那么它的生活就是更好的善的生活。从中我们可以得出以下两点认识。

首先，苏格拉底这里将灵魂自身以及导致生活幸福的灵魂状态或条件区分了开来，不是那些直接的、外在的状态或者条件，而是本原才能作为事物的具体原因，因此关键问题是要找到那个本原本身。在这里，灵魂自身之中的那个善的本原，才是善的生活、**乃至善所导致**的快乐生活的原因。

其次，苏格拉底采用的是一种间接的论证方法，或者说首先寻求一个更高的具有确定性质的类，然后通过与这个类的关系的

---

① 柏拉图《斐莱布》，见王晓朝译本《柏拉图全集》第三卷，第 176 页。本文所引柏拉图原文中译文一般都来自王晓朝译本，个别地方根据英译本稍有修订，不再一一注明。另，先刚《柏拉图的本原学说：基于未成文学说和对话录的研究》均将本文依据的王晓朝译《斐莱布》题名翻译为《斐勒布》，但本文仍依王晓朝译本题名为《斐莱布》。

结合来确定等级序列。[①]这里已经暗含了探讨相似、等同以及统一性的思想方向，也就是探讨唯一本性与可能的多样性。在这里，那个唯一的本性就是善的本原，而由其出发展开的多样性则是善的、快乐的生活的诸多样态。

通过上述两点认识来分析快乐问题，我们同样可以看到，"快乐"作为事情是多样的，但重要的是要追寻其本性。一定有一个"快乐"的"单一"（至少作为一个词）方面，此外在另一方面，单一的快乐还会有其不同的多样存在形式。但苏格拉底说明，多样性的不同形式却不能一概都能被称为"快乐"，或者说，"快乐"展现出来的多重样态本来就是不同的。"快乐"作为类的总体包含类的多样性，这就暗示了一与多的区分和关联。苏格拉底还以"图形"来例证此种说法。不同类的图形虽然都是图形，然而各种图形当然是不同的甚至可能是绝对相反的。但这里我们可以发现苏格拉底有一个混淆。此前普罗塔库已经说明同类事物来源的不同和在本性上的一致。苏格拉底则想说明有好的快乐和坏的快乐，而**好的**快乐本身其中是有不同、有对立的多样性的。但正如普罗塔库指出的，苏格拉底混淆了快乐自身（Pleasure）与令人快乐的具体事情（pleasure things），他把诸多快乐事情的多样性和对立纳入了快乐自身之中。当然这也涉及对于名称定义与被定义的名称其具体指称之间的区别，以及本性与具体现象的区分。但普罗塔库已经说明就快乐的本性而言，其自身没有对立，但是苏格拉底却把快乐事情的对立混淆成了"快乐"自身是包含对立面的。这样，苏格拉底此处对于"一"、"多"的区分和界定并非十分严格。

这里一方面可以看出普罗塔库在对话中的地位和意义，也就

[①] 关于这里苏格拉底的立场及其展开讨论的方法，参看 Davidson, *Plato's Philebus*, pp. 22-32。

是他作为苏格拉底论证的补充和完善。另一方面可以强调，苏格拉底论证一与多的意图是显明的，即不止步于善与快乐的问题，而是要指向其背后蕴藏的知识论和形而上学问题，尤其是从快乐自身与诸多快乐事情的区分上探讨"一"与"多"的问题。

三、《斐莱布》中"一"、"多"、"数"、"无限"的存在等级结构

从 11A—15C，苏格拉底让普罗塔库接受这样的观点，即知识与快乐一样都是复数，有this～与that～之分，其中既有多样化的快乐、知识之间的"多"的问题，也有最根本的原因的"一"的问题，其间的不同和差异既来自"多"与"多"之间，也来自"多"与"一"之间。所以，问题的关键也就在于，依据什么以及如何说明并判断苏格拉底所说的"一就是多"、"多就是一"。当如此推论下去，苏格拉底就提出，是否需要借助单数的"一"与多数的"多"之外的第三者来论证何为善的原因，或者说什么是真理。所以，在讨论快乐与知识作为善、幸福之根据的论证中，苏格拉底采用的依旧不是直接的伦理探讨方式，而是一种间接的方式也即本体论的论证方式。当本体论意义上的"一"、"多"区分得以澄清，对快乐、知识、善的规定也就自然拥有清晰的最终根据，既能够说明具体的快乐事物、善之事情，也不会把快乐与善的问题限制在具体的现象讨论当中。因此，即使对于伦理意义上的善的问题，本体论意义上的考察对于柏拉图来说也总是具有先导作用和基础地位的。①

依据苏格拉底的论述，一不是可以产生和消灭的具体事物。

---

① 关于《斐莱布》相关讨论之中本体论的有限性的具体分析可以参看 Hampton, *Pleasure Knowledge and Being: An Analysis of Plato's Philebus*, pp. 13-17。

一具有真正的存在,永远是一、相同,是最确定的单一,既不产生也不消灭。但一不是孤立的,一不排斥多,一既在"一"之中也在"多"之中,一也存在于可以产生、消灭的无限的多样的事物之中。这里不仅提出了"一"与"多",而且提出了"一"与"多"的关系,并将多样性的问题以"无限"表述出来。从 15D—17A 接下来,苏格拉底以神性的方法将无限纳入讨论范围,[①]展开关于"一"、"多"问题的辩证法讨论,考察不断出现(永久)的"一"和"多"的在场、有限与无限问题。

根据神的智慧的传达,事物的构成是一与多的混合,在其本性中既有无限又有有限的一面。对事物的考察和对其秩序的把握,首先在于寻求那个**单一**的理念,而且它必定无所不在(there/there)。然后,从这个一再寻求二,再到三以至其他数的理念。所以,一既是一,又是无限的多。我们可以从中发现与柏拉图本原学说的基本架构:在"一"与"多"的关系之中,**事物通过"数"从理念的派生在此被揭示出来**。不过《斐莱布》并未停留在此,苏格拉底继续深入探讨存在的等级秩序,进一步指出问题还在于,在"一"与"多"之间,必须弄清楚**其间事物之理念的数目**,然后我们才能把"多"说成是无限的。因为其间的数目清楚了,我们才能完成理念从一到无限的序列(18A—B):

一 ——事物理念的数目——多(无限)

所以问题的关键在于不仅要说明"一"、"多",还要找到二者中间的数目。因此尽管这中间显得并不是那么连贯,但苏格拉底仍然运用神性的方法,开始对有限与无限进行分析。

[①] 苏格拉底通过神性的方法来展开对疑难的解决,这种神性方法的具体阐释,参见 Hampton, *Pleasure Knowledge and Being: An Analysis of Plato's Philebus*, p. 35.

苏格拉底举"字母"和"乐音"为例证（18C—D），说明对它们的掌握不是知道它们的术语或者说名称，也不仅是说明它们既是"一"又是"多"，而是要掌握其中的数目、特性、种类，也就是其间的数和尺度（measure）。字母对乐音的统一性在于，首先区分乐音之多种声音的数，并对数进行类的划分，从而使无限的多样性被划分为具体的数目，或者说拥有尺度，并进一步显示为这些无限的"多"是相互联系的"一"，并最终归于单一的"一"（在这里就是统一的"字母"）。如此才能正确地考察一与多，因为一总是在多之中的，需要数的说明，同时无限也是内在于具体事物之中的，需要具体的数目的说明。

$$一\ \longrightarrow\ 数\ \longrightarrow\ 无限$$

不能直接从"一"到"多"，也不能直接从"多"到"一"，中间必须经过确定的数。我们上面已经看到理念与感性事物之间的等级和派生关系，这里不仅将已被区分开来的"一"和"数"提出来了，而且指明"一"与无限的派生关系，并把"数"在存在等级中的地位揭示出来。对照本文开头引述的柏拉图"未成文学说"之本原二元论及其结构，我们可以发现《斐莱布》实际展现的正是这样的思想原则和基本架构。①

要而言之，任何事物都是一、相似、相同、相反，是"一"

---

① Davidson 对苏格拉底所举"字母"与"乐音"的例子如何说明"一"、"多"与"数"乃至"无限"的关系，以及此四者直接的结构关系及其相互演化做出了精彩的重构，并充分地解释了这种结构关系如何说明了四者之间的结合。对此可参见其 *Plato's Philebus*, pp. 112-119。

与"多"的结合和显现,是事物是(存在)的样式。在《斐莱布》,分析一、数、多、无限的意义在于说明对快乐和理智也一样要区分其统一性和多样性,也就是划分快乐与知识的种类。**这也回答了普罗塔库陷入困境,不知如此讨论用意何在的问题。**

四、本原经由"混合"可否推出存在者诸等级?

但苏格拉底还是要回复到提问的出发点,即快乐与理智之外的第三者。为什么如此?究其原因,他的目的还是在于寻求一个终极原因也即本原。我们在开篇看到,如果是要寻找一个快乐与理智之外的第三者,其实已经说明苏格拉底无意于将前述二者之一作为善的根本原因。

在20C—22C,苏格拉底明确指出,善的生活不能仅由快乐或知识构成,善是完善的(perfect)、充分的(adequate/sufficient)。凡是认识善的生命就会寻求善、渴望善,在自己的生命过程中包含善并**具体(多样)**地体现出善来。但是就快乐的生活与理智的生活来说,它们自身不具有单一的完善以及具体的多样性,不互相包容理智与快乐。因为如果它们完全是善的,就必然是自身完善的,就不需要其他的补充。因此,在对善的生活的原因问题上,苏格拉底仍然依赖神性的方法,但却提出一种**混合**的生活,并具体追问混合生活中的哪一部分是使其成为善的原因。

"混合的生活"既有快乐,又有理性和理智。但单一的这两种生活都是不包含善的,快乐、理性也不是善本身,因为善是完善、充分的。真正的、神圣的(true、divine)理性就是善自身。理性的生活不是善的生活,而作为人所有的理智也还不是善本身。

不过理智与快乐相比，是仅次于善自身的。善的生活是充足的、完全的、被渴望的，这是真正的本性。

> "二者之一很有可能是使善本身产生的原因。……包含在混合生活中，使这种生活既是可期望的又是善的……理智比快乐更接近这个原因。"（22D）。

如果不选择混合的生活，那就是远离了理智，实际上那就是出于无知。

这里暗含了前面所述"一"的存在方式必须在具体之中。所以对"一"与"多"做出区分不是目的所在，而是要说明，**通过对二者做出的区分以及揭示其间的关联**，还要去说明二者区分以及相互关联的原因何在，如何通过这种说明去寻求最根本的原因问题。特别是，对于所寻求的最高的善而言，还要进一步推论，善自身产生、以及具体化到事物的原因，也就是说善需要什么样的中介、如何通过"一"与"多"的架构及其运作，才能使生活具有多样性的善。因此，苏格拉底的论证思路再次转向，从"混合生活"这一具体伦理问题转换至形而上学意义上经由"混合"才可能完成对存在者等级的本原论证，但同时也是回复到对话录开篇的根本问题，到底什么才是本原？

苏格拉底从所有存在者的四重分类出发讨论分类的划分，即两重、三重乃至更多的划分，以及划分的原则。这里，原则先于划分，而"无限"、"有限"与"混合"的关系指向了对原因的探索，从而得以进一步回应并揭示此前考察的"一"、"多"、"数"、"无限"之存在等级结构中的本原所在。

有限 ————混合 ————无限（多）
            ↑
            ↑
           原因

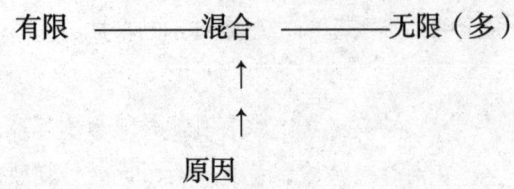

在 26C—27D，对存在者进行了四重划分，其中前两类即"有限"、"无限"（或理智、快乐），二者的关系基于分裂，分成多、有限，这里分裂其实也是为了回溯。第三类"混合"，是多混合成一，在混合的意义上，既是一又是多；第四类，混合与产生事物的原因。但如此说明的无限与有限还是缺乏规定的。所谓"更多"（more）、"更少"（less）没有限度，其自身是无限的。但被"更多"、"更少"表述的事物却有限度，这个限度是"更多"、"更少"赋予事物的，也是事物自身存在的限度。所以被赋予"更多"、"更少"的事物是有限的。原因在于，"更多"、"更少"不是确定的量（definite quantity），而被它们表述的事物被赋予了确定的量，是固定的、没有发展的，也就是有限的。这才是无限、有限与具体事物之间的关系。

而就无限、有限这二者之间来说，无限包含"更多"、"更少"，是把分割的东西汇集起来，以自己的单一性质来标记具体事物。有限是"相等"（equal）、"数目"（number），是分裂、相同、相等、两倍、倍数、尺度等等，有限确定数量。而无限与有限的混合依赖确定的数。但是问题在于，这种混合与前面的"一—— 数—— 无限"如何联系起来？苏格拉底这里似乎是要通过混合消除有限、无限的对立达到二者的和谐，混合是依靠确定的"数"，但这种混合是否就是"数"或者就是"一"？普罗塔库没有纠缠于这个疑难，他只是提出，"到底什么是第三类东西？"这里实际上是将苏格拉底复杂、繁琐的推演拉回问题本身，因为通过"数"对"有限"、"无限"的分析最终还是为了探究根本的原因问题。

苏格拉底并没有正面回答这个根本发问。他认为，第三类东西是多样性的，而有限作为过度、无限作为"更多"、"更少"在形式上也是多样性的，"凡有产生，在有限的帮助下从尺度中产生的东西都属于第三类"（26D）。这样，"有限"就成为了混合的原因。然而如此"有限"之于第四类即"最终的原因本身"是什么关系呢？苏格拉底的回答是，最终原因和产生事物的具体原因不是等同的。"作为事物产生条件的原因从属于一个不同的原因"（27A）。原因是制造者，事物则是被造的事物。根据前述，第一类是"无限"，第二类是"有限"，第三类是"前二者混合产生的东西"，第四类是"混合于产生事物的原因"。"混合的生活属于第三类。不是由两个事物组成，而是由一切受到限制的无限的事物组成。"（27D）

根据上述《斐莱布》有关"混合"问题的论述，我们可以这样概括：

"无限"也即"一"经由有限的"数"，成为受到限制的无限从而是混合。

如果依据这样的推论逻辑来理解什么是善的生活，我们可否认为，依据混合而形成的善的生活，是否就是"无限"被"数"限制而与有限混合而成的？仅从《斐莱布》此处的文本，我们还不能对什么是善的生活的成因做出如此论断，我们能够发现的，是苏格拉底在提出了比理念更为根本的"一"、"多"以及"数"的基础上，提出了不同等级的存在之间的关系构成，而这种存在等级的架构，以及其中不同等级的存在通过什么样的关系结合在一起，就是通过"无限"、"有限"然后加以"混合"才能得到说明。

但是，这种过于抽象的形而上学探讨，不论是对于现实的善的生活还是形而上学意义上善的最终原因，最多只能予以一种发生学意义上的对其形成机制的说明，而对具体善的现象、善的诸多现实要件、善的决定条件、善的最终目的乃至原因，都还没有给予充分的规定性。从而，藉由对诸多善的生活以及善的原因进行考察，希望对形而上学意义上的最终原因也即本原进行明确规定的任务，也并未充分的达成。

结语："本原"的突围与形而上学的新方向

柏拉图"未成文学说"的本原二元论意在提出一种不以理念论为核心的、关于柏拉图哲学思想的基本理解框架。从本文开头的介绍来看，这一解释框架并未抛弃柏拉图的理念论，只是认为理念论并非如同过去哲学史所认为的那样是柏拉图哲学中一以贯之、最重要的内容。"未成文学说"除了提出存在等级架构之外，最具革命性的替代解释就是，在这个存在等级架构中，"一"或者还有"二"才是柏拉图思想里的最终本原，而其中，"一"规定着一切，而不接受其他一切的规定，"一"是位于存在等级顶端的最高本原。根据亚里士多德的记载，在柏拉图那里，"本原"、"数"在存在等级中更位于理念之上。[①]因此根据"未成文学说"，一方面理念根本不是柏拉图哲学的最高存在，另一方面，对于柏拉图哲学而言，找到比理念更高的、最终的本原才是最高任务，并从这个最高本原出发寻求对万物存在者的理解。

---

① 先刚：《柏拉图的本原学说：基于未成文学说和对话录的研究》，第 115–117 页。

依据"未成文学说",恰恰是《斐莱布》向我们揭示了:当我们获得了数本原,继而就将开启从本原出发的道路,如何依据"数"本原如何将"一"与"多"统一起来,并展开诸多等级之中的存在物的问题。

依据本原论,"一"与"多"既不是整体与部分的关系问题,也不是诸多事物对于理念的分有和模仿问题,因为基于"理念论"的分有和模仿所具有的无法消除的困难,根本不足以说明多样化的事物与单一理念的统一性是如何能够相联系的。而在《斐莱布》中"一"与"多"的辩证法,不仅完整并充分地揭示出万物自身之中蕴含的"一"与"多"、"无限"与"有限"、"理念"、"数"和"一"与"二"的关系,而且表明该对话录当中涉及的"快乐"和"知识"等问题,都是通过从本原出发的"混合"之途才能获得解答。这种混合具体而言就是"一"即"规定"和"不定的二"或者说"多"也即"无定"的混合,其产物就是"数"本原,并最终获得本原的最终确定性。①

由此我们是否可以这样理解:

1)《斐莱布》这篇对话录的主旨对快乐生活的探讨并非要寻求善的理念,而是要寻求善的生活的最终原因,也就是寻求善的生活的最终本原,并将善作为终极的一和原因。

2)以此为突破口,柏拉图放弃了"理念"在其哲学中的中心地位,在该对话录中转而尝试通过伦理话题来探求本原,以及从本原出发能够达成什么样的本体论认识。

但是,从本文前述几节我们做出的分析来看,《斐莱布》尽管对与本原相关的诸多理念进行了探讨,但是无论对于善而言,还

---

① 先刚:《柏拉图的本原学说:基于未成文学说和对话录的研究》,第 310–314 页。这里,先刚将本文前述"有限"、"无限"分别译为"规定"、"无定"。

是对于所有存在者的等级而言，我们获得的是关于最高本原应该具有的规定性或者说标准，以及从最高本原出发我们可以做些什么。而那个最高本原到底是什么？以及，获得最高本原的方式与方法是什么？该对话录并未给出明确的回答，只是通过"混合"说明了不同理念之间的运作关系。我们能够确定的只是，对于《斐莱布》意图寻求的绝对本原来说，适用于本原之下包括理念在内的所有存在的具体规定性，并无法规定最高本原的绝对性。但是这也不足以说明本原为何就是"一"与"多"，以及对话录当中强调的"数"与"混合"在本原与事物之间的中介作用如何可能以及是否必要。特别是，如果那个永恒的"一"要通过"数"才能说明"多"，它是否能够作为根本的最高本原呢？因而，"一"、"多"和"数"的关系并不能在其产生的存在等级架构之内充分说明位于理念之上的一个根本本原的存在。

简而言之，通过本文前述对于《斐莱布》的文本分析，首先，柏拉图对"一"、"多"或者"二"的区分和界定并不十分严格。其次，尤其是就"混合"而言，对于从"一"与"多"出发，经由"混合"而刻画出来的存在者等级架构尽管是充分、完整并且是清晰的，也足以说明从本原发生出存在等级架构，从而产生包括理念在内的所有存在者的绝对性。但是，柏拉图并未从形而上学与认识论意义上进一步予以清晰地阐明，造成这一架构、从本原出发的"混合"为何是最根本的发生机制，以及"混合"的发生机制如何可能？而只是在对话录的文本当中通过苏格拉底之口不断表明一定会有个最终原因，但是我们还是不能得出确定答案，到底什么才是那个最终原因，以及这个最终原因为何会通过"混合"来生成万物存在及其等级构架。正如在《斐莱布》的结尾，苏格拉底从善的生活的原因的竞争者或者说候选者当中，没有说善的理念才是最高的、最终的原因，而是把理智放在**亚军**的领奖台上。但是苏格拉底也并没有回答，到底谁才是冠军。或许我们依据本原二元论，站在冠军领奖台的应该是本原。除此之外，苏格拉底只是说理性和快乐都不是善自身，因为它们不是自足的、完善的，因为这是本原才应该具有的标准。

尽管如此，至少《斐莱布》还是足以说明理念学说在柏拉图哲学当中并不占据中心地位。因为，尽管我们怀疑《斐莱布》是否能够充分阐明柏拉图"未成文学说"所主张的本原二元论，但是一方面该对话录确实表明了"理念"学说并非柏拉图最核心的哲学问题，只有依赖二元化的"数"本原，柏拉图才向我们揭示出来存在者的完整等级架构。另一方面，不管本原是不是能够确定以及如何确定，但是仅仅靠"理念"自身也是不足以揭示最高、最终原因的，并且也不能对存在者之间的关系、根本规定及其最终原因做出合理说明。

不管我们是否认同柏拉图"未成文学说"对于理念与本原之多重关系的上述解释，以及由此可能延伸开去的形而上学推论。但是柏拉图在"理念论"之外确实探讨了"本原"问题也是不争的理论事实。我们也可以合理地推测，在柏拉图意识到理念"分有说"、"摹仿说"的困境之后，其晚期对话录试图在理念之外寻找另外更具合理性的最高本体以完善其形而上学理论，对"数本原"的探讨就是柏拉图寻求突围的一种深入尝试。

不过这种尝试并没有形成柏拉图形而上学的根本转向。因为不管"理念"还是"数本原"，柏拉图的形而上学路径始终是试图确立一个最高的、外在于所有现实存在物、超感性的真实本体，也就是说，试图以一个最高的存在者来说明所有存在——也即万事万物及其关系乃至整个世界的本原、原因。用海德格尔的话来说，柏拉图走在一条试图将最为根本的存在存在者化的形而上学道路上。虽然海德格尔认为这条道路走到二十世纪的西方形而上学依然如故,但是在柏拉图晚年的学园时期,年轻的亚里士多德已经开始探索形而上学道路的转向,并已做出些微的变革,虽然还并未真正开启后来亚里士多德自身的形而上学道路。

一般认为,亚里士多德的形而上学以"作为存在的存在"、"所有存在物的普遍本性"作为研究对象。虽然耶格尔认为,亚里士多德有两种形而上学,尤其在其早年,依然是要寻求一种柏拉图式的形而上学构架。①但是当代研究则认为,耶格尔事实上也揭示了在柏拉图学园时期乃至离开学园之初,亚里士多德已经开始在分析、批评柏拉图形而上学中的"理念"、"本原"思想,尤其是逐渐抛弃了柏拉图的形而上学方法,不再寻求以某种超感官而独立的最高实体作为最高本体以及形而上学的根本原则。尽管我们不能以复杂、丰富的亚里士多德后期形而上学思想来简单批评柏拉图的形而上学路径,但是在公认为亚里士多德在柏拉图学园时期创作的《欧德谟斯伦理学》当中,亚里士多德同样以类似于《斐莱布》中的善和存在主题,通过伦理问题的探讨,试图对存在的普遍性做出说明,而不再是希望在具体存在物之外以及之上找出一个最高存在物来统摄万有存在。在《欧德谟斯伦理学》当中,亚里士多德和柏拉图一样认为,存在着多种多样的善乃至不同层次的存在者,但与柏拉图不同的是,亚里士多德并不试图去找到一个本原的善乃至一个最根本的存在者——比如理念或者数或者本原那样的东西——去作为诸多存在者和多样化的善的最终根据,也不认为有一门专门的科学知识可以研究这种特定的最高存在者。亚里士多德的革新之处在于,之所以有诸多存在者和诸多的善,是因为"存在"、"善"这些术语在不同的范畴当中

---

① 参看[德]维尔纳·耶格尔:《亚里士多德:发展史纲要》,朱清华译,第二部分,人民出版社2013年。

以及在不同范畴的结合当中具有不同的意义。不是因为存在者的高低等级区分，也不是因为善的程度高低之分，我们才需要有一门形而上学科学去找到一个最高的存在者或者善的最终本原，而是因为"存在"、"善"具有多重意义，在其中找到最为普遍的意义才是某种根本哲学思考的任务。

按照欧文（G. E. L. Owen）的看法，尽管《欧德谟斯伦理学》当中的亚里士多德还未能如同《尼各马可伦理学》和《形而上学》当中那样，通过逻辑学、范畴学说去找到首要的、普遍的"存在"用法及其意义，也即最为核心的"存在"意义而非最高的存在者。但是，亚里士多德的形而上学兴趣已经从最高存在者转移到对"存在"歧义的辩证法批判上，其形而上学方法也从对"存在"进行存在者等级的存在论区分，转移到了逻辑的、思想的"存在"意义区分工作，要寻找一种在逻辑上具有优先性，或者退一步说，在存在论的意义上具有自然优先性的"存在"普遍本性。[①]正是在这个意义上，亚里士多德的《欧德谟斯伦理学》对于柏拉图的《斐莱布》来说，初步摸索出了一条与柏拉图寻求最高理念或本原完全不同的形而上学道路。

参考文献

1. Davidson, D.: *Plato's Philebus*, London: Routledge, 2013.
2. John Dillon & Luc Brisson (eds.): *Plato's Philebus, selected papers from the VIII Symposium Platonicum*, Sankt Augustin: Academia

---

① [英]欧文：《亚里士多德一些早期著作中的逻辑学和形而上学》，收入聂敏里（编译）：《20世纪亚里士多德研究文选》，华东师范大学出版社，2010年，第49–57页。

Verlag, 2010.
3. Hackforth, R.: *Plato's Philebus*, Cambridge: Cambridge University Press, 1972.
4. Hampton, C.: *Pleasure Knowledge and Being: An Analysis of Plato's Philebus*, New York : State University of New York Press, 1990.
5. [英] G. E. L. 欧文:《亚里士多德一些早期著作中的逻辑学和形而上学》,收入聂敏里(编译):《20世纪亚里士多德研究文选》,华东师范大学出版社,2010年,第49-57页。
6. 王晓朝(译):《柏拉图全集》第三卷,北京:人民出版社,2003年。
7. 先刚:《柏拉图未成文学说的几个基本问题》,载于《哲学门》第五卷(2004)第一期。
8. 先刚:《柏拉图的本原学说:基于未成文学说和对话录的研究》,北京:三联书店,2014年。
9. 汪子嵩等:《希腊哲学史》第二卷,北京:人民出版社,1993年。
10. [德]维尔纳·耶格尔:《亚里士多德:发展史纲要》,朱清华译,第二部分,人民出版社,2013年。

柏拉图论宇宙的唯一性

刘未沫（中国社会科学院哲学研究所）

摘要：《蒂迈欧》中的宇宙唯一性论证，既包括从神的善意而来的外部论证（模仿动物理念而造的宇宙是唯一的），也包括从内部构成成分来说的内部论证（用尽了一切的宇宙是唯一的）。这两个论证的合理连接来自对"囊括者"概念的正确理解。在外部论证中，通过诉诸囊括者概念，可见宇宙和动物理念这两个整体之间建立起了结构类比，宇宙也因此获得了生成界最大囊括者的形式性特征，因此是唯一的。在内部论证中，"囊括者"所代表的整体部分关系具体到宇宙内部：其"部分"被确定为元素；"囊括一切于自身之中"也被具体化为穷尽了所有能量和元素；因此宇宙是唯一的。内部论证同时针对原子论者的多宇宙观，并对其同名"囊括者"概念进行了改造。最后，柏拉图也称宇宙灵魂是囊括者，其"部分"是数学比例。宇宙灵魂的创造穷尽了音律学中所有的和谐比例，它在时空中首先被按照长度展开，体现为按比例分配带动恒星和行星的同圜与异圜；其次，在面和体上的表达为火、土、气、水所对应的四、六、八、二十正多面体及宇宙和灵魂所对应的球体。这种数学关系是囊括者内在统一性的来源，

---

① 本文首发于《现代哲学》2017年，第3期。

也是柏拉图在不同等级的囊括者之间建立起同构类比的原因。五个宇宙的假设，也可以看作是从理念、纯比例（按照长度）、面、体及生成之宇宙这五个层面对囊括者存在结构的分别表述。

关键词：《蒂迈欧》；囊括者；整体与部分；和谐比例；元素

引 言

柏拉图关于宇宙唯一性的具体论证主要在《蒂迈欧》中。[①]《蒂迈欧》以"一"开头、以"一"结束，这指明了天（ὁ οὐρανός）或宇宙（ὁ κόσμος 或 τὸ πᾶν）[②]的唯一性在这篇对话中的重要性。[③]但柏拉图关于宇宙唯一性的论证，却常常被简化为：因为善意的工匠神想要宇宙尽可能完美、尽可能与作为其范型的理念相似；而理念是唯一的；所以工匠神造出的宇宙也是唯一的。无论对工匠神采取字面的或寓意的理解，如此表述的论证都很难让人接受。

---

① 本文中关于《蒂迈欧》的中文翻译均由作者依据希腊文译出，同时参考康福德（Cornford）、泽尔（Zeyl）、沃特福德（Waterfield）以及谢文郁先生译本，分别见 F. M. Cornford, *Plato's Cosmology*, Routledge, 1935; Hackett (reprinted), 1997; D. J. Zeyl, *Timaeus*, translation with introduction, Hackett, 2000; R. Waterfield, *Timaues and Critias*, translation with introduction and notes by A. Gregory, NY: Oxford University Press, 2008; [古希腊]柏拉图:《蒂迈欧篇》，谢文郁译，上海：上海人民出版社，2005 年。

② 这三个词都被柏拉图用来指宇宙。虽然狭义的 ὁ οὐρανός 指星空（如 37d6, e2, 38b6），但柏拉图也在广义上用它来指代宇宙整体，在讨论宇宙唯一性时便是如此（见 31a2, b3, 34b5）。ὁ κόσμος 和 τὸ πᾶν 都用指宇宙，前者的侧重其有序性，后者则侧重总体性。见 Zeyl (*ibid.* p. 14, n. 16)。

③ 开头的"一"（Εἷς）被放置在数数场景中，这可能暗示着数字理论将在这篇对话中占据很大的比重；而结尾句"这个数量为一、独一无二的天就生成了"，则直接点明了这一观点。柏拉图喜欢以开头第一个词来对作品主题和内容做出重要暗示，耳熟能详的例子便是《理想国》开头的"向下"（Κατέβην），它预先提示出全书给人最深印象的"洞穴"比喻。

亚里士多德最先对这个论证表示担忧。他认为诉诸理念这一行为本身就可能导致相反的结论，这源于理念与具体事物之间一与多的关系。如果诉诸理念造出我们这个宇宙，那么就无法阻止宇宙为多。因为这个理念可以再次被用，那么造出其他宇宙就至少是可能的。① 亚氏之后，古代注疏家亚历山大（Alexander）和辛普里丘（Simplicius）也都对柏拉图的这个论证表达过与亚氏同样的担忧。现代学者中，对这一论证最严厉的指控来自纪德（Keyt），他认为唯一性属于理念的形式属性（formal/ideal properties），但无论按照柏拉图在其他文本中对制作技艺的阐述，还是依据我们通常对制作的理解，工匠在制作时应当复制的都是事物的特性属性（proper properties）。工匠的卓越在于尽可能全、尽可能像地复制范型，但其复制的范围绝不应超出特性属性。因此一位复制理念形式特征到宇宙的工匠神，是疯癫不可理喻的；而柏拉图则犯了混淆了形式属性和特性属性的错误。②

本文试图完整呈现柏拉图对宇宙唯一性的论证，认为可以通过囊括者概念及其所对应的整体与部分的有机关系来理解。囊括者概念分多个层次，对应于蒂迈讲述的创世故事的多个层面。正确地找到每一层与囊括者对应的"部分"，便能理解该层作为整体的唯一性。这种唯一性（uniqueness）是一种由内在统一性（unicity）带来的数量唯一，因此不是一种预先设定的形式性复

---

① 亚氏的批评见《论天》I.9。他自己是通过诉诸宇宙内部有机结构，建立起自然位置、运动、元素相互定义的关系，由此形成诸元素的同心圈，从而推论出宇宙必然包含一切质料，因而唯一。参拙文"亚里士多德对多宇宙观点的批评"，载《自然辩证法研究》，2015年，第6期。有关《论天》与《蒂迈欧》之异同的更多讨论，参 T. K. Johansen, "From Plato's *Timaeus* to Aristotle's *de Caelo*: The Case of the Missing World Soul", in A. C. Bowen & C. Wildberg (eds.), *New Perspectives on Aristotle's de Caelo*, Leiden; Boston: Brill, 2009, pp. 1-9.

② D. Keyt, "The Mad Craftsman of the Timaues", in *The Philosophical Review* 80 (1971), pp. 230-5.

制。本文按照蒂迈欧的叙述顺序,对关于宇宙唯一性两个明显的论证进行分析。这两部分的分析帮助我们理解,"囊括者"所代表的整体部分关系在两个论述中各自所起的作用。最后,我将凭借对《蒂迈欧》中宇宙灵魂——同样被称为囊括者——之整体部分关系的分析,说明作为唯一性来源的囊括者的整体部分关系,是可以从纯粹比例、面和体三个方面进行表述的数学关系。囊括者具有层次性,存在论上层级越高,越接近完美的数学比例。《蒂迈欧》中提到三个囊括者:生成的宇宙、其模仿被造的动物理念、以及最先生成的宇宙灵魂;它们各自的整体部分关系,则是数学比例在时空中的层层展开。这是柏拉图认为在它们之间可以建立同构类比的根本原因,也是他认为生成的宇宙具有唯一性的最终保证。

一、作为范型的动物理念与宇宙唯一性

这一节的论证涉及生成宇宙的动力因和形式因,分别是创世的工匠神(及其善意),以及其创世所模仿的理念。下文先对柏拉图为何认为宇宙是生成物及需要这三个原因进行说明,然后再进入具体论证。由于这两个原因都来自生成的宇宙外部,因此这部分关于宇宙唯一性的论证可称为外部论证。

《蒂迈欧》开始,蒂迈欧便引入了"两个世界"的区分:一界是永恒不变者,另一界是生成者。柏拉图区分二界的特征与亚氏区分月上月下界事物的特征相同,但由于柏拉图使用了"同类相类"的原则,因而天或宇宙被归于生成界。[1]首先,他说对象

---

[1] 比较亚氏在自然运动与自然位置的分类原则下,将天或宇宙归于永恒界。

存在的方式决定了人对它们的认识方式，因而我们用理智来把握永恒不变的东西，用与感觉相关的意见来把握生成之物。相应地，对象也决定我们言说内容的不同性质，对理智来说稳定和清晰可见的，我们可以获得有关它们的稳固不变的言说；但本身变动不居的生成事物，我们就不得不接受可能的相似的"故事（μῦθος）"。（27d5—29d6）天或宇宙具有看得见、摸得着、有形体的特征，因此属于生成界。而有关它生成的言说，就是时间中发展的创世故事。柏拉图的宇宙论因此也就等同于宇宙演生论（cosmogony）。①

一切生成物之生成必然"出于某种原因"。宇宙之生成，需要有制作者与生父为其负责，这便是工匠神（动力因）。工匠神创世，需要依据范型。需要的范型属于哪一领域？蒂迈欧说，一定是理念界、一直保持在同一状态的范型（形式因）。原因在于"宇宙是好的，神是善意的。"因为只有神是善意的，他才会选择处于完美状态的理念界的范型进行制作，并使其作品尽其可能地接近范型；只有神是善意的（而不是像史诗中的宙斯那样充满嫉妒），他才会希望万事都尽可能与自己相像，希望将一切可见物从无序带向有序，如此宇宙才可能生成。换句话说，宇宙是好的、得以生成，因为

---

① "同类相类"是柏拉图宇宙论和形而上学中的一项普遍原则。在《蒂迈欧》中，它不仅被用于区分何种认识能力和言说方式适用于何种认识对象（又参51d3-52a4），也被用于确定宇宙的形状（最具有"囊括性"特征，因此是球形）（33b）。柏拉图将组成宇宙灵魂的三种成分（存在、同、异）分别确定为混合了绝对的存在（不可分）和生成（可分）的东西（35ab），似乎也是依据"同类相类"——灵魂在存在论上同时具有与永恒存在界与生成界的亲缘性（参 37ac）。另外在 47bc，柏拉图也认为人的理智所做的运动也是圆周运动，与宇宙之理智的运动方式相同，这也是因为二者的亲缘性（συγγενεῖς）是人的理智可以认识宇宙的原因。很多公元前五世纪的自然哲学家，都使用了"同类相知"的原则来理解自然（如恩培多克勒），柏拉图继承并发扬了这一传统。

生成它的原因是好的；这个好的原因直接地来自工匠神，进而来自工匠神选取创世的好的范型。

（1）动物理念与生成宇宙的类比

确定了范型所在的领域，工匠神创造宇宙的工作正式开始。首要的问题是，"宇宙"从未存在过，应当在永恒界中选取哪种范型？工匠神决定选取动物理念。① 因为对这个可见事物的整体而言，有理智比没理智好；而有理智就有灵魂，灵魂又必定存在于身体之中——对于柏拉图而言，有灵魂的身体就是一个动物。② 因此，我们的宇宙就应该是一个在现实中存在的有灵魂和理智的动物。然而存在很多类型的动物，相应地也有关于它们的不同的动物理念（或"可知动物"）。蒂迈欧自问："工匠神组织时，把宇宙作成其相似者的是什么动物呢？"（30c3）思索的结果是一个包括了所有具体动物的范型的大动物理念。他说：

【T1】30c4—31a1："其一，我们不要认为它是存在物中是作为部分的东西（ἐν μέρους εἴδει）③，因为任何东

---

① 评审人建议译为"生命体"。我基于以下几点原因保留了"动物"的译法。首先，译为"动物"符合古希腊语中 ζῷον 的含义。在西文研究中，用"The World-Animal"来指蒂迈欧所讲的宇宙，也非常普遍。例如，R. Parry, "The Intelligible World-Animal in Plato's Timaeus", in *Journal of the History of Philosophy* 20(1991), pp. 13-32。其次，宇宙的理念并不是一个自我表述的理念（不同于大的理念是大的、相等的理念是相等的，床的理念是床），宇宙是宇宙不在于其理念是宇宙（而是 ζῷον），宇宙有生命也不是由于其理念是生命（而是其有灵魂）。这表示柏拉图关于理念与具体事物关系的看法，与中期学分有说有所不同。最后，宇宙–动物的类比，在柏拉图之后亦影响深远。如亚氏便是认为动物运动和宇宙运动有着共通的原则，但他是将从动物之运动方式的研究中获得的知识，类推到对宇宙、星團和星体运行的解释中去。
② 例如《斐多》105c9-11，《智者》246e5-7，《政治家》261b。
③ 这一短语同样出现在亚氏《论天》1.1 总结性的段落中（见 268b5，其同义短语见 286b13）。Leggatt 在《论天》1995 年英译本中将这一短语翻译为"in the form of a part"，是很合适的。古代注疏者 Simplicius（10.14-15，以及 11.25-30）认为《论

西相似于不完全者,都不可能成为好的;其二,我们要确立:和所有动物比起来,宇宙是与那个理念或范型最相似的东西,其他的动物①——无论按个还是按属——都是那个理念的部分。这是由于那个理念拥有所有的可知动物②、囊括它们于自身之中;同理,我们的宇宙也以同样的方式将其他的可见的造物组织起来。这又是由于,这位神想要我们的宇宙与理智领域最好的、在一切方面都最为完美的东西相似,所以才组织起来这个数量为一的可见动物,它在自身中拥有一切在自然上与它相类的动物。"

蒂迈欧首先为作为范型的动物理念确定了完全性的特征。宇宙以好作为目的,所以它一定相似于完全者而不是不完全者。他同时也确定了将要生成的宇宙的一个特征,即最相似性。宇宙是可见世界中最相似于那个完全的动物理念的动物。这种最相似性出于这位工匠神者的最善的善意——"他想要我们的宇宙与理

(接上页)天》中与全体相对的部分,就是指有不同形态的简单物即元素,这一解读同样适合理解《蒂迈欧》30c4。Longo 在 1961 年的意大利翻译本中,提示过亚氏使用这一短语与《蒂迈欧》30c4 的相关性。

① τἄλλα ζῷα(c6)与下一行的 τὰ νοητὰ ζῷα(c7)保持在"理智领域"进行讨论,它指的是其他的动物理念,而非生成世界具体的其他动物。在"同理(καθάπερ, c8)"进行转折之后,才进入"可见领域"。或许为了在这两个领域的类比中做区别,柏拉图表示可见领域的其他造物时,选用了另外的词 ἄλλα θρέμματα(30d1),我译为"造物"。

② νοητὰ ζῷα 不仅指有理智的动物,而是指理智领域的动物,即动物的理念。也就是说,νοητὰ 不仅表明"有理智的"这一特征,更是认识领域的标识,表明讨论的是与可见领域相对的可知的理念领域。此处(30c7)柏拉图将可知动物(及其囊括者的关系)与可见造物(及其囊括者的关系)做类比;31b5 处出现时,论域仍保持在理念领域;39e 再次提到我们的宇宙"相似于那个完全的可知的动物(ἢ τῷ τελέῳ καὶ νοητῷ ζῴῳ)"。如果只是表明"拥有理智",柏拉图多用 τοῦ νοῦ ἔχοντος(如 30b),ἀνόητον 作为其对立面,这二者是对可见生成领域中事物有无理智的划分。

智领域中最好的、在一切方面都最为完美的东西相似"。两点结合，使得蒂迈欧得出了这样的类比："那个理念拥有一切并囊括所有于自身之中；正如同，我们的宇宙也是依据同样的方式将其他的可见生物组织起来的。"

这里蒂迈欧第一次用到了"囊括者"①的概念，提到它"拥有一切并囊括所有于自身之中"的方式是将"其他的动物作为那个理念的部分"。"囊括者"可以说是柏拉图晚期著作中颇具技术性的术语，他多次藉它来讨论整体与部分的和谐有序关系。②在"囊括"的关系中，整体和部分是相互指涉且具有目的性的：部分是整体的部分，整体是部分的整体。这里蒂迈欧旨在建立分处二界的动物理念与宇宙之间的结构相似性，即说明二者作为整体都具有囊括其包含部分的能力，即具有内在统一性。③由"囊括者"和（作为整体之）"部分"共同表达出来的内在统一性与和谐整体结构的暗示，使蒂迈欧所讲的这个宇宙生成故事与朴素的泛灵论区别开来，指向一种目的论式的宇宙论。

（2）囊括者数量为一

蒂迈欧在 T1 藉助作为整体的"囊括者"概念及其建立的宇宙与动物理念间的结构性类比，第一次得出了宇宙唯一的结论，即，宇宙作为和动物理念相似的囊括者是唯一的。但这个结论显

---

① 柏拉图常用来表达"囊括"（有时我也译为"包含"）的词有：τὸ περιέχον 或 τὸ περιλαβὸν，或动词 περιέχειν，περιλαμβάνειν，περιεκαλύπτειν 等。
② 参见《巴门尼德》137cd, 138a, 142d, 144a-e, 145a,e, 153c1, 157c-e；及《智者》244b-245d, 253bd。但区别于《泰阿泰德》204a-205a 中的"整体"含义，在那里"整体"仅被当作加总（πᾶν），显然在《蒂迈欧》中柏拉图不是这样理解作为全体（τὸ πᾶν）的宇宙的。
③ "无论按个还是按属"的插入语，暗示这里并不关注动物理念具体囊括的部分，也不急于确定这些部分与整体的连接方式。或许正是因为这样，蒂迈欧用的词是含义较模糊的 μόρια，而非更具技术性含义的 μέρος。

得仓促，可能会遭到遭到持多宇宙观点的人的质疑，因而蒂迈欧又补充了这一论证的后半部分：

> 【T2】31a2—31b1："我们说一个天是否正确，还是说它有多个或者无限个更正确？回答是：一个，如果制作它依据的是范型的话。因为可知动物中的囊括一切者（τὸ περιέχον πάντα）绝不可能是一双，因为这样就会需要另一个包括前两者的动物，那两者是它的部分（μέρος），而现在说的这个相似者（即我们的宇宙）[①]也就应该被更正确地说成相似于那一个囊括者（ἐκείνῳ τῷ περιέχοντι），而不再是前两者。因此，这个相似者就在独一性上类似于那个完完全全的动物（τῷ παντελεῖ ζῴῳ）。基于此，这个宇宙的制作者并没有把它做成二或者无限的，相反，这个生成出来的天就是一个、独一无二的，并且现在和将来都是这样。"

蒂迈欧这段话大概是专门针对原子论者所说，并以归谬的方式肯定"这个囊括一切的理念数量必定为一"的判断。反证的逻辑是，假如这个宇宙相似的理念（或范型）不是一而是二（或多于二），它就不是囊括了一切了，这样就不符合由完全性确立起来、宇宙所模仿的那个理念应有的特征——作为整体囊括一切都在自身之中。因此，可知领域囊括一切的动物理念必定是一。

[①] Taylor 指出 31a8 的 τόδε 指可感的宇宙，见 A. E. Taylor, *A Commentary on Plato's Timaeus*, NY: Oxford University Press, 1928, p. 86。Cherniss 不同意 Taylor 的解读，但是同意他的翻译，见 H. Cherniss, *Aristotle's Criticism of Plato and the Academy*, Vol. 1, Baltimore: John Hopkins Press, 1944, p. 295, n. 196。Cornford（*ibid.* p. 42）将其直接翻译为"我们的宇宙"。只有 Zeyl（*ibid.* p. 16）没有将这个指示代词的所指翻译出来。

同理，在可见领域"以同样的方式"制作的宇宙，也因为具有这样的整体囊括性特征而是一不是二。

通过描述作为整体的动物理念和生成宇宙之间形式相似性，蒂迈欧给出了构成宇宙唯一性的第一个完整论证。(1)宇宙生成的形式因是动物理念，它具有最完全的完全性和囊括一切的属性。(2)宇宙作为其复制品也具有此特点，所以它也具有囊括生成界的一切造物在自身之中的特性。(3)生成的宇宙是这一领域内的囊括者，因此它是唯一的。其中，工匠神（的善意）是宇宙生成的动力因，宇宙有灵魂、因而是一个动物；与此对应的动物理念是完全的、因而囊括一切部分在自身之中；它们最终的动力，都来自于工匠神的善意。至此为止(31b)，是柏拉图使用工匠神和动物理念进行的宇宙唯一性论证。

在这个论证中，伴随工匠神思虑的理念与现象二界的交错互动，保证其并非循环论证。同时，工匠神的制作也不是从理念界开始的、对唯一性形式特征进行的复制。工匠神首先是在可见事物中，根据有灵魂的特点推出宇宙是动物（理智在灵魂中，灵魂在身体中）；接着，他根据其范型应在更完美的理念领域，转入理念领域寻找动物理念应该被宇宙模仿的属性（除了已肯定的"有灵魂"之外）——必然是与质料无关的形式属性；随后，动物理念作为完全的、囊括其一切部分的整体性属性，被工匠神发现和确定下来。这一作为整体的属性与动物作为一个具有内在统一性的有机体不无关系，因为如果是一个"大"的理念、或者"床"的理念，我们就不可能发现这种属性。[①]最后，这一与结构相关

---

① T2 与《理想国》597cd 论证"床"的理念只有一个，论证形式相似（参见 Cherniss, ibid. pp. 295-300），但实际上并不相同。在前者中"床"是一个不可分割的形式，而在 T2 动物理念却被说成是内部包含着"部分"整体概念（比较《理想国》597c7-9 和《蒂迈欧》31a6-7）。此外，前者的讨论只单独涉及理念领域，而后者则旨在以结构同构建立两个领域之间的关系。

的关系属性在同构类比中被投射于我们可见的宇宙,使我们确定宇宙必然是可见领域最大的整体概念,因此它囊括一切造物于自身之中,这使得它必然是独一无二的。蒂迈欧从已知的、更显见的东西(如宇宙是好的)推导离自己更远的、不清晰可见的知识(如宇宙是唯一的),这一思虑过程正好相合于人们对不可见知识的探索过程。在这种从已知向未知的知识扩展过程中,类比具有关键性作用。蒂迈欧得出宇宙唯一性的关键,正是动物理念与可见宇宙全体之间的类比及二者完全性和具有囊括力的特征。二这种获取自然知识的思路和方法,后来也为亚氏所继承。①

二、生成宇宙作为囊括者及其唯一性

(1) 囊括者在元素上的穷尽性

蒂迈欧在外部论证中,说明了宇宙和动物理念之间的同构性涉及整体和部分的关系,但尚未给出任何关于宇宙结构的内在描述。此后他将论证深入到宇宙物质之组成层面,并再此得到宇宙唯一性的结论。我将这次说明称为柏拉图对宇宙唯一性的内部论证。在这次说明中我们将再一次诠释"囊括者"概念,并借此改造了原子论者的同名概念。蒂迈欧对宇宙的内部说明从确定其成分开始。他首先再次根据"同类相类"的原则,得出构成宇宙的四元素——可见性表示有火,可触性表示有土;火和土粘合需要中间物,因此还必须有水和气。在确定了组成成分后,蒂迈欧说:

---

① 如亚氏《物理学》开篇:研究自然的道路是"从对我们更可知、更清晰的,到就自然来说更可知、更清晰的"(184a16-18),并且,"对我们的感觉来说,囊括各部分的整体要比部分更加可见"(a24-25)。

【T3】32c5-33b1："宇宙的结构中，四种元素中的每一种都全部地被取用了。这位组织者从所有的火、水、气、土中作出了它，没有任何部分（μέρος）和能量遗漏于外，他的目的是：首先，为了这个最是整体的、最完全的动物是出自完全的部分（ἐκ τελέων τῶν μερῶν）；再者为了它数量为一，这就相当于没有什么被遗留，从其中会生成另一个同类物；再有，为了它作为无老无病者。他注意到，热、冷及所有一切其他类似力量作用于合成物，都是从外围包裹住它（περιστάμενα），并在不合适的时候发动攻击，导致疾病、变老，并致其毁灭。正是基于这样的原因和谋划，他把宇宙作成了数量唯一、出自所有整体的整体（ὅλον ὅλων ἐξ ἁπάντων）、完全的、无老和无病的。"

T3 补充了宇宙具有完整性和唯一性的内部原因，即宇宙用完了所有的组成部分（即元素）[①]，所以是唯一的。在这里我们看到，囊括一切的"囊括者"不仅作为整体具有穷尽性——它不能让任何"部分"存在于自己之外——而且在力量等级上也居于最高，在其外无能量存在，因此没有任何热和冷能作用于宇宙，导致其变化。柏拉图这里再次针对原子论者。留基波主张漩涡运动使得在虚空中的同类的原子与同类相聚而构成的球形构造（σύστημα），但这个球形构造虽然"在其自身中囊括了所有种类的物体（περιέχοντα ἐν ἑαυτῷ παντοῖα σώματα）"，但却只由"一个薄膜"与其他的原子分裂开，仍然能与外部的原子发生相互作

---

① 另一解释认为这里的"部分"是指"种"。对这种解释的反驳，详见后文注释。

用——"由于外部物体的分泌而增长"且"将它有可能接触的那些东西占为己有"（DK 67A1，或KRS 563）。这样蒂迈欧的"囊括者"就与原子论者所指有如下区别：一，原子论者所说的"囊括在自身之中"，并不是真正地穷尽了所有存在物质，而只是就每一个球形构造而言的；二，球形的构造也并不是有机整体的概念，它只是同类原子的加总，因此整体并不对部分具有约束力，因此也没有内在统一性可言；最后，这个体系是开放的，它与外部只是由"薄膜"隔开，但仍然在吸收其成分，因而也不可能免于生长和消灭，因此德谟克利特说："一些宇宙在变大，一些宇宙达到顶峰，一些宇宙在衰落，而且在这里在生成，在那里在消亡。"（DK 68A40，或KRS 565）[①]

（2）囊括者的完全性及球形

宇宙整体从外部理念获得的形式统一性特征，现在又获得了内部元素组成成分上的支持。囊括者是一个可以在各个层次应用的概念；它代表一种形式上的整体和部分关系。柏拉图将对囊括性的抽象说明，即形式统一性特征，落实到自然层面"宇宙"这一具体事物上时，其"部分"便被确认为"元素"。这样的思路在对宇宙形状的确认中，再次得到确认：

【T4】33b1-7："他（工匠神）给予它合适的、与（上述特征）相类的形状。对于最大程度地在自身之中囊括了（περιέχειν）所有动物的那个动物而言，其最合适的形状也应当是那个囊括者（τὸ περιειληφός），它在自身之中囊括了所有形状。基于这个原因他把它做成圆球形，即在各个方向上从中心到边界都相等；他旋转着把它作成球形，

[①] 参见基尔克等著《前苏格拉底哲学家——原文精选的批评史》（第二版，1983年），聂敏里译，上海：华东师范大学出版社，2014年。

即所有的形状中的最完全者、与作为自身的自身最相像者，因为他认为相像比不像好无数倍。"

根据"同类相类"原则，"最大程度地在自身中囊括了所有动物的那个动物"所具有的形状，必定是"在自身之中囊括了所有形状的那个形状"。这在形状这一领域，就是圆球形。虽然借助了理念的形式统一性特征，但我们找到圆球形却不是根据动物理念各部分与整体之间的关系，而是图形领域的整体部分关系。① 首先，只有圆球形才可以内接所有的正多边形 —— 之后蒂迈欧会讲四种元素水、火、土、气分别对应不同的正多边形组成的正多面体。其次，在数学上，相同表面积的立方体，球形体积最大，这毕达哥拉斯学派已经证明过，并且被柏拉图接受下来。此外，就运动来说唯有这样的形状可以围绕自己的轴旋转，却不改变自己的位置，也就是说它的运动是最始终如一的。这种旋转在后来被蒂迈欧用来象征理智的运动，它高于所有其他的直线运动。因而，由此看来，圆球形确实是所有形状中"与作为自身的自身最相像者"、"最完全者"，它"在各个方向上从中心到边界都相等"，能将所有其他形状于囊括于自身之中：因此它应当被确立为宇宙的形状。

在关于宇宙唯一性的内部论证中，首先"部分"被确定为四元素；继而"囊括者"便是作为穷尽了其一切组成部分（元素及其构成物）和能量的整体。可见的生成界有关组成宇宙的元素作为整体之有机部分的看法，为亚氏的自然目的论提供了可以发展的基础。

---

① 同理，在寻找可见宇宙的特征时，工匠神虽然借助了动物理念，但并不表明二者作为囊括者具有相同的内涵。可见宇宙作为囊括者，其囊括性表现为包含了所有元素，而不是包含了所有的动物种类。

三、宇宙灵魂的整体与部分及其在纯比例、面与体上的表达

在上文解读中，"囊括者"所代表的整体部分关系是理解宇宙唯一性论证的关键，其中的"部分"（μέρος，30c4，31a6，32c7）都是作为与整体相关的有机体的组成部分来解读的。T1 中μέρος（30c4，c6）暗示出在理念领域动物理念与可见的宇宙在整体与部分关系上相似的，它们都是各自领域的完全者和囊括者。T2 的μέρος（31a6）说明我们的宇宙与之相似的必定是一个作为囊括一切者的整体，而不是任何一个部分；如果是某一部分，那么它必定不相似于它，而是相似于囊括这个部分的整体。T3 中的"部分"（32c7）更明确地被确定为宇宙有机结构的组成成分，虽然结合69ac的说法，在被赋予比例之前这四大元素还不配称为水、火、土、气，但已经暗示它们处于与宇宙整体有机的、有合适比例的关系中。①

之后柏拉图又提到了宇宙灵魂作为囊括者的性质，并由此再次肯定了宇宙唯一的结论。他说：

---

① 在 Cornford 对 T1 和 T2 中的解释中，"部分"都被翻译为"种"，Zeyl 在他的新译本注释中也参照 Cornford。见 Cornford（ibid. pp. 40-3），Zeyl（ibid. p. 16, n. 18）。在这种翻译下，宇宙所相似的那个动物理念表达出的囊括者代表的整体部分关系，就是属和种的关系。相应地，与 T1 和 T2 关于宇宙唯一性外部论证相连的段落就不是 T3，而是蒂迈欧讨论可见领域动物分类的段落（39e3-40a2）——在那里可见动物按照区域被分成作为星辰的神、天上飞的、水里游的、陆上走的四类。按此解释，可见宇宙之所以唯一的原因，就在于它包含了动物理念所囊括的所有动物种类，而不是由于囊括了它应当包含的所有自然元素。本文认为，囊括者及其蕴含的整体部分关系，在不同存在层级有不同意涵；当《蒂迈欧》将生成的可见宇宙称为囊括者时，其对应的"部分"更应该是元素。

【T5】34b1-6："永恒的神把这位生成的神（指宇宙）造得平滑、各方面均衡、从中心相等、作为整体，且其完全的身体出自完全之物体。他把灵魂安置在它的中心，将它延展至所有一切，并进一步用它从外面囊括着（περιεκάλυψεν）身体。这样他便组织起来以圆圈方式转圈、数量唯一、独特的和单个的天（即宇宙）。"

宇宙身体是一个整体。质料上，它穷尽所有的元素，因此唯一。但宇宙身体还有超越于质料的支配性原则——宇宙灵魂，它既居于宇宙身体中，又囊括着它。T5中"从外面包裹着身体"是对宇宙灵魂作为囊括者具有囊括能力的描述，这是整体具有内在统一性之力量来源；而"延展至一切"则是说其支配力量的范围。当蒂迈欧讨论了宇宙灵魂的各组成部分之后，这两个特征将被进一步具象化。灵魂延伸到作为球形身体的圆周上，体现为宇宙灵魂位于外圜的"同"的运动；同时，柏拉图说外圜"同"的运动比其他内圜里的运动更高（36c），这就从动力来源的角度说明了何谓"延展至一切，并进一步用它从外面囊括着身体"。

宇宙灵魂在存在论和时间上都先于宇宙身体。[①]宇宙灵魂是工匠神从存在、同、异中混合出来；这三种成分中每一者又都是某种混合了该者不动不可分与可见可分两种样态的中间物（35ab），蒂迈欧称它们的合成物为一个"整体"（ὅλον, 35b2）。但这三种成分严格说来只称得上成分，工匠神为宇宙设计的完美比例才称得上整体结构之有机"部分"。[②]在准备好混合好的宇宙灵魂后，工匠神"将这个整体按这项工作能够划分出来的各份（μοίρας）

---

① 宇宙灵魂是"老于"宇宙身体之生成的，蒂迈欧在讲述中将其放后是由于语言限制，见 *Tim.* 34bc。
② 数学比例中的关系，也被称为整体与部分，如35b2, 35b5, 36b2。

进行划分"（35b2），首先分成了七份（μοῖρα，35b5，36b2）1:2:3:4:9:8:27，相当于 2 和 3 的等比数列，从音律学上讲相当于规定了整个音程的范围。接着，再在这两个比例中分别插入和谐中数[①]和算术中数[②]。第一段 1:2（即一个八度）插入这两个中数后的结果是 1::2，相当于在其中插入四度（4:3）和五度（3:2）的比例，以此类推到整个音程，得到 1::2:3:4::6:8:9:$\frac{2}{27}$:18:27。最后，再在每个的区间再用 9:8 的比例填充，这是之前插入的两个中数间的比例（），也是一度即全音的比例。插入后每个四度区间都会剩下一小部分，可以算出是 $\frac{256}{243}$，相当于一个半音。[③]当工匠神这样划分后，整个混合物就被完全用尽了（36b6）。从音律学上说，插入的四度、五度、全音和半音关系，也穷尽了音律学中"和谐"（harmonia，一个八度也被称为harmonia）包含的所有关系。柏拉图的音律学知识来自毕达哥拉斯学派（如菲洛劳斯（Philolaus）），但他并非为着音乐的目的，而是试图让和谐比例全部包含于宇宙灵魂中。如果所有和谐比例都包含在宇宙灵魂中，而一切可见事物又全出自宇宙灵魂，那么一切事物便都分享了和谐，并都与宇宙整体结构处于和谐的关系中。

规定好宇宙灵魂中的和谐关系（即比例）后，工匠神首先将它们按照长度（κατὰ μῆκος，36b7）做成了形状如希腊字母 X 的组圜结构：X的一臂是带动恒星运动的同圜，自东向西转；另一臂则是异之套圜，自西向东转。异圜的划分方式与划分宇宙灵魂

[①] Harmonic means，以 6 和 12 为例，8 是其和谐中数：它是 6 超过 6 的三分之一，又被 12 超过 12 的三分之一。

[②] Arithmetic means，即平均数。

[③] 更详细的分析和图示参见 Cornford（ibid. pp. 66-72）和 Zeyl（ibid. pp. 20-21）。

的第一步相同,也被按比例分成不相等的七份,分别对应日月,以及其他五大行星(金木水火土)。① 星辰之彪列作为理念领域真正的永恒的"影像"(37ce),给人带来可以衡量的日夜和年月,使人认识时间、认识星空之上的算术比例成为可能。②

能构成和谐统一体的算术比例,可以"按照长度"表现,也能在"面"上表现。蒂迈欧说,任何由直线构成的面都是由三角形组成的,并认为最本原的三角形有两种:等腰直角三角形(正方形的一半)和两锐角分别是 30 度和 60 度的直角三角形(正三角形的一半)。这样选择的原因与柏拉图对三角形的理解有关,他认为应该将三角形看作由角、而不是由边决定的图形。如果按边决定图形理解,那么两个本原三角形的边长就会出现无理数,但如果按照角决定形状理解,得到则是内角呈漂亮的 1:1:2 与 1:2:3 的图形。③

和谐比例也能通过"体"或"高"表现出来。蒂迈欧说,火土水气这些自然元素作为体,都有高($\beta\alpha\theta o\varsigma$, 53c5),因此应该用立体几何中最基本的正多面体来理解它们。蒂迈欧按照原始立体的结构特点与相应元素的特点,将尖锐的正四面体赋予活跃的火,六面稳固的正方体赋予惰性的土,中间作为连接变化较多的气和水,分别对应正八面体和正二十面体 —— 这是按照数量关系分配的,两个火微粒(正四面体)可组合成一个气微粒(正八

---

① 柏拉图认为星体是由圜带动其运动的,星体之间的关系只能通过圜表达,而圜的大小取决于其长度,因此圜与圜之间的关系,也就相当于圜之长度的比例关系。
② 《理想国》中,苏格拉底认为这是研究天文学的真正目的(529b-531e)。
③ 蒂迈欧并没有进一步认为这些平面图形由线构成(53cd)。Rashed 认为,这背后的深层原因是柏拉图并不认为线在数学之存在等级上能够占据不可通约的位置。由自然数字组成的线,是众多点的集合,在柏拉图看来是假的线。真的线是表达比例的长度,因此属于处理纯比例的纯粹算术。对星体圜间比例进行计算,才属于真正的线之维度的比例关系。参 M. Rashed, "Plato's Five Worlds Hypothesis(*Ti.* 55cd), Mathematics and Universals" in R. Chiaradonna & G. Galluzzao (eds.), *Universals in Ancient Philosophy*, Pisa: Edizioni della Normale, 2013, pp. 87-112.

面体），而水微粒则由两个火微粒和两个土微粒组成。当时的希腊人已经知道，立体几何中的正多面体共有五个（四、六、八、十二、二十面体）。柏拉图没有选择正十二面体赋予元素，可能由于它并不能由上一等级的两种本原三角形构成。照此理解，柏拉图提到的作为宇宙形状的"第五立体"（55c）也就不可能是正十二面体，而是指球体，而柏拉图设定的两种本原三角形也的确能够拼出无限相似于球体的立体。①

在55cd，蒂迈欧再次提到宇宙唯一性问题，并做了令人困惑的五个宇宙的假设。根据 Rashed 近期的研究，这与柏拉图对数学的分类有关。他将数学分为三个部门：纯算术（纯比例）、平面几何和立体几何。纯算术是对自然数字间和谐关系（λόγοι）的表达，平面几何处理数学中的面，而立体几何则处理数学中的体。在进入"容器"（χῶρα）对可见宇宙或宇宙身体进行具体实现时，蒂迈欧已经在纯比例、面和体三个存在层面，都建立了秩序。因此加上更高的理念界的动物理念，及之后在"容器"中用元素具体创造出来的现实宇宙，才可以说宇宙（相当于秩序整体）总共有五个（55cd）。也就是说，其实并不是说在现象界生成了五个宇宙，而是说只是从五个不可通约的存在等级上说，有五个宇宙。因此生成的宇宙不只是简单地"分有"其理念的内在统一性，其内在根据在于纯粹比例、平面、立体维度上的内在统一性；具体生成的宇宙，只是这些原则在时空中的具体展开。而我们则需要透过具体的现象，看到其背后的根本原则。这也被看作是柏拉图

---

① Zeyl 持有不同看法，他认为第五立体对应于正十二面体，它作为宇宙的形状是由于它最接近球体，见 Zeyl（*ibid*. p. 46, n. 67）。这种讲法的困难是，柏拉图坚信宇宙是完美的，其出发点必定是宇宙对应最完美的立体，而不大可能满足将宇宙对应于现实存在的一种只是接近球体的正多面体。柏拉图时期，人们或许已经意识到球体能从上述比例的本原三角形中生成，只是由于没有发明微积分，尚无法进行严密论证。

晚期试图通过数学这一理念界与现象界之间的中间部门（μεταξύ），解决《巴门尼德》中提出的"第三人问题"的努力。

最后，最高等级的囊括者动物理念，是否代表了一种全息的数学比例关系？这点无法从《蒂迈欧》中找到答案。不过亚氏在《论灵魂》中一个看似奇怪的说法，或许能够为这种猜测提供一些支持。他说："柏拉图认为'动物自身'（αὐτὸ τὸ ζῷον）是由'一'的理念本身，以及最初的长、宽、高构成，而其他的动物都以类似的方式构成。"（404b19—21）"动物自身"即动物理念；而"一"的理念，或许正是指"囊括者"所具有的形式统一性；而原初的长、宽、高或许就代表了理念的完美比例将要在三个维度上展开。由此看来，作为整体的宇宙的确是生成领域最接近于动物理念的构成方式：宇宙灵魂和谐的比例是生成事物对"一"（同一性原则）的展现；星体圜合比例的精妙安排是从长度上对完美比例进行表达，并由此将时间要素引入宇宙秩序；而元素的结构则是从面和体上表达其完美比例；之后再在空间中将其具体创造出来。这个关于宇宙创生的故事只是"可能的"，但这种事物间的关系及其建立方式，柏拉图（根据当时的数学和音律学知识）认为是所有可能故事中最好的。

结 论

《蒂迈欧》中的宇宙唯一性论证，既包括从神的善意而来的外部论证（模仿动物理念而造的宇宙是唯一的），也包括从内部构成成分来说的内部论证（用尽了一切的宇宙是唯一的）。外部论证中工匠神为创世选择所模仿范型过程，是对我们从已知知识外推未知知识的模拟。工匠神出于其善意，第一步确定的是宇宙整体最低限度的特征（有理智有灵魂的身体），其次选择的标准在于寻找形式特征，即完全的、囊括其一切部分的整体性的属性。在外部论证中，通过诉诸囊括者概念，宇宙和动物理念这两个整体之间建立起了形式性的结构类比：动物理念作为囊括者在形式上具有将一切包含于自身之中的特点，宇宙是生成物中与其最相似者，因此宇宙也获得了生成界最大囊括者的形式性特征，因此是唯一的。在内部论证中，当"囊括者"所代表的整体部分关系具体到了生成宇宙内部，"部分"就被确定为元素，而"囊括一切于自身之中"也被具体化了宇宙之外没有任何能量和部分。这部分论证是对原子论者多宇宙观的反对和对原子论者"囊括者"概念的改造。宇宙也因为穷尽了所有元素及能力，是唯一的。最后，蒂迈欧称宇宙灵魂是囊括者，对它进行划分后的数学比例中的各区间被称为其"部分"。宇宙灵魂的创造穷尽了音律学中所有的和谐比例，它在时空中首先被按照长度展开，体现为按比例分配带动恒星和七大行星的同圈与异圈；其次，它在面和体上的表达，则是火、土、气、水所对应的四、六、八、二十正多面体，以及宇宙和灵魂所对应的球体。而宇宙创造的最后一步则是在"容器"中用尽所有质料，将宇宙真实地制作出来。由此可见，《蒂迈欧》中提到的几个层次的囊括者——生成的宇宙、其模仿被造的动物理念、以及最先生成的宇宙灵魂——它们各自的整体部分关系，是数学比例在时空中的层层展开。这才是柏拉图认为生成的宇宙具有唯一性的最终保证。

通过对《蒂迈欧》中论宇宙唯一性的解读，我们也看到柏拉图晚期思想的发展，以及其晚期自然哲学与亚氏自然哲学的关系。首先，柏拉图不是简单的外在神意目的论，因为其包含内部从元素出发的论证。其次，柏拉图的理念在《蒂迈欧》中，开始代表一种关系性的概念；但这种关系概念同时又与其他探讨辩证法的晚期作品有所不同（种属关系的理解对于这一论证并不合用），"囊括者"表达的是整体与部分的内在统一关系。而分有理论导致的"第三者难题"，也通过数学这一理念界与现象界之间的中间部门来解决，详细论述生成宇宙所基于的纯粹比例、平面几何及立体几何原则。再者，当"囊括者"表达的整体部分含义与元素作为"部分"的含义结合起来的时候，我们看到了这种理论朝着亚氏自然目的论发展的契机。柏拉图已经形成了有机的、具有内在统一性的整体部分概念，但是，柏拉图最终将这种整体部分关系归结为了数学比例关系，这与亚氏从自然运动、自然位置及部分的功能性入手去解释整体与部分的有机关系根本不同。最后，柏拉图描述工匠神思虑宇宙具有唯一性的过程，是对我们获得难以观察之宇宙的知识的很好示范。类比和外推（从对我们清晰、已知的知识外推获得更远、但存在等级更高领域的知识）的方法都被亚氏继承下来，发展成为他自己对自然研究的标志性方法。

参考文献

1. Cornford, F. M. : *Plato's Cosmology*, Routledge, 1935; Hackett (reprinted), 1997.
2. Cherniss, H.: *Aristotle's Criticism of Plato and the Academy*, Vol. 1. Baltimore: John Hopkins Press, 1944.

3. Johansen, T. K.: "From Plato's *Timaeus* to Aristotle's *de Caelo*: The Case of the Missing World Soul", in A. C. Bowen & C. Wildberg (eds.), *New Perspectives on Aristotle's de Caelo*, Leiden; Boston: Brill, 2009, pp. 1-9.
4. Keyt, D.: "The Mad Craftsman of the Timaues", in *The Philosophical Review*, 80 (1971), pp. 230-5.
5. Leggatt, L. (ed. & tr.): *Aristotle: On the Heavens I and II*. Warminster: Aris & Phillips, 1995.
6. Parry, R.: "The Intelligible World-Animal in Plato's Timaeus", in *Journal of the History of Philosophy*, 20 (1991), pp. 13-32.
7. Plato: *Complete Works*, J. M. Cooper (ed.), Hackett, 1997.
8. Rashed, M.: "Plato's Five Worlds Hypothesis (*Ti.* 55cd), Mathematics and Universals" in R. Chiaradonna & G. Galluzzao (eds.), *Universals in Ancient Philosophy*, Pisa: Edizioni della Normale (2013), pp. 87—112.
9. Taylor, A. E.: *A Commentary on Plato's Timaeus*, NY: Oxford University Press, 1928.
10. Waterfield, R. & Gregory, A.: *Plato: Timaeus and Critias*, Oxford World's Classics, Oxford University Press, 2008.
11. Zeyl, D. J.: *Timaeus: Translation with Introduction*, Hackett, 2000.
12. 柏拉图：《蒂迈欧篇》，谢文郁译，世纪出版集团上海人民出版社，2005年。
13. [英]基尔克等：《前苏格拉底哲学家——原文精选的批评史》（第二版，1983年），聂敏里译，华东师范大学出版社，2014年。

14. 宋继杰:《柏拉图〈蒂迈欧篇〉的"宇宙模型"及其相关的理念论问题》,载于《社会科学战线》,2002年第6期,第75-80页。

问号对柏拉图哲学表达的意义[①]

——以《欧绪弗洛》12d 和《美诺》73a、81a 为例

盛传捷（吉林大学哲学与社会学院）

摘要： 柏拉图对话录中的问号是一个被柏拉图研究者们长期无视的存在，其原因是柏拉图学者仅仅把柏拉图的对话视为独白或者陈述。本文试图通过分析《欧绪弗洛》12d 与《美诺》73a、81a 的相关文本来论证柏拉图的对话就是对话，而非陈述，同时在这些问句中所传达的思想或者理论也不一定必然是苏格拉底自己的思想。由此也将凸显重新检讨柏拉图著作的对话形式对于其表达哲学思想所产生的影响的重要性。本文由三个部分构成：第一部分从《欧绪弗洛》12d 的文本分析出发并将说明柏拉图对话中问句不能被简单地视为陈述句的理由以及问号在文本中的功能。第二部分则展开对"虔敬是正义一部分"的分析，结合《普罗泰戈拉》篇中美德统一性的问题的讨论来进一步阐述该命题并非苏格拉底的真实立场，从而再次说明《欧绪弗洛》12d 处的问句并非

[①] 本文是吉林省教育厅项目"柏拉图虚拟叙事的哲学研究"（JJKH20180260SK）的成果之一。此外本文得到"中央高校基本科研业务费专项资金"资助，基金项目：吉林大学基本科研业务费哲学社会科学研究种子基金项目（2017ZZ002）。

陈述。本文的最后一部分则摘取了《美诺》中的两个片段，将之视为两个范例，分别为柏拉图的读者们说明了苏格拉底的问句并非必然表达其自己的立场与观点以及苏格拉底持有某个观点时，他是如何表述的。

关键词：欧绪弗洛；美诺；柏拉图；对话形式

柏拉图的著作由对话录构成，因此在对话录中问号随处可见。然而问号这个在场者往往被柏拉图学者视而不见，被他们当作不在场者。这样一个在场的不在场者的现象之所以出现，是因为有部分的柏拉图研究者们有以下假设：柏拉图的苏格拉底所说的话尽管以问句的形式出现，但是其本质上就是陈述句，其理由是苏格拉底的对话者们通常的回答无非是"对"，"你所说的是真的"，"必然的"等等肯定苏格拉底所说的回应，如此这般的问答与陈述句又有什么区别呢？①

本文试图颠覆以上假设。在下文中，《欧绪弗洛》12d 与《美诺》73a、81a 的相关文本将被仔细分析，以指明苏格拉底的问句并非就是陈述句，而仅仅就是问句。在这些问句中所传达的思想或者理论也不一定必然是苏格拉底自己的思想。本文的第一部分从《欧绪弗洛》12d 的文本分析出发并将说明柏拉图对话中问句不能被简单地视为陈述句的理由以及问号在文本中的功能。第二部分则展开对"虔敬是正义一部分"的分析，结合《普罗泰戈拉》篇中美德统一性的问题的讨论来进一步阐述该命题并非苏格拉底的真实立场，从而再次说明《欧绪弗洛》12d 处的问句并非陈述。

---

① Philip Merlan 就是这么认为的，他写到："他们保留了对话形式，这是当然的；但是看起来也仅仅是形式而已，因为它们毕竟只是被人用偶尔的无关紧要的'是'或者'不是'打断了的独白。"参见他的论文"Form and Content in Plato's Philosophy"，*Journal of the History of Ideas*, 8.4 (1947), p. 409。

本文的最后一部分则摘取了《美诺》中的两个片段,将之视为两个范例,分别为柏拉图的读者们说明了苏格拉底的问句并非必然表达其自己的立场与观点以及苏格拉底持有某个观点时,他是如何表述的。这样的讨论也是对柏拉图对话形式对其哲学表达可能带来的影响的一次新探讨。

一、一个问题:陈述还是疑问?

首先让我们以田洁的《虔敬与正义》一文中的一段为例来说明为什么问答形式的对话不能被简单地理解为陈述并阐明苏格拉底的问句应该如何正确地被理解。田洁写到:

> 苏格拉底提议:
> T3:虔敬是正义的一部分,即正义中我们与神的关系那部分,正义的其余部分则是我们和人的关系。(12d-e)对于这个提议,欧绪弗洛也是欣然接受的。①

让我们对比一下《欧绪弗洛》12d 的原文:

> 苏格拉底:"这就是我之前说到那类事物,是否有虔敬的地方也有正义,还是有正义的地方并不总有虔敬,因为虔敬是正义的一部分。我们会这么说或者你认为是别的什么?"
>
> 欧绪弗洛:"不,就是这么说的,因为你说的是对的。"

---

① 田洁:《虔敬与正义》,载于《世界哲学》2016 年,第 2 期,第 92–93 页。

苏格拉底："看接下来是什么：如果虔敬是正义的一部分，看起来我们必须寻找它是正义的哪一个部分。如果你问我某个我们刚刚提到的事物，比如数的哪个部分是偶数，并且偶数是什么数，我可能会说那些能被分成两个相等，而非不相等部分的数就是偶数。或者你不这么认为？"

欧绪弗洛："我就是那样认为的。"（12d）

以上 12d 的引文仅仅显示了田洁总结苏格拉底论证的第一句话，即虔敬是正义的一部分。在这里，由于柏拉图原文中苏格拉底的整个论证过长，并无必要引述整段原文。我们通过对比上述原文与田洁的总结，立即就能发现以下两点：（1）田洁的总结并没有显示出苏格拉底的问句和欧绪弗洛对该问句的回应。也就是说，苏格拉底在原文中的问句在其总结中变成了陈述句。这就潜在地假定了苏格拉底在原文中认定虔敬是正义的一部分这样一个论点，尽管田洁使用了"提议"，而非"断言"或类似其他的词汇。[①]（2）田洁的总结忽略了苏格拉底在原文中说话的语态。在 12d 处，苏格拉底的语态并非是确定的，他使用了"可能"（ἂν）一词来标注他的论点。比如他在谈论什么是偶数时，他表示他"可能会说"（εἶπον ἂν）偶数为何。

以上两点之所以重要，是因为苏格拉底本人可能并不持有"虔敬是正义的一部分"的观点，理由如下：（1）尽管苏格拉底在原文中整段使用陈述句，只是在断尾加上了一个问句，但是正是该问句，显示出他在该段落中并非表达他自己的观点，而是要求其

[①] 这种潜在的倾向在《虔敬与正义》主旨"他（欧绪弗洛）始终围绕着'正义'来界定虔敬，这与苏格拉底的立场是一致的"（第 91 页）以及"他们（即欧绪弗洛和苏格拉底）都试图围绕着正义来定义虔敬"（第 91 页）得到了体现。

对话者自行思考并给出答案。^①（2）苏格拉底使用"可能"就说明了他自己并非认为偶数就是"那些能被分成两个相等，而非不相等部分的数"，这仅仅是假设而已，或者这就是诸多说法中的一种。我们很难把这里对偶数的说法说成是苏格拉底认定的偶数的定义。同理可以设想，在接着对虔敬是正义哪个部分的讨论也并非在陈述苏格拉底所持有的对此论题的观点。（3）再考虑欧绪弗洛对此问句的回应："不，就是那样说的，因为你说的是对的"（Οὔκ, ἀλλ' οὕτω. φαίνῃ γάρ μοι ὀρθῶς λέγειν）。该回应表面上似乎是对一个命题或者思想或者理论的回应，加之一个问句并没有真值，并不需要回答对与错，因而给我们造成一个印象：苏格拉底在整段中是在陈述他的思想并且最后的问句并非疑问句，而是一个反问句——它的作用旨在加强整个段落中所强调的内容。然而，情况并非如此。理由如下：（3.1）首先，苏格拉底的问句是"我们会这么说或者你认为是别的什么？"这其实是给予欧绪弗洛两个选项，苏格拉底并未表明自己持有哪个观点。由于此问句，整个段落就由陈述转变成了在存疑意义下的陈述。（3.2）第二，"你说的对"，"是的"这类回答在柏拉图哲学中通常被用来回应一个疑问句。（3.3）最后，从欧绪弗洛整个回应来看，他仅仅是赞同在正确或者错误选项中被挑选出来的那个选项而已。^②

这三点理由在《欧绪弗洛》12d 处表现地并不明显，让我们

---

① 这与 C. J. Rowe 对柏拉图对话形式的表述是一致的。他写道："但是为什么对话对哲学家如此重要呢？看起来答案与苏格拉底和柏拉图对发问需求的认知有关：仅当我们不断地对我们的想法发问，我们才可能期望达到真理，如果我们真能达到真理的话……这个发问的过程代表了苏格拉底式的哲学概念的本质——我认为这也代表了柏拉图式的哲学概念的本质，并且它在所谓的'苏格拉底式的'对话情节中得到了最一致地展现。"见 C. J. Rowe, *Plato and the Art of Philosophical Writing*, CUP, 2007, pp. 7-8.

② 这个反驳来自 M. C. Stokes, 不过他反驳的是别处的例子。见 M. C. Stokes, *Plato's Socratic Conversations*, London: The Athlone Press, 1986, p.5.

以《欧绪弗洛》5d 为例。在那里，苏格拉底问到："你所说的虔敬和不虔敬是什么样的事物，两者都关涉到谋杀以及其他事物吗？或者虔敬在每一个行为中并不都相同和类似，不虔敬总是与虔敬相反并且自身类似，并且每一个不虔敬的事物呈现给我们的都是一个形式或者都表现出不虔敬？"欧绪弗洛回答道："是的，无疑地，苏格拉底"（Πάντως δήπου, ὦ Σλώκρατες）。可以看到，苏格拉底提出了至少两个选项给欧绪弗洛，但是欧绪弗洛并没有明确告知他的选项是什么，而是使用了"是的，无疑地"这样的回答。在后文中，欧绪弗洛认为检举违法者就是虔敬的行为，反之则不虔敬，此外他还指明虔敬就是让神高兴的事物（7a），从这两点来看，他认为两者都关涉谋杀，并且两者都呈现为同一个形式，而非苏格拉底给出的别的选项。该例子说明了，柏拉图在设计对话时，并不必然让苏格拉底的对话者直接回复苏格拉底的问句或者直接表明其自身的态度、观点与立场，而是习惯性地使用诸如"对"，"是"，"你说的是对的"等等句子来回应，至于其立场到底为何，则要通过文本的仔细分析得出。

总之，面对苏格拉底的问句，我们不应当立即假定其就是陈述句，并进一步把问句之前的文本（无论是疑问句还是陈述句）当作是苏格拉底本人的观点。而应该仔细分辨苏格拉底是否认定他所论述的为真。柏拉图对话录中的问号不应被简单地被视为句号。

二、对"虔敬是正义的一部分"的观点的分析

在这一部分我将主要论证两个问题：（A）从《欧绪弗洛》的论证结构来看，苏格拉底是顺着欧绪弗洛对于虔敬定义来展开讨

论的,所以他并没有提出自己主张的空间,也就说明了"虔敬是正义的一部分"的观点不是他持有的立场;(B)"虔敬是正义的一部分"实质上是"美德统一性"的问题,虽然《欧绪弗洛》并没有提供足够的资源让我们来分析苏格拉底到底是否持有该立场,然而在《普罗泰戈拉》中则清楚表明了苏格拉底并不持有该立场。

现在首先让我们正面分析在《欧绪弗洛》里"虔敬是正义的一部分"是否为苏格拉底所持有的立场。我们的分析以欧绪弗洛提出虔敬的定义(7a)为始点,整个文本的结构如下:

(1)神喜欢的事物是虔敬的,反之则不是(7a);

(2)不同的神在认定不同的事物是正义、美丽、丑陋、好还是坏时会发生分歧和争执(7d);

(3)因此同一事物可能就被神爱也被神厌,也就是说,同一事物既是虔敬的也是不虔敬的(8a);

(4)神在谋杀这件事上没有分歧,任何杀死别人的人都应该得到惩罚(8b);

(5)确实如此,不过神在谁是谋杀者或者某个杀戮行为是否是正义的上有分歧(8e);

(6)让我们修改原先的定义:虔敬是所有神爱的事物,而所有神厌恶的事物是不虔敬的(9d,9e);

(7)问题是:虔敬是因为它是虔敬的而被神喜爱还是因为它被神喜爱从而是虔敬的?(10a);

(8)并非由于是一个被看见的事物而被看到,而是由于被看到才成为一个被看的事物。如果任一事物被改变了,不是由于它是被改变的事物而被改变,而是因为它被改变而成为某个被改变的事物(10b-c)。

（9）同理，并非由于是某个被喜欢的事物而被某些喜欢它的事物喜欢，而是因为它被喜欢它的那些事物喜欢才成为一个被喜欢的事物（10c）；

（10）虔敬被所有的神喜欢，因为它是虔敬的，所以被喜欢，而非由于被神喜欢才是虔敬的（10d）；

（11）由于虔敬被神喜欢，它是被神喜欢的某物，那么被神喜欢的事物就不同于虔敬，理由是：虔敬由于是虔敬的而被神喜欢，而被神喜欢则是因为它是被神喜欢而被喜欢（10d-e）；

（12）如果根据（1）也即虔敬的定义，虔敬与被神喜欢是同一个东西，又根据（11），可以得出以下结论：如果由于是虔敬的，所以虔敬被喜爱，那么由于被神喜爱，被神喜爱而被喜爱；如果由于被神喜爱，被神喜爱是被神喜爱，那么虔敬也将由于被神喜爱而是虔敬的。但是这是个相反的对子。因此被所有神喜爱只是虔敬的一个属性（10e-11a）；

（13）虔敬是正义的一部分："这就是我之前问到那类事物，是否有虔敬的地方也有正义，还是有正义的地方并不总有虔敬，因为虔敬是正义的一部分。"（12d）。

从文本来看，苏格拉底并没有给出任何论证来证明"虔敬是正义的一部分"这个命题，而是直接给出了该命题。此外，从（1）-（13）的论证结构来看，似乎在提出该命题之前，发生了一个断裂，似乎是因为之前提出的关于虔敬是神所喜爱的事物那个定义被反驳，而需要走一条新路而提出的。其实不然。在《欧绪弗洛》中，有不少地方把正义与虔敬勾连了起来，但是两者的结合主要是通过以下文本达成的：

苏格拉底:"那么根据你的论证,我亲爱的欧绪弗洛,不同的神们认定不同的事物为正义、美丽、丑陋、好和坏,因为他们将不再相互争吵除非他们对这些主题存在分歧,是吗?"

欧绪弗洛:"你是对的"。

苏格拉底:"并且他们喜爱他们每一位都认定是美的、好的和正义的事物,却厌恶这些事物的相反者?"

欧绪弗洛:"当然"(7e)。

该引文加上前文中欧绪弗洛提出的虔敬的定义便构成了如下论证:

(a)"虔敬就是神喜爱的事物"(7a);

(b)"神喜爱他们每一位都认定是美的、好的和正义的事物,却厌恶这些事物的相反者"(7e);

(c)根据(a)和(b),可以得到:虔敬是美的、好的和正义的事物。①

有了以上论证,《欧绪弗洛》12d处,苏格拉底看似突兀地提出"虔敬是正义的一部分"就合理了。虽然上述论证足够简短,但是其至少有三个重要的作用:其一,该论证说明了自欧绪弗洛提出虔敬的定义后,整个论证到12d提出"虔敬是正义的一部分"为止,整个论证并没有发生断裂,而是紧紧围绕"虔敬是神喜爱的事物"这个定义展开的辩驳。因此,整个论证都是在讨论该定义;其二,引文中,苏格拉底明确地说到:"根据你的论证"(κατὰ

---

① 田洁也谈及了正义与虔敬是如何在《欧绪弗洛》中相关联的,但是角度不同。见田洁:《虔敬与正义》,第93—95页。

τòν σòν λόγον）。加之虔敬的定义是由欧绪弗洛提出的，所以在12d处，"虔敬是正义的一部分"这个命题可以说完全是由欧绪弗洛提出的，或者说是他的一系列说法的必然结果，而非苏格拉底自己持有该立场而提出的，区别只在于欧绪弗洛可能自己都没有意识到自己的诸多说法必然能推导出该命题，而最后由苏格拉底之口提出。①最后，它也间接地论证了本文的主题，即是苏格拉底的问句并不能简单地被理解为陈述句，而是要仔细分辨他是否持有该立场。

那么对于虔敬与正义的关系，苏格拉底到底持有什么立场？这两者的关系问题其实就是所谓的"美德的统一性"问题，也就是说美德统摄下的诸多美德，比如正义、节制和勇敢等诸美德概念与美德的关系如何？同时，诸美德之间的关系又是怎么样的？在《欧绪弗洛》中，苏格拉底没有详细讨论美德的统一性问题，他只是抛出了"虔敬是正义的一部分"这一命题，况且该命题如上文所分析的那样，只是从欧绪弗洛的诸多关于虔敬说法中必然推导出来的，所以在该篇对话中，我们无法得到苏格拉底对虔敬与正义关系问题的答案。我们必须引述《普罗泰戈拉》中的相关文本来解决该问题。

《普罗泰戈拉》篇中，在普罗泰戈拉讲述了普罗米修斯偷火

---

① M. L. McPherran 支持我的论点，他写到："苏格拉底在寻求虔敬（hosios）定义的探究中为欧绪弗洛提供了帮助（*sumprothumēsomai*; Eu. 11e3-5）。苏格拉底通过提出是否正义是一个比虔敬更广的概念，因此虔敬是正义的'一部分'这个问题来提供帮助的。"然而 Brickhouse 和 Smith 则认为"虔敬是正义的一部分"是苏格拉底的思想，同时认为《普罗泰戈拉》中苏格拉底关于虔敬与正义的提法和这个命题一致。本文不能接受这个观点，反对前一点的理由本文已予论证，对后一个观点的反对理由见下文。见 M. L. McPherran, "Socratic Piety in the Euthyphro", in H. Benson (ed.), *Essays on the Philosophy of Socrates*, Oxford: Oxford University Press, 1992, p. 220，以及 T. Brickhouse & N. D. Smith, *Plato's Socrates*, OUP, 1995, pp. 66, 68。

的长篇神话之后，对话就立即进入了美德统一性问题的讨论（329d）。在331a-b处，

> 苏格拉底："好，如果我们接受这个①，普罗泰戈拉，我们将说什么呢，如果他接着问：'虔敬是正义的事物吗？并且正义是虔敬的吗？或者它并非是虔敬的事物？虔敬不是正义的事物，也因此不正义吗？正义不虔敬吗？'我们将对此人说些什么呢？我个人将会回答正义是虔敬的并且虔敬是正义的。如果你允许我这么做的话，我也将代表你给予同样的回答：正义和虔敬是同一事物或者非常相似，并且需要强调地是，正义和虔敬是同一类事物，虔敬和正义也是如此。你认为呢？你会否定这个答案或者你同意它？"
>
> 普罗泰戈拉："让我同意正义是虔敬的，以及虔敬是正义的，这对我来说不那么简单，苏格拉底……"

从以上引文可知，在美德统一性的问题上，尤其是正义与虔敬关系的问题上，苏格拉底的答案是：正义与虔敬是同一个事物，或者它们极其相似。②需要注意苏格拉底在引文中的措辞："我个

---

① "这个"指的是普罗泰戈拉提出的美德的各个部分相互联系但并不相同的原则（330a-b，331a）。

② 从文本来看，苏格拉底是支持美德同一立场的，这也是本文的观点，但是这不意味着学者们对此达成了统一意见。反对苏格拉底持有美德同一立场的学者主要来自 Vlastos（chapter 8），而认为苏格拉底持有该立场的学者有 Penner、Irwin、C. C. W. Taylor、Stokes、Brickhouse 和 N. D. Smith（后两者见下一条注释）。Kraut 也同意后一种意见，但是同时指出各美德各有独自的领域（scope）。见 G. Vlastos, *Socrates: Ironist and Moral Philosopher*, Ithaca: Cornell University Press, 1991, pp. 200-232; T. Penner, "The Unity of Virtue", in H. Benson (ed.), *Essays on the Philosophy of Socrates*, Oxford: Oxford University Press, 1992, pp. 163, 165-166; T. Irwin, *Plato's Moral Philosophy*, Oxford: Oxford University Press, 1977, pp. 86-90; C. C. W. Taylor, *Plato's Protagoras*. Oxford: Oxford University Press, 1976, pp. 103-108;

人将会回答正义是虔敬的并且虔敬是正义的"以及"如果你允许我这么做的话，我也将代表你给予同样的回答"。其中"我个人"（ὑπέρ γε）、"如果你允许我"（εἴ με ἐῴης）和"代表你"（καὶ ὑπὲρ σοῦ δέ）这些词汇的使用表明了苏格拉底是持有该立场的，这与《欧绪弗洛》12d处不同。①此外，虽然《普罗泰戈拉》引文中，苏格拉底仍然是以问句结尾的，但是问法和《欧绪弗洛》12d有所区别，苏格拉底在《普罗泰戈拉》中是问普罗泰戈拉是否同意他的观点，而非让其在两个他并不持有的立场中选择一个。从普罗泰戈拉的回答来看，他否决了苏格拉底自己的立场，而是有别的立场，这一点在《普罗泰戈拉》结尾部分有所体现。

如果苏格拉底如《普罗泰戈拉》中引文所言，那么他对正义与虔敬关系的真实立场就与《欧绪弗洛》12d处的说法有出入。②如果苏格拉底真的认定正义与虔敬是同一事物或者两者极其相似，那么他就不会又认为虔敬是正义的一部分。这也就间接证明了苏格拉底在《欧绪弗洛》12d处提出的虔敬是正义的一部分的观点并非是他的真实立场，而是从欧绪弗洛的一系列观点中必然得出的结论。同时，如果这也说明了同样是以问句结尾，我们需要

（接上页）R. Kraut, *Socrates and the State*, Princeton: Princeton University Press, 1983, p.261. n.28。

① Stokes 也认为苏格拉底持有该立场，他给出的理由是正义与虔敬具有同样的"力量"（power）。Brickhouse 和 N. D. Smith 则认为虽然苏格拉底持有该立场，但是正义与虔敬是"内涵"不同而"外延"相同。见 M. C. Stokes, *Plato's Socratic Conversations*, pp. 236-258, 263-282, esp. 265 及 T. Brickhouse & N. D. Smith, *Plato's Socrates*, pp. 68-69。

② 至于这里苏格拉底持有该立场与其一贯坚称自己一无所知是否冲突的问题，则可以引述 C. J. Rowe 的话来说明其中并无矛盾："Briefly: there are things that Socrates will happily claim to be sure about, and even, in unguarded moments, to know, on the basis of argument...But underlying his general position is a sensitivity to the limits of what mere human beings can achieve, which causes him typically to deny that *he* knows what he is talking about..."见 C. J. Rowe, *Plato and the Art of Philosophical Writing*, p. 8, n. 19。

——分析其具体内涵,而不能简单地假定问句就是陈述句。

三、两个范例:《美诺》73a 与 81a

以上的讨论也许会引发一个问题:《欧绪弗洛》中的讨论方式,也就是问号的使用方式以及苏格拉底的对话者的回应是否只是孤例?换个问法,《欧绪弗洛》中问号的功能以及围绕它的其他讨论是否只在该对话中有效?如果答案是否定的,那么有无其他的例证?此外,如果苏格拉底持有某个观点、思想或者理论,那么在对话的形式下,柏拉图或者苏格拉底又会如何表现呢?

针对如上问题,本文试图说明,《欧绪弗洛》中有关于问号功能以及其他相关讨论并非孤例,而是在柏拉图对话录中普遍存在的。另外,苏格拉底在持有某个立场、观点或者理论时,他的说法会是非常明确地,清楚的。由于《欧绪弗洛》篇幅有限,并没有合适的其他例证,也没有苏格拉底持有某观点的情况出现,于是本文将以《美诺》73a 和 81a 为例,分别来证明以上两个说法。

在《美诺》中,苏格拉底给本文的论题提出了至少两个范例,一个范例说明了苏格拉底的问句并非必然表达其自己的立场与观点,另一个范例则说明了如果苏格拉底持有某个观点或者思想,那么他是如何表达的。接着就让我们依次看看这两个范例是如何运作的。

首先是第一个范例。该范例出现在《美诺》73a 处。前文已经提到苏格拉底拒绝讨论美德是否可教的问题,于是他和美诺转向了什么是美德的讨论。美诺认为说清楚什么是美德并不困难,他在 71e 处提出了自己在《美诺》中关于美德的第一个定义:

"首先，如果你想要男人的美德，很容易说明一个男人的美德含有能管理公共事务并且同时能让朋友受益，让敌人受害并且仔细而不让他自己受到伤害；如果你想知道女人的美德，不难如此描述：她必须把家管理好，保护家里的财产并且顺从她的丈夫"（71e）。

此外美诺还提到了孩子、老人、奴隶和自由民的美德，不过他并未详细说明他们的美德是什么，只是说他们的美德和男人女人的美德并不一样。苏格拉底对该定义并不满意也不认同，所以他进行了反驳，本文不关心他的具体反驳，只是拿出他反驳的一个论证来说明苏格拉底的提问并不必然代表他持有问句中的观点或立场。在73a处，

苏格拉底："管理好一个城邦，或者一个家庭或者任何别的事务，却不节制地并且正义地管理该事务，这是可能的吗？"

美诺："肯定不行"。

苏格拉底："那么如果他们正义地并且节制地管理，他们必须用正义和节制来这么做？"

美诺："必然地"。

结合上面两段引文可以看出，美诺在提出自己第一个美德定义时并没有提到正义和节制，它们是苏格拉底提出来的，苏格拉底对美诺的提问可以转化为如下命题：管理好某事务需要正义与节制。那么这是否意味着苏格拉底就持有该观点呢？并不是。当然，仅仅从《美诺》提供的文本来看，我们并不知道苏格拉底是否持有该立场，而是有如下几种可能性：(A) 苏格拉底持有该观

点或者认同该命题，但是美诺没有在其定义中提出，于是苏格拉底提出来以便于他反驳美诺的定义，或者他用之补充和加强美诺的定义；（B）苏格拉底不持有该观点，只是他知道美诺也持有该观点，于是提出；（C）苏格拉底不持有该观点，同时他并不知道美诺是否也持有同样的立场，但是他知道有这样一个观点，于是提出。撇开这三种可能性，从引文中美诺对该观点的回应来看，至少美诺是持有该立场的。那么可能性（B）是正确地猜测吗？这必须要引入《理想国》的文本来加以讨论。在《理想国》332d处，波勒马霍斯（Polemarchus）表明，正义就是"把利益还给朋友，把伤害还给敌人"。我们立即发现，波勒马霍斯和美诺几乎说了同样的话，只是相对而言，美诺的说法更为具体，不过最为重要的一点是，美诺在其定义中没有涉及正义的概念，只是涉及美德的概念，而波勒马霍斯则明确地把这样的说法定义为正义。于是我们能建立这样一个链条：男人的美德是管理好城邦事务，并且让朋友得利，让敌人受害，这也是正义的一种。更为准确的说法是，这样的立场是希腊富人阶层的共识，于是美诺对苏格拉底问句的反应也就不足为奇了，他毫不犹豫地对苏格拉底的疑问表示了反对。可是这是苏格拉底的立场吗？显然不是，因为在《理想国》中，苏格拉底反驳了波勒马霍斯的正义定义：这样的正义的定义会导致正义对无用之物才有用（333e），进而正义似乎又成了某种偷窃的技艺（334b）。在苏格拉底和波勒马霍斯论辩的最后，苏格拉底指出，正义的人是不会伤害任何人的，哪怕是自己的敌人，因为伤害任何人都是不正义的（335e）。

回到上述三种可能性，引入《理想国》的文本后，我们发现，可能性（A）是绝不可能的，而可能性（B）或者（C）仍然都还是有可能的，因为我们无法判定美诺在提出自己的美德定义时，有没有意识到他的定义是与正义相联系的。如果我们认识到美诺在提出男人美德的时候其实是与希腊城邦富人阶层对正义的共识相联系的，哪怕美诺自己都没有意识到如此这般的共识对他的美德定义的影响，我们也不会认为苏格拉底是持有管理好某事务需要正义与节制这样的立场的。此外，我们发现，如果管理好某事务需要正义与节制这是隐含在美诺对美德的定义中的，那么当美诺提及女人的美德是要把家管理好时，他所谓的女人的美德也就已经预设了管理某事务需要正义与节制这样一个命题，苏格拉底所做的不过是把这样一个前提或者条件从美诺的定义中揭示出来。这样一方面能使得对美诺的美德定义讨论更完整，另一方面也把美诺定义中的自相矛盾之处揭示出来从而反驳美诺对美德的定义。①

这样的结论也反过来证明了苏格拉底问句中的内容并非为他自己所持有。而该问句的作用可以总结如下：一是该问句只能起问句的作用，而非陈述的作用，问号首先只能是问号，而不能被视为句号。二是它提出的新内容只是把美诺隐藏不显的含义展示出来。进一步说，本文至少证明了苏格拉底的问句即便有时看起来起着陈述句的作用，也并非完全是此种情况，我们需要仔细辨析苏格拉底的问句内容是否确实为苏格拉底所持有。

接着是第二个范例，它将向我们显示如果苏格拉底认同某个观点，那么他在陈述时会如何表述。让我们先来考察苏格拉底在提出"灵魂不朽"与"学习即是回忆"时的说法。苏格拉底首先表明自己并不认同美诺悖论，于是：

---

① 正如 Kent F. Moors 所评论的那样："柏拉图对话必须对不同的参与者（和阅读者）说不同的东西"，其实就表明了苏格拉底在面对不同的对话者会根据对话者的身份地位、知识背景等多个要素来揭示他们所说中隐含的前提与条件。见 K. F. Moors, "Plato's Use of Dialogue", *The Classical World*, 72. 2 (1978), p. 77。

> 美诺:"你能告诉我为什么吗?"
>
> 苏格拉底:"我能。我听过智慧的男人和女人谈论过神圣的事情……"
>
> 美诺:"他们说了什么呢?"
>
> 苏格拉底:"我想他们所说的既真且美。"(81a)

接着苏格拉底就提出了"灵魂不朽"与"学习即是回忆"的思想。这里需要注意的是,苏格拉底在原文中并没有选择类似《欧绪弗洛》12d中陈述加疑问的形式,而美诺的回应也变成了问句,而没有出现"真"、"对"或者"好"的说法。此外,苏格拉底的用词也需要注意,比如"智慧的"(σοφῶν)、"神圣的"(θεῖα)、"真"('Aληθῆ)和"美"(καλόν)都表明了苏格拉底是接受"灵魂不朽"与"学习即是回忆"的。这与《欧绪弗洛》12d处"虔敬是正义的一部分"完全不同。这也就意味着,苏格拉底持有"灵魂不朽"与"学习即是回忆"的立场,但是未必持有"虔敬是正义的一部分"的立场。①

四、结语

从《欧绪弗洛》、《美诺》、《普罗泰戈拉》和《理想国》的文本出发,本文论证了柏拉图对话中的问句不能被简单地理解为陈述句的理由,并详细说明了为什么《欧绪弗洛》12d处苏格拉底提

---

① 《美诺》82b-85b 提供了另一个好的范例,它与《欧绪弗洛》12d 同构,提供了一个苏格拉底仅仅使用问句并且问句仅仅应该被理解为问句的实例但是论证过长,不便详写。Stokes 已经对此做了详尽且精彩的分析。见 M. C. Stokes, *Plato's Socratic Conversations*, pp. 16-19。

出的"虔敬是正义的一部分"这个命题并非是其真实持有的立场。本文还以《美诺》的两段文本为例,详细阐述了苏格拉底在使用问句时并不必然是提出自己的观点或者立场而往往是把其对话者隐含未显的前提或者结论揭示出来以便于使得整个讨论更加完整,同时也阐述了在苏格拉底阐述自己立场时,行文的表述应该是如何的。① 《美诺》中的两个范例结合《欧绪弗洛》的文本也说明了问号的重要功能在柏拉图对话中是普遍存在的,《欧绪弗洛》12d处的文本并非仅是一个孤例。本文对于柏拉图录中问号的关注,尽管不全面,但是也从柏拉图英语学界对其对话形式的流行解读中挣脱了出来,开始把对其对话形式的讨论深入到文本,挖掘对话形式对柏拉图表达哲学可能带来的影响。②

参考文献

1. Brickhouse, T. & Smith, N. D.: *Plato's Socrates*, Oxford University Press, 1995.
2. Griswold, C.: "Style and Philosophy: The Case of Plato's Dialogues", *The Monist*, 63. 4 (1980), pp. 530-546.
3. Hyland, D. A.: "Why Plato Wrote Dialogues", *Philosophy & Rhetoric*, 1. 1 (1968), pp. 38-50.

---

① Philip Merlan 会认为柏拉图对话中的思想到底属于谁并不重要,"如果我们说,在柏拉图著作中提出的理论没有一个真正地属于他,这是可能的。但是这并不重要。唯一重要地是:无论谁持有那些理论,它们是否为真。柏拉图著作的形式和审美嗜好有关——这就是全部。"见"Form and Content in Plato's Philosophy", p. 407。
② 对柏拉图对话形式的讨论很多,大部分围绕《斐德罗》篇,普遍地或者说宏观地来讨论该话题,从而显得没有新意。比如 Griswold,C. "Styleand Philosophy: the Caseof Plato's Dialogues", *The Monist*, 63. 4 (1980),pp. 530-546 以及 Hyland, D. A."Why Plato Wrote Dialogues", *Philosophy & Rhetoric*, 1. 1 (1968), pp. 38-50。

4. Irwin T.: *Plato's Moral Philosophy*, Oxford University Press, 1977.
5. Kraut, R.: *Socrates and the State*, Princeton University Press, 1983.
6. McPherran, M. L.: "Socratic Piety in the Euthyphro", in H. Benson (ed.), *Essays on the Philosophy of Socrates*, Oxford University Press, 1992, pp. 220-241.
7. Merlan, P.: "Form and Content in Plato's Philosophy", *Journal of the History of Ideas*, 8.4 (1947), pp. 406-430.
8. Moors, K. F.: "Plato's Use of Dialogue", *The Classical World*, 72. 2 (1978), pp. 77-93.
9. Penner, T.: "The Unity of Virtue", in H. Benson (ed.), *Essays on the Philosophy of Socrates*, Oxford University Press, 1992, pp. 162-184.
10. Rowe, C. J.: *Plato and the Art of Philosophical Writing*, Cambridge University Press, 2007.
11. Stokes, M. C.: *Plato's Socratic Conversations*, London: The Athlone Press, 1986.
12. Taylor, C. C. W.: *Plato's Protagoras*, Oxford University Press, 1976.
13. Vlastos, G.: *Socrates: Ironist and Moral Philosopher*, Ithaca: Cornell University Press, 1991.
14. 田洁:《虔敬与正义》, 载于《世界哲学》2016年第2期, 第91–99页。

存在洞见与自然视野

——《斐德罗》论美①

樊黎（同济大学人文学院）

摘要：按照苏格拉底在《斐德罗》中的论述，"回忆"是凡人的灵魂同灵魂的原初洞见相联系的通道，而美的光亮照亮了这条通向灵魂原初洞见的道路。这种洞见尽管有限，但能够让灵魂回到堕落之前的状态，即哲学的状态。文本分析表明，在苏格拉底看来，回到这一状态的最大障碍在于意见，尤其是城邦的公共意见。在这一语境下，恢复灵魂的原初洞见，首要意涵在于超出城邦意见，即习俗。在这个意义上，"回忆"体现在从城邦意见的洞穴解放出来，发现或找回自然的视野。美在此过程中能够起到别的存在无法起到的作用。

关键词：《斐德罗》；美；灵魂；回忆

本文的首要任务是文本解释性的。有待解释的文本是柏拉图《斐德罗》对美的一系列论述。这些论述大部分集中在

---

① 本文首发于《海南大学学报：人文社会科学版》2017年，第1期，原标题为《发现自然的视野——〈斐德若〉论美》。

249d4-251a1,①也包括这个范围之外的一些文段。在这些论述里，苏格拉底赋予美本身一种能力，是其余诸样式（eidē）所不具备的。苏格拉底将美的这个特性比喻为光亮。②这让我们想起，"斐德罗"（phaidros）这个名字的意思就是光亮。我将尝试在本文中阐明这个比喻的实质意涵。

《斐德罗》对美的论述出现在苏格拉底所作的第二篇演说词里。这篇演说词的主旨是赞美欲爱，收回之前演说词中对爱神的不敬言论。苏格拉底的第二篇演说词篇幅很长，结构复杂，各个段落的主题不尽相同。一般而言，欲爱是对美的事物的爱，但kalos这个词在245c6-249d3之间只出现过区区三次（246b2, e1, 248d2）；而在接下去的几页中，kalos和kallos出现了十六次之多。③如果我们把243e9-245c5视为整篇演说词的序曲，245c6-249d3为第一部分，249d4-253c6为第二部分，其余为第三部分和结尾，那么显然，美同第二部分的关系远比同第一部分的关系密切。第一部分的主题是灵魂的本性及其命运。这一部分的特点是，神的灵魂，即完美的灵魂，和有缺陷的灵魂被放在同一个论述里，具有相同的本性和结构。④在某种原初状态下，二者共享着同样的视野，尽管所见之多少大不相同：神能看到的，有缺陷的灵魂看不全（248a1-6）；但他们都想看，并看着同样的东西，即真实的存在

---

① 本文引用《斐德罗》文本，出自C. J. Rowe的评注本（Aris & Phillips, 1986），以J. Burnet 牛津本（OCT）为底本，有若干修订。
② 例如 phengos（250b3）; lampron（250b6），elampen（250d1），stilbon（250d2）。
③ 参见《斐德罗》，249e5, e4, 250b5, c8, d7, e2, 251a3, b2, c6, d7, e3, 252a2, a7, b2, d5, 253c4。
④ 注意 245c6 和 246b6 的两个 psukhē pāsa。M. Burnyeat 认为 psukhē pāsa 的真正意义是将神和人的灵魂一同囊括进来，对应着 245c3-4 的 ψυχῆς... θείαιςτε καὶ ἀνθρωπίνης（Burnyeat, "The Passion of Reason in Plato's Phaedrus," in Explorations in Ancient and Modern Philosophy, Cambridge, 2012, pp. 243-4）。苏格拉底更明确地把神和"我们"的灵魂都描绘成一架马车（246a6-b1）。

（248d1-3）。只有当这种观看被剥夺的时候，有缺陷的灵魂才会落入凡间，成为人这种身心结合体的一部分（248c2-e3）。演说词的第二部分，就是从丧失了原初洞见的人的灵魂的角度进行论述的。论述的中心是如何重新获得原初的洞见：通过"回忆"（*anamnēsis*）。"回忆"是凡人的灵魂同灵魂的的原初状态相联系的通道，而美正是开辟这一通道的重要因素（249d5-e1）：

> 当一个人看见这里的美，回忆起真实的美，它开始长出羽翼，渴望振翅而上，却无能为力，像鸟儿一样仰望着，毫不在意底下的事情。为此人们指责他疯了。

苏格拉底第一次提到真实存在的时候，只列举了正义、节制和知识（智慧），并没有提到美（247d6-7）。这么做的原因现在清楚了：在249d3之前，灵魂被放在宇宙整体的背景下，美并没有特殊的意义；而在此之后，视角转换到人间，美的意义就凸显出来了。夸张一点说，正如 *kalos* 这个词出现的频率所显示的，只有在人的灵魂那里，美才在论述中起作用。用柏拉图的比喻来说，美的光亮照亮了一条通向灵魂原初洞见的道路。下面我们就将从四个方面阐明这种光亮的意涵。

一、美在哪里发光

美在回忆真实存在时的特殊地位，来自于它的某种特性。这种特性只有美本身才具有，而其他的真实存在则没有。这种特性和"光亮"有关系，但这并不是说，只有美本身才发光，正义本身、节制本身和智慧本身不发光。但苏格拉底复杂的讲述有可能误导读者。苏格拉底先是在250b表示正义和节制在尘世中的像没有光亮，接着用一个 de 作为转折开始讲述美（250b5）。但这段讲述在一开始有些离题。苏格拉底并没有直接对比美在尘世中的像和正义、节制的像，而是首先讲起了天上的美本身和其他存在本身（250b5-c6）。直到 c8 才通过 peri de kallous... 回到一开始的对比上来：

> 正如我们之前所言，它存在着，同那些存在一起闪耀着光芒；而当我们来到这儿，通过我们最清晰的感官抓住了它最清晰的光亮。因为视觉是所有通过身体而来的感官中最锐利的。但通过视觉我们并不能看见智慧——假如它的某种清晰的影像能够到达我们的眼睛，它将引起非凡的欲爱，所有其他的可爱的存在也是如此。而只有美得到了这种命运：它既是最可爱的，又是最显著的。

因此，虽然在 250b5 的转折之后，苏格拉底讲述了美本身如何在天上闪耀，但这并不意味着其他真实存在是黯淡的。相反，所有真实存在，当我们的灵魂在天上看到它们的时候，都是像美一样闪耀着（"同那些存在一起"）。美的独特性在于，其他的真实存在，比如智慧本身，它们在尘世的像并没有光亮，不能被肉眼看见。从另一方面讲，苏格拉底一开始就说，所有的神圣之物都是美的、智慧的、好的（246d8-e1），而诸神的神性来自他们同真实存在的接触（249c6），那么可以推测，所有的真实存在，包括正义本身、节制本身、知识或智慧本身，也都是美的。正因为如此，苏格拉底才说，所有这些真实存在都是"可爱的"（erasta，250d6）；如果它们能被看到，将引发强烈的欲爱（250d4-5）。在稍早的文本中，苏格拉底将真实存在所激发的欲爱称为"想要看见真理的强烈渴望"（248b5）。而落入尘世的灵魂，因为看不到真理，对真理的欲望消退了。只有美才有能力重新点燃这种欲望。这种对真理的欲爱正是柏拉图对哲学的首要规定。①美凭借它独特的力量将灵魂引向哲学。苏格拉底说，它既是最可爱的，又是最显著的。既然所有的真实存在都是可爱的，那么美的特性就是它的显著。而这种显著，如上文所述，表现在美在尘世中的像身上。虽然美本身和其他真实存在都有光亮，但只有美的像反射了美本身的光亮，而其他存在的像却是黯淡无光的。

二、美的光亮所照亮的范围

接下来，我们必须精确界定美的这种特性能够发挥作用的范围。虽然美通过它的像所反射的光亮能够让灵魂"回忆"起它曾经见过的真实存在，但这种照明作用并不是没有限制的。苏格拉底从没有说过，美的像可以在所有人身上唤起这种回忆。相反，美的作用被严格限制在"很少人"（oligoi）身上。同上一个问题一样，苏格拉底的讲述有可能让人产生误解。因为他首先提到的，是"少数"灵魂，它们能够通过正义、节制的像艰难地上升到正义、节制本身（250b1-5）。一些学者就因此产生了误解。比如Ferrari在他对《斐德罗》的著名研究中就认为，250b4 提到的"少数（灵魂）"暗含着"不言自明的对比"："美本身……能够被更大范围的人群察觉到"。②实际上，250b4 提到的"少数（灵魂）"，显然对应着上文 250a5 提到的"少数（灵魂）"。这是一些拥有充分

---

① 参见《理想国》475e；《会饮》204b。
② G. R. F. Ferrari, *Listening to the Cicadas*, Cambridge: Cambridge University Press, 1987, p. 144.

的记忆的灵魂,没有沾染尘世的邪恶,以至于无法想起真实的存在。而大多数灵魂则因为不幸的命运损害了它们的记忆。对这些灵魂而言,"回忆"无从谈起;无论是正义、节制、还是美,都没有能力唤起它们的回忆,因为回忆的前提是尚有残留的记忆。因此,这里"少数(灵魂)"和多数灵魂的对比,并不是正义、节制和美之间的对比,而是没有被败坏的、有可能回忆起真实存在的灵魂,和已经被败坏的、无法回忆起真实存在的灵魂之间的对比。苏格拉底在后文中描述了美的光亮无法照亮的灵魂(250e1-251a1):

> 因此,如果一个灵魂不是新近加入秘仪,或者已经被败坏,当它注视着在这儿被叫做美的东西的时候,无法敏锐地从这儿走向那儿的美本身。于是,当它看到(美的事物)的时候,就没有敬畏,而是屈服于快乐,试图像四蹄野兽那样冲上去播种后代;它与狂妄为伍,毫无畏惧和羞耻之心,追求违背自然的快乐。

美不是无所不能的。对于那些原本就已经瞎了的眼睛,美无法给它们带来光明,只能让这些灵魂陷入兽性的、而非神圣的疯狂。只有少数仍然残留着足够记忆的灵魂,美相比其他真实存在的独特作用才能发挥出来。也就是说,只有对这些灵魂而言,美的光亮才能唤起它们对真实存在的回忆。

接下来我们需要解释美的像所独有的光亮。这一比喻所比喻的是美的一种什么特性呢?而美又为什么具有这种特性呢?但在此之前,我们还需要问一个问题:"回忆",即通过尘世的像回想起真实存在,究竟是什么意思?

三、当回忆真实存在的时候,灵魂想起了什么?

关于这个问题,首先必须明确的是,当灵魂看到美的像时,它并不能想起美本身"是什么";换句话说,它不能就"什么是美?"这个典型的苏格拉底式的问题给出一个完美的回答。大部分灵魂都无法想起真实的存在,但即使对于那些保留了充分的记忆的少数灵魂来说,它们所能想起的,也不可能超过它们曾经见过的。苏格拉底在前文中明确表示,对真实存在的完整洞见是神的灵魂的特权;这种洞见并不属于有缺陷的灵魂。而我们的灵魂是有缺陷的灵魂。当它还未落入尘世之前,并没有能看到完整的真实存在,而仅仅拥有对那个世界的惊鸿一瞥(248a1-6)。无论灵魂的记忆力多么强,也不可能回忆起它没有见过的东西。因此,我们的灵魂对真实存在的回忆,并不能提供关于真实存在的完整知识。那么,我们曾经见过的、能够作为回忆的素材的东西是什么呢?

有缺陷的灵魂在落入尘世之前曾经非常有限地瞥见过真实存在,因此它们能够回忆起来的,顶多就是那个极为有限的洞见。如果拥有对真实存在F的完整洞见意味着完整地知道什么是F,那么拥有对F的有限洞见意味着什么呢?无论灵魂在对真实存在的惊鸿一瞥中到底看见了什么内容,它至少见过了真实存在的世界;如果它还有一种知识,那么这种知识就在于这样一种意识:还有一个同我们生活在其中的世界不同的更高的世界,苏格拉底称为"天外区域"(*huperouranios topos*)的世界,一个诗人们从未见过的世界(247c3-4)。换句话说,回忆虽然不能带给我们关于每个具体的真实存在或样式F是什么的知识,却能够为我们打开、或者说找回一个超出可见世界的存在的视野。[1]

---

[1] Ferrari 在解释《斐德罗》中的回忆概念时提到了《理想国》中三根手指的著名段

这一解释符合苏格拉底在这篇演说词中对"回忆"的规定。在 249b6-c2，苏格拉底这样解释回忆：

> 人必须按照样式（eidos）来理解被说出的东西，由杂多的感知出发，通过理性将它们综合为一。这就是对我们的灵魂从前见到的东西的回忆……

按照这个说法，回忆就是对超越一般感官对象的样式（eidos）的发现。尽管我们感知的是杂多，但假如要说出我们所感知的，或者要理解被说出的感知，都必须通过一个样式，而不能仅仅停留在感官感知的层面。显然，苏格拉底想到的是"X是F"这样一种陈述。当我们说出"这张桌子是方的"、"甲和乙是相等的"、"阿芙洛狄忒是金色的"这些句子的时候，"方"、"相等"和"金色"这些谓词都超出了被它们所述说的主词所对应的个别感知；它们不是感知的对象，而是理智的对象。即使我们没有看见说话者所看见的那张桌子，也不妨碍我们理解"这张桌子是方的"的意思；相反，纵然我看见了同一张桌子，如果我们不能在某种意义上理解"方"或其他可以用来述说这张桌子的样式——即便我们无法准确地给出"方"的定义——，我也不可能理解说话者对这张桌子的任何陈述。[1]感知的对象只有通过理智的对象才能够被理解。因此，在

（接上页）落（523b-524d; Ferrari, *Listening to the Cicadas*, pp. 144-5）。苏格拉底用三根手指来解释与感觉对象不同的理智对象。在感觉中"大"和"小"总是混合在一起的：一根中等的手指比更大的手指小，比更小的手指大；它既是大的，又是小的。但"大"和"小"本身则绝不可能相混："大"不可能是小的，"小"也不可能是大的。由此我们就能够理解可见的和可理解的是不同的两类事物。同《斐德罗》中的"回忆"一样，《理想国》描述的这样一种意识也不能告诉我们理智对象"是什么"。

[1] 参见《斐多》74b："我们开始看、听或使用其他感官之前，必须在某处获得一种关于'等'本身的知识，才能将我们从感觉得来的那些相等的事物跟它比较，看出这样一些事物都是渴望类似于'等'本身却大不如它的"（王太庆译文，商务

我们的认识结构中，理智的对象占据更高的位置。

将回忆与述谓句联系起来，也符合我们对回忆的理解。如前所述，回忆并不能够带给我们关于"什么是F"的知识；这正是述谓句的特点。当我们说"苏格拉底是智慧的"，虽然意味着我们对智慧或多或少有一些理解（否则无法做出这一判断），但这并不能告诉我什么是智慧。我们仅仅能够依稀辨认出智慧，由此知道在苏格拉底身上有智慧这么一种东西。对"美"来讲也是如此。当我们说"阿尔喀比亚德是美的"，我们仅仅知道阿尔喀比亚德身上有美这种东西。①

这样一种状态，显然是介于完全的知识与彻底的无知之间的状态。这种状态在《会饮》的著名段落中被描述成充满欲爱的状态（204a1-7）：

> 情形是这样：没有一个神爱智慧，也没有一个神欲求变得智慧——因为他们已经是智慧的了——，如果还有别的什么人是智慧的，他也不会爱智慧。反过来，那些无知之徒也不爱智慧，不欲求变得智慧。在无知方面，最难对付的就是这一点：尽管自己不美、不好、不智慧，却以为自己已经足够了。不以为自己有什么欠缺的人不欲求自认为不欠缺的东西。

（接上页）2007）。

① 参见《斐多》100b-d。注意《斐德罗》250b3-5 的表述："对于正义、节制，和其他灵魂所尊崇的东西，它们在这里的像并没有光亮，只有少数人通过模糊的感官走向那些像，注视它们所像的类（genos）"。这里描述的过程虽然不是通过美回忆起真实存在，但却是与之平行的一种获得存在视野的方式，只是更加困难。通过这个过程获得的视野应该是同"回忆"所获得的视野相同的。C. J. Rowe 在他的《斐德罗》译疏中（Aris & Philips, 1986）将其翻译为… observe the nature of what is imaged in them（p. 69），但如果我们的理解是对的，这些灵魂并不能够获知正义或节制的本性，假定知道它们的本性意味着知道什么是正义、什么是节制的话。

可以说，在这一点上，《斐德罗》的理解同《会饮》完全一致。在《斐德罗》的比喻中，灵魂是一架有翅膀的马车，而翅膀就是欲爱。苏格拉底利用 *erōs* 和 *pteron* 的词形，造出一个词 *pterōs* 来表达欲爱和翅膀的两位一体（252b9）。但当诸神的灵魂马车上升到最高点时，就收起了翅膀（247b6-c2）：

> 那些我们称为不朽者的灵魂到达最高点之后，它们越出宇宙，端坐在天宇的外缘。它们端坐于此，宇宙的运转带着它们环游，让它们注视着天外的事物。

诸神的灵魂不再像我们的灵魂一样，需要费力地扇动翅膀才能留在天上，而是端坐在宇宙的边缘。这时它们不再需要翅膀；也就是说，不再需要欲爱。诸神并不爱智慧，因为他们已经拥有了完整的智慧，即拥有了对真实存在的完整洞见。而人的灵魂就没有这么幸运。它们永远不能拥有完整的存在洞见，有限的洞见和"强烈的渴望"（*pollē spoudē*）一直伴随着它们（248b6）。但同《会饮》不同的是，《斐德罗》强调的不是缺乏的一面，而是强调这样一种有限的洞见仍然是某种意义上的知识，甚至是人所能获得的最高的知识。"真理的草原"不但滋养了灵魂的翅膀，即欲爱，同时也是"灵魂最高的部分"最适合的养料（248b7-c2）。人的理智是被关于真实存在的洞见所滋养的，尽管这种洞见对人而言是有限的。只要能一瞥存在的真容，所有人的灵魂都会充满对真理的欲望。换句话说，在落入尘世之前，所有灵魂都是哲学家。[①] 而回忆所展开的视野，就是让灵魂回到这种堕落之前的状态，

[①] 这一判断不应与苏格拉底的另一段故事相混淆。按照他的讲述，落入尘世的灵魂有九个等级，最高一级是哲学家的灵魂（248d3）。哲学家的灵魂是在天上所见最（接上页）多的灵魂。这并不同我们的解释相矛盾；我们仅仅是说，无论灵魂在天上见过多少真理，都具有对真理的欲望。

回到哲学的状态,而不是回到仅仅属于诸神的状态。

四、美与自然的发现

如果灵魂对真实存在的"回忆"与述谓句中的谓词有关,那么和正义、节制这些东西比起来,美有什么特殊之处呢?看起来,理解"柏拉图是正义的"并不比理解"柏拉图是美的"更困难。在说出或理解"柏拉图是正义"或者"柏拉图是美的"这些句子的时候,我们似乎对"正义"、"美"这些理智对象有了某种有限的知识。那么,苏格拉底为什么说只有美才能唤起对真实存在的回忆呢?

我认为,这个问题的答案,在苏格拉底对羽翼破损、落入尘世的灵魂的规定当中(248b4-5):

> 它们全都遭遇了诸多苦难,离开时没有对存在的洞见(*tēs tou ontos theas*),转而享受看似的食物(*trophēi doxastēi*)。

如前所述,存在的洞见是真正滋养灵魂的食物,而"看似的食物"既可以被理解为"食物"的内容是"看似"而非真是,也可以被理解为并非真正滋养灵魂的东西,而是看似滋养灵魂的东西。这两种理解殊途同归。也就是说,灵魂在尘世的时候,见到的是看似的正义、看似的节制和看似的智慧。比如,假定正义的真实意涵是有正确的灵魂秩序,那么当我说出"他是正义的"这句话的时候,未必是因为被指称的这个人有正确的灵魂秩序。例如对克法洛斯而言,他会说欠债还钱、不事欺诈的人是正义的;玻勒马霍斯会说帮助朋友、损害敌人的人是正义;色拉叙马霍斯甚至会说，出于愚蠢而不去多得的人是正义的。①因为当我们说出某人是正义的时候，背后是我们关于正义的意见，是对我们而言显得像正义的东西。在这里"显得像"的意涵并不是某人原非正义却将自己粉饰成正义的样子，而是指我们对什么是正义预先有一种意见。我们关于某人是否正义的所有判断都以这一意见为准绳。这样一来，当我们看见真正的正义在尘世的像——一个正义的人——的时候，由于他可能并不符合我们关于正义的意见，因此我们不会说他是正义的；换句话说，当我们看见正义本身的像的时候，我们不会回忆起正义本身。我们只会不断地重复，并在重复中不断地强化我们关于正义的意见。

因此，束缚我们的理智，遮蔽正义本身的正是我们关于正义的意见。考虑到苏格拉底在《斐德罗》中列举的真实存在是正义、节制和智慧，关于什么是正义、节制和智慧，最大的意见就是城邦的公共意见，即城邦的法律或习俗。在关乎什么是真正的好的最重大的问题上，城邦的法律或习俗恰好构成了对理智的限制。"回忆"所恢复的灵魂的原初洞见，在这个语境下，首要意涵在于超出城邦意见，即习俗。在这个意义上，"回忆"体现在从城邦意见的洞穴解放出来，发现或找回自然的视野。而这需要艰苦的训练和劳动，需要踏上一条《理想国》所说的"更漫长曲折的道路"；这条道路不是从意见出发，而是超越意见、从真实存在的视野来考察什么是真正的好（435d、504b）。苏格拉底三个指头的著名比喻暗示了，意见之间的矛盾能够指示出一条超越意见的道路。这条道路上最重要的训练，被证明是辩证法（531d-532a；534e-535a）。然而，意见的辩证虽然能够让灵魂转向真实的存在，但却是一项艰难甚至危险的事业。②

---

① 参见《理想国》330b、331e、348c-d。
② 法律限制理智的自由，反过来说就是理智的自由僭越法律。如苏格拉底所言，搞

而在这方面，美（*kallos*）和正义等德性不同。当我们说某个人是美的，并不像我们说某个人是正义的那样，取决于我们关于正义的意见。不过这里所说的"美"，并不是指所有 *ta kala* 具有的那种美。如前所述，所有真正的德性因其本性都是美的（《斐德罗》246e1）。智慧甚至是最美的（《会饮》204b）。但当我们看到一个智慧的人的时候，并不能一眼看到他的智慧，因此也不能看到它的美，以至于阿尔喀比亚德将苏格拉底的智慧之美当作一个外行人所不知道的秘密（《会饮》214d-e）。实际上，*kallos*一般而言并不指高尚的人格、卓越的智慧之美。根据Konstan的研究，名词*kallos*比形容词*kalos*所指的美要范围更小。不像*kalos*往往指高贵、高尚，*kallos*所指的美总是带有激发欲爱的吸引力，伴随着感官上的愉悦。① 因此，*auto to kallos*在尘世的像，首先是美貌的人②；在《斐德罗》里就是美少年。当我们说某位少年是美的，我们并不需要预设一个关于美的意见。在这个意义上，美更类似于《斐多》中苏格拉底举的"相等"这一例子：我们仿佛天生就有了关于什么是"相等"或者"美"的模糊的知识，即使我们并不能明确地表述它们的定义。更重要的是，当我们已经对什么是美的有一种意见以后，当美貌的人出现在我们眼前的时候，即便他（她）并不符合我们关于美的意见，他（她）的美貌仍然会打动我们。

辩证法的人最大的危险就是违反法律（*paranomia*）。苏格拉底的例子是一位富人家的养子，因为得知父母并非亲生父母——即自然意义上的父母——而更容易遭受败坏（537e-539a）。苏格拉底用这个例子表明了自然的发现在政治上的危险。

① 见 D. Konstan, *Beauty: The Fortunes of an Ancient Greek Idea*, New York: Oxford University Press, 2015. Konstan 在其中广泛比较了希腊文献得出这一结论。与之相对，说一件事是 *kalon*，如学者分析《高尔吉亚》中 Polus 对这个词的用法，往往表达了一种高尚但缺乏吸引力的意味（R. Barney, "Notes on Plato on the *Kalon* and the Good," *Classical Philology* 105.4(2010), pp. 373-4）。

② 但不限于美貌的人。例如苏格拉底在《会饮》中用 *kallos* 赞美阿伽通的高尔吉亚式修辞（198b4-5），因为它优美的节奏令人感官愉悦。而柏拉图对话中俯拾即是的 *kalōs legeis* 显然没有这个意味。

美并不像正义这类德性。我们对美的理解并不取决于城邦习俗或任何意见为我们规定的视野，而是直接在美的闪耀中获得一个自然的视野，不需要辩证法的艰苦努力。①

我认为，这就是"光亮"这一比喻的实质意涵。任何事物都需要被照亮，从而显现出来。②而它的存在，只有在洞穴外的自然光照底下，才能如其所是地显示出来；假如照亮它的是洞穴中的幽微烛火，它显现出来的就不是它原本的样子。然而，光自行显现；它不需要被照亮。任何看起来在发光的事物那里都真的存在着光亮，尽管它可能只是反射别的事物所发出的光。光的显现不但不遮蔽光的存在，甚至就是光的存在本身。美的这种类似于光的特点反映在《大希庇亚》中希庇亚对美的第二个定义那里。希庇亚说，美就是黄金，"无论在哪里加上黄金，即便它起初看起来很丑，用黄金修饰之后也会显得美"（《大希庇亚》289d–e）。③这个定义虽然很可笑，却揭示了美的特性：美是一种无论加诸任何东西之上都会使它显得美的东西。用苏格拉底的话说，就是任何分有美本身的东西，即美本身的像，都显得美。美能够在它的显现中被发现。如果说回忆是灵魂通向真理的道路，那么美就是自我展现的真理。

---

① R. Barney 在解释《理想国》第七卷中囚徒被解放的历程时，认为解放囚徒的力量既可以被理解为辩证法，也可以被理解为欲爱（Barney, "Eros and Necessity in the Ascent from the Cave," *Ancient Philosophy* 28(2008), pp. 357-72）。将灵魂从意见的洞穴解放出来的确是美具有的独特能力，但这恐怕不是洞穴比喻的具体故事想要表达的原意。美之所以具有这种能力，不是因为它让整个灵魂背离显现而朝向存在；美的特殊性恰恰在于它的显现和存在不是分离的。换句话说，美唤起的回忆不需要灵魂的转向。这也是为什么回忆并不像解放洞穴囚徒那么艰难的原因。

② 参见《理想国》507d-e。

③ S. Benardete, *The Being of the Beautiful*, Chicago: The University of Chicago Press, 1984, pp. xxvii-xxxii.

参考文献

1. Barney, R.: "Eros and Necessity in the Ascent from the Cave", AP 28, 2008.
2. Barney, R.: "Notes on Plato on the Kalon and the Good", CP 105.4, 2010.
3. Benardete, S.: *The Being of the Beautiful*, Chicago: The University of Chicago Press, 1984.
4. Burnyeat, M.: "The Passion of Reason in Plato's Phaedrus", in *Explorations in Ancient and Modern Philosophy*, Cambridge: Cambridge University Press, 2012.
5. Ferrari, G. R. F.: *Listening to the Cicadas*, Cambridge: Cambridge University Press, 1987.
6. Konstan, D.: *Beauty: The Fortunes of an Ancient Greek Idea*, New York: Oxford University Press, 2015.

"功能论证"：从柏拉图到亚里士多德①

刘玮（中国人民大学哲学院）

提要：在亚里士多德的伦理学中，著名的"功能论证"是联系人、理性、德性和幸福的重要论证。但是亚里士多德在《欧德谟伦理学》和《尼各马可伦理学》中给出了两个在结构和论证方式上大不相同的"功能论证"。以柏拉图在《理想国》第一卷中提出的功能论证为基础，比较亚里士多德在两部伦理学著作中给出的功能论证，会为我们提供重要的线索来恰当地理解这个核心论证本身、亚里士多德对柏拉图观点的发展，以及亚里士多德在两部伦理学著作中展现出的自我反思和修正。

关键词：功能；《理想国》；《欧德谟伦理学》；《尼各马可伦理学》

---

① 本文在 2016 年全国古希腊罗马哲学研讨会和首师大"西哲论坛"上报告过，笔者感谢参与会议和讲座的学者和学生提出的评论、意见、建议和问题（特别是李猛、田洁、张新刚、朱清华、陆丁、盛珂、朱慧玲、王炜、魏梁钰、王嬰），笔者尤其感谢吴天岳、瞿旭彤的详细评议，以及陈玮对本文最后草稿的细致评论。本文是教育部人文社会科学研究青年基金项目（16YJC720003）成果。

在亚里士多德的伦理学著作中，"功能论证"（function argument）堪称最重要的论证，正是这个论证将人、理性、德性与幸福联系起来，并通过这个论证给出了"幸福"的实质定义，即"幸福就是合乎完全德性的完全一生的活动"（《欧德谟伦理学》II.1.1219a38-39）；"灵魂合乎德性的活动，如果有不止一种德性，就合乎最好的和最完全的，并且度过完整的一生"（《尼各马可伦理学》I.7.1098a16-18）。①这两个论证的结论虽然大体一致，但是亚里士多德在这两部伦理学中提出的论证，在结构和论证方式上却大不相同。本文以柏拉图在《理想国》第一卷中提出的功能论证为基础，比较亚里士多德在两部伦理学著作中的功能论证，这样的比较会给我们提供重要的线索理解亚里士多德对柏拉图的发展，以及亚里士多德在两部伦理学之中展现出的修正和反思。

关于这三个"功能论证"，值得讨论的内容很多，本文不可能全面讨论，本文的首要关注是功能论证从柏拉图到亚里士多德，以及从《欧德谟伦理学》到《尼各马可伦理学》的转变，重点讨论以下问题：第一，这三个论证之中"功能"的含义是否一致？第二，柏拉图和亚里士多德所讨论的"功能"是一个规范性的还是一个描述性的概念。②最后，本文将讨论一些当代学者提出的对"功能论证"的质疑以及可能的回应。

---

① 《欧德谟伦理学》的翻译依据 R. R. Walzer & J. M. Mingay eds., *Aristotelis Ethica Eudemia*, Oxford: Oxford University Press, 1991，参考了 Brad Inwood and Raphael Woolf trans., *Eudemian Ethics*, Cambridge: Cambridge University Press, 2013；《尼各马可伦理学》的翻译依据 I. Bywater ed., *Aristotelis Ethica Nicomachea*, Oxford: Oxford University Press, 1894，参考了 Terence Irwin trans., *Nicomachean Ethics*, 2nd ed., Indianapolis: Hackett, 1999。由于《大伦理学》（*Magna Moralia*）是否属于亚里士多德本人作品在学界存有争议，并且它没有给两部公认为亚里士多德撰写的伦理学中的"功能论证"提供很有价值的补充，所以本文不考虑这部著作中的相应论证。

② 正如李猛在讨论中指出的，"功能"这个词必然带有"规范"的意义，因为它就意味着"特有"的活动。这里讨论的"规范性"，是在更窄的意义上讨论的，即

一、柏拉图的"功能论证"

柏拉图在《理想国》第一卷末尾提出了对于整部作品具有重要奠基意义的"功能论证"（352d-354a），旨在让苏格拉底通过这个论证向特拉叙马库斯（Thrasymachus）和其他对话者表明正义让人活得更好，这个论证的基本结构如下：

a. 一个事物的功能（*ergon*）是只能由它完成或者由它完成得最好的事情（比如马的功能是跑、眼睛的功能是看、耳朵的功能是听、修枝刀的功能是修剪树枝）；

b. 一个事物要很好地履行功能就需要相应的德性（*aretē*），而恶性（*kakia*）会让它无法履行功能；

c. 灵魂特有的功能（*idia*）包括关心事物（*epimeleisthai*）、统治（*archein*）、思虑（*bouleuesthai*）和活着（*zēn*）；

d. 活着尤其是（*malista*）灵魂的功能；

e. 灵魂需要德性履行这些功能，而恶性让灵魂无法履行这些功能；

f. 正义是灵魂的德性，不义是灵魂的恶性；

g. 因此，正义的人活得更好，不义的人活得更差；

（接上页）"功能"是否预设功能发挥良好意义上的规范性。或许用瞿旭彤做的区分更能够说明这个区别，前者可以叫作"规定性"，即一个事物的功能规定了它要做某类事情（比如钟表的功能就是要走时）；而后者可以叫作"规范性"，即怎样才算是做得好（即好钟表就意味着走时准确）。笔者对这个问题的关注主要来自 Alfonso Gomez-Lobo, "The *Ergon* Inference," *Phronesis*, vol. 34 (1980), pp. 170-184 与 Jennifer Whiting, "Aristotle's Function Argument: A Defense," *Ancient Philosophy*, vol. 8 (1988), pp. 33-48 关于这个问题的争论。

h. 活得好就是活得幸福;
i. 因此，正义的人就活得幸福，不义的人就活得不幸。①

就"功能"的含义而言，柏拉图虽然提到了灵魂的一些具体功能（关心、统治和思虑），但是最终将灵魂的功能在最一般的意义上界定为"活着"，这也和《斐多》中最后一个关于灵魂不朽的论证中对灵魂的界定如出一辙。从前提（b），我们可以清楚地看到，在柏拉图那里，"功能"是一个描述性的概念，仅仅表示只能由某物完成或者由它完成得最好的事情本身，至于该事物是否很好地完成了这个功能，则是由"德性"与"恶性"做进一步规范的。

如果只关注这个论证本身，我们可以从不同的角度质疑这个论证的有效性。这里集中讨论四个与亚里士多德后来提出的功能论证密切相关的方面：

质疑一（Q1）：前提（c）-（f）中讨论的是**灵魂**的功能和**灵魂**的德性，而结论（g）说的则是正义的人。虽然我们有理由认为苏格拉底或者柏拉图确实将灵魂等同于人，但是在讨论的这个阶段，这个等同还并没有得到任何说明，这也就涉及应该如何看待身体的问题：人是否完全等同于他的灵魂而完全与身体无涉？以及人的幸福是不是仅仅在于灵魂实现了某种状态，而不关乎其他的方面？

质疑二（Q2）：苏格拉底似乎混淆了"活得好"的不同含义：前提（d）中的"活着"指的是生命本身，最自然的理解是活得健康、长久，而在结论（g）和（i）中，"活得好"的意思显然是活

---

① 《理想国》的翻译依据 S. R. Slings, *Platonis Respublica*, Oxford: Oxford University Press, 2003, 参考了 J. M. Cooper, *Plato: Complete Works*, Indianapolis: Hackett, 1997 中的英译本。

得合乎道德或正义。这两方面的意思在《理想国》接下来的学说中是有联系的，但是在讨论的这个阶段，这二者之间的差别非常明显。再进一步，即便说活得正义就**像**让人活得健康（444c-e），这两者似乎也并不完全等同。

质疑三（Q3）：即便我们接受前提（a）-（e），这里面起到实质性连接作用的前提（f）也绝非显然，特拉叙马库斯并没有真正同意正义就是灵魂的德性，不义是灵魂的恶性，他之前称正义为"高尚的头脑简单"而不义才是对人有利。因为如果在本质上接受这个等同，其实已经接受了正义是好的，不义是坏的。普遍而言，在这个论证中，即便接受了德性是好的状态，下一步将什么认定为德性也依然并不显然。

质疑四（Q4）：这个论证（也就是 g）似乎将**拥有**正义（或者普遍而言的"拥有德性"）当作了幸福的充分必要条件，只要拥有了正义，正义者就自然获得了幸福，就好像一匹好马只要跑得快，即便它从来不跑也依然是一匹好马；一双好眼睛即便从来不看也依然是一双好眼睛。

或许是意识到了这些可能的质疑（至少与Q3密切相关），柏拉图让苏格拉底在看似反驳完特拉叙马库斯之后，颇为遗憾地说"这样讨论的结果就是我一无所知。我只要还不知道正义是什么，我就几乎不能知道它是不是德性，以及拥有它的人是不幸还是幸福"（354c）。也就是说，这个"功能论证"是否成功其实在很大程度上取决于接下来的讨论，而非这个论证本身就能决定的。①

带着这几个问题，让我们转向亚里士多德在两部伦理学中给

---

① Q1、Q2 和 Q3 都可以被认为是基于《理想国》行文至此的讨论，可能提出的内部质疑，也就是针对这个"功能论证"本身提出的质疑，柏拉图在《理想国》随后的论证中或多或少对它们都有所回应，但是这些进一步讨论超出了本文关注的范围。而 Q4 更多是从亚里士多德的角度对这个论证提出的质疑。

出的功能论证，考察一下他如何继承和修正柏拉图的这个重要学说。

二、《欧德谟伦理学》中的"功能论证"

在《欧德谟伦理学》第二卷一开始，亚里士多德就明确宣告要"重新开始"（相对于第一卷关于好和幸福的整体讨论而言），随后给出了一个非常复杂的论证，将人的幸福与灵魂的"功能"联系了起来。这个论证的基本结构如下：

1. 所有的好要么在灵魂之中，要么在灵魂之外；
2. 所有人（pasin）都将明智、德性和快乐这些灵魂中的好的其中一些或全部当作目的；
3. 因此，灵魂之中的好高于灵魂之外的好；
4. 在灵魂中的东西要么是状态（hexeis）和能力（dunameis），要么是活动（energeiai，或"实现"）和运动（kinēseis）；①
5. 由归纳可知（ek tēs epagōgēs），德性（aretē）是一个有某种使用（chrēsis）或功能（ergon）的东西最好的状况（diathesis）、状态或能力（比如外套、船、房子等）；
6. 灵魂有功能；
7. 因此，灵魂的德性是灵魂最好的状况、状态或能力；
8. 更好的状态有更好的功能；
9. 一个事物的功能是它的目的（telos hekastou to ergon）；

---

① 严格说来，在亚里士多德哲学中，hexis 和 dunamis 之间的区分，以及 energeia 和 kinēseis 之间的区分都非常重要，但是在这个语境中，亚里士多德将这两对概念看作同义词，强调的是这两对概念之间在是否实现出来意义上的对照。

10. 一个事物的目的，就它是目的而言（*hōs telos*），是最好的；
11. 因此，一个事物的功能好于状态或状况；
12. "功能"有两个意思，一个是在使用之外（*para tēn chrēsin*）（比如建筑术的功能在于房子而非建造，医术的功能在于健康而非治疗），另一个是使用本身（比如视觉、数学知识）；
13. 如果使用是某物的功能，那么这种使用好于状态；
14. 一事物的功能与它德性的功能相同，但方式不同；
15. 灵魂的功能是让一个事物活着（*to zēn poiein*）；
16. 活着的功能是一种使用和醒着；
17. 灵魂的功能是灵魂德性的功能；
18. 灵魂德性的功能是卓越的生活（*zōē spoudaia*）；
19. 这种生活是完全的好（*teleon agathon*）；
20. 幸福就是完全的好。

随后亚里士多德又总结了一下这个论证，并且将上面的结论（20）做了进一步的延伸，最终得出了"幸福"的定义：

21. 幸福是最好的东西（*to ariston*）（来自之前的讨论）；
22. 目的在灵魂之中，并且是最好的（来自1，2，3）；
23. 灵魂中的东西或者是状态，或者是活动（同4）；
24. 活动要好于状况（同13）；
25. 最好的活动是最好状态的活动（来自8，有延伸）；
26. 最好的东西就是灵魂有德性的活动；
27. 幸福是好灵魂的活动；
28. 幸福是某种完全的东西（来自19，20）；

29. 因此，幸福就是合乎完全德性的完全一生的活动（*zōēs teleias energeia kat' aretēn teleian*）。①

首先，我们看到，《欧德谟伦理学》中的这个论证是本文涉及的这三个功能论证里面最复杂的，同时又是最形式化的、最少实质性的内容。亚里士多德只在最宽泛的意义上将幸福与功能和德性联系了起来，也就是合乎德性的生活，而没有说明德性具体是什么，以及这种生活具体包括什么。亚里士多德的这个论证也会面临 **Q1** 的质疑，因为亚里士多德所要寻找的好也是"人的好"（这在第一卷里表现得非常清楚），而他寻找"人的好"的方式也是确定灵魂的功能。但是对于这个问题，亚里士多德通过区分灵魂之内和之外的好做出了一些回应。亚里士多德并不否认人不完全等同于灵魂，也存在灵魂之外的好，但是他指出（同时也诉诸人们通常的看法），灵魂之中的好相对于灵魂之外的好具有无与伦比的优越性，因此在很大程度上可以将人的好归结为灵魂的好。由此实现了从"人的好"到"灵魂的好"，再到"灵魂的功能"的转变。

就质疑 **Q2** 而言，亚里士多德只是重复了柏拉图功能论证里面灵魂赋予生物体生命，也就是让它们"活着"的功能——也就是柏拉图论证中的（d）和亚里士多德论证中的（10），并且就此直接宣称灵魂具有功能（6），而没有涉及"关心"、"统治"、"思虑"这些具体的功能——也就是柏拉图论证中的（c），从而避免关于"活着"可能具有不同含义的质疑，而将这个问题移到了讨论具体德性的时候才加以处理。与此相关，亚里士多德在这

---

① 这里讨论的"完全德性"看起来是指全部德性，也就是对幸福的包容性理解（inclusivism）；对此参见 J. L. Ackrill, "Aristotle on *Eudaimonia*," in A. O. Rorty (ed.), *Essays on Aristotle's Ethics*, Berkeley: University of California Press, 1980, pp. 15-34.

里也没有对德性做出任何具体的界定,从而也就避免了 Q3 关于什么应该被包括在"德性"之中的质疑,这个问题同样等到功能论证结束之后,亚里士多德转而确定"德性"包括什么的时候,才基于灵魂的部分说明我们有两种不同的理性能力和相应的两种德性。

在这个论证中,亚里士多德似乎没有明确规定"功能"是一个规范性还是描述性的概念,从他的措辞看,甚至似乎在这两方面之间有些摇摆。一方面,在前提(5)中他说到德性是有功能的事物的良好状态,这就是说,"功能"这个概念本身并不意味着"好",而是需要与德性相伴才能确保功能发挥良好(这与柏拉图的前提(b)如出一辙)。但是另一方面,亚里士多德又在(9)中将"功能"与"目的"联系起来,这样似乎"功能"本身又有了很强的目的论意味,因为对人来说,目的就是"好",而功能本身就是目的,也就是说功能本身就是"好",甚至如(10)所说,是"最好的"。[1]但是这种摇摆的印象在(14)中得到了澄清,在这里,亚里士多德说"一事物的功能和它德性的功能相同,但方式不同(⟨tauto⟩ to ergon tou pragmatos kai tēs aretēs, all' ouch hōsautōs)"(1219a19-20),随后他用例子解释了这种不同,鞋匠的技艺或制鞋术的功能是鞋,而相应的德性的功能是好鞋。也就是说,当亚里士多德说功能就是目的的时候,他是在鞋的意义上说的(鞋就它是鞋匠或制鞋技艺的功能而言,自然是某种"好",

---

[1] Rachel Barney, ("Aristotle's Argument for a Human Function," *Oxford Studies in Ancient Philosophy*, vol. 34 (2008), pp. 293-322)根据这点以及《论天》、《形而上学》和《政治学》中的文本认为亚里士多德说的"功能"是个"强大的规范性概念",并据此应用到理解《尼各马可伦理学》的功能论证上。我不否认这个概念的规范性含义,但是在伦理学的语境中,亚里士多德并不是在"功能发挥良好"的意义上使用"功能"的规范性的,而是在更低的意义上,也就是特有活动的意义上使用的。

这里的"好"也就仅仅等同于行动的目的[1]);而只有当讨论功能发挥得好时,亚里士多德考虑的才是好鞋——而这才是本文中讨论的"规范"含义。

亚里士多德正是 **Q4** 这个质疑最有力主张者。他在(4)、(12)、(16)、(24)和最后的结论(29)中,以及在自己伦理学著作的很多地方都非常明确地强调了与苏格拉底或柏拉图之间的这个重要差别。在亚里士多德看来,拥有德性或者具有德性的状态,并不能够让一个人获得幸福,而是一定要将德性实现出来,将状态转化成使用、实现或行动,才能实现幸福,就像他用运动员想要获得桂冠就一定要实际获胜而非有能力获胜,以及好人在睡觉时并不比坏人好的例子说明的那样(参见 II.1.1219b8-20)。

三、《尼各马可伦理学》中的"功能论证"

最后让我们来考察《尼各马可伦理学》中的那个最著名的功能论证(I.7.1097b22-1098a20),它的基本结构如下:

i. 对于有功能的事物而言,它的好在于它的功能(*en tōi ergōi*);

---

[1] 单纯作为目的的好类似于《尼各马可伦理学》著名的开篇所说的"一切技艺、一切探究,以及与此类似地,行动和决定,似乎都以某种好为目标"(I.1.1094a1-2)。这里的"好"仅仅是有意识的人类活动所追求的东西,本身并不是一个规范性的概念,而可能仅仅是在描述人们追求的对象。

ii. 两个系列的类比：一个是匠人具有功能，比如笛手、雕塑师、皮匠、以及所有匠人都有各自的功能和活动；第二个是眼睛、手、脚等身体器官具有功能；

iii. 问题：人整体而言是不是也有特有的功能（idion ergon）？如果有是什么？

iv. 活着（to zēn），也就是营养（threptikē）和生长（auxētikē），是一切动植物都有的，因此不是人特有的功能；

v. 感觉（aisthētikē）是一切动物都有的，因此也不是人特有的功能；

vi. 那么就只剩下了理性（logos），因此理性活动是人特有的功能；

vii. 人有两种理性功能，一种是听从理性，另一种是本身拥有理性；

viii. 生活有两种含义，一种是活动（另一种是能力）；

ix. 活动意义上的生活是更完全的；

x. 因此，人的功能就是灵魂合乎理性（kata logon）或者不是没有理性的（mē aneu logou）的活动；[①]

xi. 一事物的功能与该类事物中卓越个体的功能在种类上相同；

xii. 对于有功能的事物而言，功能发挥得好就是合乎德性；

xiii. 因此，对人来讲最好的东西或幸福就是灵魂符合德性的活动（psuchēs energeia...kat' aretēn）；

---

① 在这里"不是没有理性"与"符合理性"区别并不是非常清楚，前者似乎比后者更加宽泛。但是笔者反对戈麦斯–罗波（Gomez-Lobo,"The *Ergon* Inference"）认为的后者指坏事中也有理性的要素，前者指用理性做好事，他并未找到恰当的文本证据支持亚里士多德在功能论证中将坏事考虑进来，相反在 VI.9.1142b12，亚里士多德说"好的思虑（euboulia）不是没有理性（ouk aneu logou）"，在这里"不是没有理性"显然指的是正面的意思。

xiv. 如果有不止一种德性，那么就合乎最好的和最完全的德性（kata tēn aristēn kai teleiotatēn）；①

xv. 还要度过完整的一生（en biōi teleiōi）。②

这个论证继承了《欧德谟伦理学》中功能论证的很多特点，这主要体现在对实现或行动优于状态的强调（viii 和 ix）——也就是对质疑 **Q4** 的回应。另一个就是"功能"在这里依然是一个描述性的概念，甚至展现得更加清晰。当亚里士多德在（i）中说，对于有功能的事物而言，"它的好在于它的功能"（en tōi ergōi）时，他甚至没有像在《欧德谟伦理学》中那样将功能与好等同起来，而只是说好要**体现在功能之中**。而（xii）的具体论述将功能的描述性表现得最为明确：

> 我们说，某种事物的功能与该种事物中优秀的个体的功能**在种类上相同**（auto...tōi genei），比如琴师的功能与优秀琴师的功能。这一点无条件地适用于所有情况，只要我们在功能之上加上符合德性的成就（prostithemenēs tēs kata tēn aretēn huperochēs pros to ergon），因为琴师的功能是演奏，而好的琴师的功能就是演奏得好（spoudaiou de to

---

① 这个补充条件在很大程度上引发了关于亚里士多德伦理学"包容论"和"排他论"（exclusivism）或"理智主义"（intellectualism）的争论，尤其是我们如何理解这里看起来单数的"最好"和"最完全"。笔者的观点是这个论证和《欧德谟伦理学》中的论证一样，指向对幸福的包容论理解，尤其是在亚里士多德那里，最高的理智德性的拥有者（哲学家或沉思者），拥有了所有的理智和伦理德性（除了技艺之外），因此让这两个德性序列得以合流，从而既满足了包容论的理解也没有否认理论沉思是最高的幸福。关于这一点可参见拙文："明智与智慧：从亚里士多德笔下的泰勒斯和阿那克萨戈拉说起"，《哲学门》第 26 辑，pp. 39-60。

② 这里所说的"完整的一生"是指我们只有在一个人生命的最后才能对他的一生盖棺定论，参见《尼各马可伦理学》I.10-11 中的讨论。

eu)。如果是这样，我们认为人的功能是某种生活，并认为这种生活是灵魂伴随理性的活动和行动，那么**卓越之人的功能就是将这一点做好和做得高贵**（*spoudaiou d'andros eu tauta kai kalōs*）。（1098a8-15）

但是，我们也看到这两个论证之间存在着重要的差别。最大的差别在于，《尼各马可伦理学》中的这个论证直接诉诸人之为人特有的功能，而不是像《理想国》和《欧德谟伦理学》那样仅仅关注**灵魂**特有的功能。这也就彻底解决了 **Q1** 的问题。这个转变看似细微，实则非常重要。因为不管是柏拉图，还是两部伦理学著作中的亚里士多德，寻找的都是"人的幸福"，而在《理想国》和《欧德谟伦理学》的功能论证中，这个问题都被转化为"灵魂的幸福"和"灵魂的功能"，但是因为"灵魂"和"人"必然存在概念上的差别，这个转化或多或少会影响论证的有效性（程度取决于我们在多大程度上将"人"等同于"灵魂"）。而《尼各马可伦理学》中的论证从一开始就明确将讨论的问题锁定在"人的好"以及"人的功能"，从而避免了这个从一开始就产生的概念混淆。即便亚里士多德在具体讨论三种典型的灵魂功能之时，他也避免直接使用"灵魂"一词。"灵魂"这个概念直到（x）讲到理性能力的承载者的时候，才第一次出现在这个论证之中（1098a7）。他避免将人直接等同于灵魂，而是通过寻找人特有的生活方式，从而将人与灵魂以更加自然的方式联系在了一起。

与这个最大的差别直接相关的就是，亚里士多德不再用"活着"来界定"功能"。因为如果我们讨论的是**灵魂的功能**，那么**就它是灵魂而言**，特有的活动就是让一个事物活着——在希腊人看来，灵魂就是赋予一个事物生气的那个东西。而如果我们讨论的是**人的功能**，也就是人特有的活动，那么仅仅是"活着"就远远不够了（iv），而是需要找到某种**就它是人而言特殊的东西**。用这种方式，亚里士多德彻底避免了 **Q2** 的质疑——因为他不再依靠"活着"这个概念可能具有的歧义性。这个论证的（ii）经常被人们误解，好像亚里士多德从匠人和身体器官具有功能就直接推论出了人具有功能。① 在我看来，当亚里士多德提出两个系列的类比时，清楚地认识到，从匠人和身体部分出发进行归纳就得出人有功能无疑过于简单并且无效，因此他才提出了一连串问题：

> 会不会木匠和皮匠有功能和行动，而人并没有，而是依据自然毫无功能（*argon pephuken*）呢？还是像眼睛、手、脚以及普遍而言每个部分看起来都有某种功能，我们是否可以归给人某种不同于所有这些（*para panta tauta*）的功能呢？这又到底是什么呢（*ti oun dē tout' an eiē pote*）？（1097b28-33）

这三个问题其实非常有针对性：第一个问题针对的是人之为人是不是可能根本不同于工匠这种有确定角色履行特定行为的人，因此将某种特定的活动归于人是不是并不合适？第二个问题针对的是人是一个复合体，由各个部分组成，而我们看到各个部分都有各自的功能，那么人之为人整体上讲是不是有某种超出了各个部分的功能，还是仅仅是各个部分功能的加总？② 第三个问题则直

---

① 比如可参见 John Burnet, *The Ethics of Aristotle*, London: Methuen, 1900, p. 34; J. M. Cooper, *Reason and Human Good in Aristotle*, Cambridge, Mass.: Harvard University Press, 1975, p. 70; Bernard Suite, "Aristotle on the Function of Man," *Canadian Journal of Philosophy*, vol. 4 (1974), pp. 23-40 等。

② 在这里笔者同意埃尔文的看法，也就是这两个问题都可以被理解为真正的问题，参见 Irwin trans. *Nicomachean Ethics*, pp. 181-182。这虽然只是极少数学者的看法，但是笔者认为这是在这个上下文里最合理的理解。大多数学者都试图从这两个序列的类比中读出亚里士多德背后的形而上学预设，但是在我看来就像亚里士多德

接用非常强调的口吻问出这个功能"到底是什么？"如果这个问题可以得到确定的回答，那么前面两个问题也就迎刃而解了。因此，这三个问题清楚地表明亚里士多德并非从两个系列的归纳中就直接得出结论，说人是有功能的（这两个系列的归纳更像是某种提示和引导），而是将这个问题用最明确的方式摆在了听众或读者面前。他接下来解决这些疑问的方式就是通过辩证法式的考察，明确找到人功能是什么，从而消除这些疑问。

正是因为《尼各马可伦理学》寻找的是"人的功能"而非"灵魂的功能"，这个功能论证也就比《欧德谟伦理学》的论证更加具有实质性。这个考察来自他关于灵魂（虽然没有提及这个字眼）的**基本理论**，即将灵魂的三个部分当作人类三种生活方式的来源或载体来进行考察。我之所以强调"基本"，是因为亚里士多德为了让讨论适应这个功能论证的语境，对灵魂三部分的学说做了一些调整。在《论灵魂》以及《尼各马可伦理学》I.13 关于灵魂部分的讨论中，亚里士多德都将欲求（*orexis*）归于灵魂的第二部分，即感觉的部分（这部分包括感觉、欲求、想象、情感等一系列能力）；但是在这个功能论证里面，他却将狭义的感觉当作灵魂第二部分的功能，而将欲求的能力和严格意义上的理性能力一起归入灵魂"拥有理性的部分"（*tou logon echontos*, 1098a3-4）。这也从一个侧面说明亚里士多德在构建这个功能论证的时候，有特殊的考虑，让它更适应当下的语境。其他动物当然也有欲求，但是它们的欲求不能听从理性，这也就将人类的欲求和其他动物的欲求区分开来，并最终让人类特有的功能被确定在理性之上。但是即便如此，这个讨论也依然足够形式化，从而可以避免 **Q3** 的质疑，

（接上页）说政治家也需要了解自然和灵魂，但是他们的了解需要一定的限度那样（I.13.1102a18-26），政治家也不需要对这两个类比背后的形而上学预设做更多的探究。

对亚里士多德来说，有哪些状态可以被称为"德性"也是下一步具体讨论德性时候的任务。

基于以上的讨论，我们可以看到，《尼各马可伦理学》中的功能论证虽然依然是一个形式化程度很高的论证，但是比起《理想国》和《欧德谟伦理学》中的功能论证，无疑更加前后一致、更加清晰、更加具有实质性，同时也能够更好地回应针对之前的"功能论证"提出的各种质疑，可以被看作是亚里士多德在人、理性、德性与幸福之间架设的最佳桥梁。

四、有关《尼各马可伦理学》功能论证的质疑和回应

至少从格拉森1957年的著名论文《亚里士多德关于好的论证中的一个错误》开始[①]，《尼各马可伦理学》中的功能论证就遭到了各种质疑，引发了诸多争议。常见的质疑之声包括：（1）它是不是真的是一个论证？（2）这个论证是不是真的给我们提供了什么实质性的内容？（3）说人有某种功能是不是将人当作了工具？（4）亚里士多德是不是混淆了"好人"和"对人来说的好"？（5）亚里士多德是不是混淆了人作为一个种的功能和某个个人的功能？（6）如果在亚里士多德那里，神也是理性的，那么理性活动还能不能算是人特有的功能？（7）是不是所有特有的活动都可以说是人的功能（那么偷盗、吸毒、嫖娼也是人的功能）？（8）亚里士多德是不是犯了从事实推出价值的错误？[②]

---

① P. Glassen, "A Fallacy in Aristotle's Argument about the Good," *Philosophical Quarterly*, vol. 7 (1957), pp. 319-322.
② 关于这些质疑，可参见：Glassen, "A Fallacy in Aristotle's Argument about the Good"; Robert Nozick, "On a Randian Argument," *Personalist*, vol. 52 (1971), pp. 282-304;

基于上面关于功能论证的讨论，我可以对这些质疑做出以下的回应。[①]针对（1）和（2）：这个功能论证确实是一个论证，并且旨在给我们提供有关人类幸福的最一般界定，这个论证虽然具有高度形式化的特征，但是至少告诉我们人类的幸福与人特有的功能——即理性，而非营养和感觉密切相关；人类幸福不仅仅是拥有理性的良好状态，而是要将这些良好的状态在行动中实现出来。

针对（3）-（5），说人具有某种功能，并非是将人等同于工具，而是强调了人具有特别的能力和活动——也就是理性的能力和活动，至于如何发挥这种能力，则是因人而异的。功能发挥得好（eu）就是德性（aretē），这一点在亚里士多德和普遍而言的希腊人看来就是一回事，因为 aretē 本身就是 eu 和 ariston（"最好的"）的抽象名词。因此我们无需担心亚里士多德混淆了"对人而言的好"（good for man）和"好的人"（good man），因为我们讨论的正是人很好地实现了他的功能，也就是实现了"对人而言的好"，这本身就让他成为一个"好人"，因为这个好人就是实现了

（接上页）Stephen Clark, *Aristotle's Man*, Oxford: Clarendon Press, 1975, pp. 14-17; Suite, "Aristotle on the Function of Man"; Richard Kraut, "The Peculiar Function of Human Beings," *Canadian Journal of Philosophy*, vol. 9 (1979), pp. 467-478; W. F. R. Hardie, *Aristotle's Ethical Theory*, 2nd ed., Oxford: Oxford University Press, 1980, pp. 23-24; K. Wilkes, "The Good Man and the Good for Man," in A. O. Rorty (ed.), *Essays on Aristotle's Ethics*, pp. 341-358 等。由于篇幅所限，本文只满足于对这些质疑做简单的反驳从而证明亚里士多德在《尼各马可伦理学》中给出的这个功能论证足以应付当代学者提出的反驳，而并不准备逐一反驳这些当代学者的论证。

[①] 关于功能论证的代表性辩护可参见：Whiting, "Aristotle's Function Argument: A Defence"; Gavin Laurence, "The Function of the Function Argument," *Ancient Philosophy*, vol. 21 (2001), pp. 445-475; Gavin Laurence, "Human Good and Human Function," in Richard Kraut (ed.), *Blackwell Guide to Aristotle's Nicomachean Ethics*, Malden: Blackwell, 2006, pp. 37-75; Barney, "Aristotle's Argument for a Human Function"。我在这里提供的辩护和这些学者并不完全相同，但是同样限于篇幅，这里不对和他们的相同与相异之处做详细讨论。

对人而言的好的另一个说法。至于这个"好人"是否要在道德或者理智的意义上理解，是下一步要考虑的问题，而非"功能论证"所要关注的。我们完全无需担心普遍意义上的"人的好"和对我个人而言是不是好之间可能存在张力，因为这里有一个很简单的整体与部分的关系，如果对人这个物种而言，理性能力发挥得好就是它的好，那么对于构成这个物种的个体而言，必然也是如此。但是这个论证只要求我们每个人发挥理性能力，而没有要求每个人都用同样的方式发挥，相反，它甚至可能要求每个人都要找到适合自己的发挥理性能力的方式，不管是政治性的、技艺性的，还是哲学性的发挥。

针对（6）-（8），我们不用担心这种理性能力同时为神所拥有，因为在亚里士多德看来，神只有纯粹的理智（nous），思考自身；而人的理性不仅包括这种理论理性，还有独特的实践理性，以及分有理性的感觉或欲求部分服从理性的能力，因此在这个意义上，人的理性能力并不等同于神的理性能力。在某种意义上，一切人类特有的理性活动都可以算是人类特有的功能，但是并非构成人类幸福的要素，因为这些功能虽然为人类所特有，但是并非对理性能力的"良好"使用，也就是说并非"德性"。最后，假如我们接受事实与价值的区分，我们可以看到，亚里士多德的"功能论证"首先是一个关于事实的判断，也就是人类存在理性能力和理性功能，同时它也是一个价值判断，因为涉及这种功能发挥得是否良好，但是就这个论证本身而言，它并没有混淆事实判断与价值判断，因为后者是由附加的"德性"与"恶性"来界定的。

参考文献

1. Achtenberg, Deborah: "The Role of Ergon Argument in Aristotle's *Nicomachean Ethics*", *Ancient Philosophy*, vol. 9, 1989, pp. 37-47.
2. Aristotle: Franz Susemihl (ed.), [*Aristotelis Eudemica Ethica*] *Eudemii Rhodii Ethica*, Leipzig: Teubner, 1884.
3. —— I. Bywater (ed.), *Ethica Nicomachea*, Oxford: Oxford University Press, 1894.
4. ——Michael Woods (trans. & comm.), *Aristotle: Eudemian Ethics Books I, II & VIII*, Oxford: Clarendon Press, 1882.
5. —— R. R. Walzer and J. M. Mingay (eds.), *Ethica Eudemia*, Oxford: Oxford University Press, 1991.
6. —— Terence Irwin (trans. & comm.), *Nicomachean Ethics*, 2nd ed., Indianapolis: Hackett, 1999.
7. —— Brad Inwood & Raphael Woolf (trans.), *Eudemian Ethics*, Cambridge: Cambridge University Press, 2013.
8. —— Peter Simpson (trans. & comm.), *The Eudemian Ethics of Aristotle*, New Brunswick: Transaction Publishers, 2013.
9. Baker, Samuel H.: "The Concept of Ergon: Towards an Achievement Interpretation of Aristotle's 'Function Argument'", *Oxford Studies in Ancient Philosophy*, vol. 48, 2015, pp. 227-266.
10. Barney, Rachel: "Aristotle's Argument for a Human Function", *Oxford Studies in Ancient Philosophy, vol. 34, 2008, pp. 293-322.*
11. Bostock, David: *Aristotle's Ethics*, Oxford: Oxford University

Press, 2000.

12. Broadie, Sarah: *Ethics with Aristotle*, New York: Oxford University Press, 1991.
13. Glassen, P.: "A Fallacy in Aristotle's Argument about the Good", *Philosophical Quarterly*, vol. 7, 1957, pp. 319-322.
14. Gomez-Lobo, Alfonso: "The *Ergon* Inference", *Phronesis*, vol. 34, 1989, pp. 170-84.
15. Hardie, W. F. R.: *Aristotle's Ethical Theory*, 2nd ed., Oxford: Oxford University Press, 1980.
16. Joachim, H. H.: D. A. Rees (ed.), *Aristotle: Nicomachean Ethics: A Commentary*, Oxford University Press, 1951.
17. Lawrence, Gavin: "The Function of Function Argument", *Ancient Philosophy*, vol. 21, 2001, pp. 445-475.
18. ——: "Human Good and Human Function", in R. Kraut (ed.), *Blackwell Guide to Aristotle's Ethics* (Blackwell, 2006), pp. 37-75.
19. Pakaluk, Michael: *Aristotle's Nicomachean Ethics: An Introduction*, Cambridge: Cambridge University Press, 2005.
20. Plato: Allan Bloom (trans.), *Republic of Plato*, New York: Basic Books, 1991.
21. Plato: S. R. Slings (ed.), *Rempublicam*, Oxford: Clarendon Press, 2003.
22. Roche, Timothy D.: "*Ergon* and *Eudaimonia* in *Nicomachean Ethics* I: Reconsidering the Intellectualist Interpretation", *Journal of the History of Philosophy*, vol. 26, 1988, pp. 175-194.
23. Stewart, J. A.: *Notes on the Nicomachean Ethics*, 2 vols., Oxford: Clarendon Press, 1892.

24. Suite, Bernard: "Aristotle on the Function of Man", *Canadian Journal of Philosophy*, vol. 4, 1974, pp. 23-40.
25. *Whiting, Jennifer:* "Aristotle's Function Argument: A Defense", *Ancient Philosophy*, vol. 8, 1988, pp. 33-48.

亚里士多德对科学知识体系的划分[1]

聂敏里（中国人民大学哲学院）

摘要：亚里士多德对科学知识体系的划分是一个看似简单、实则复杂的问题，因为，亚里士多德在从事这一工作中运用了不同的划分标准，这既包括从对象领域的不同出发所做的划分，也包括从思维功能的差异出发所做的划分，从而，在亚里士多德那里，既有依据自然事物、实践事物、创制事物的对象差别而来的物理学（自然知识）、实践知识、创制知识的分类，又有依据静观的思维、实践的思维、创制的思维而来的静观知识、实践知识、创制知识的分类。研究者往往将这两种有联系但又有区别的划分方式混为一谈，并且由此企图将自然知识从思维方式上与实践知识和创制知识根本对立起来。本文在深入考察亚里士多德相关文本的基础上澄清了这两种划分方式之间的区别与联系，明确了亚里士多德科学知识体系划分的基本原则，并且表明了甚至静观的思维也可以运用于实践知识和创制知识中。

---

[1] 本文首发于《哲学研究》2016年第12期，属于"新世纪优秀人才支持计划资助"项目成果。

关键词：静观的思维；实践的思维；创制的思维；自然事物；实践事物；创制事物

一

在亚里士多德对科学知识体系的划分上，公认的经典文献是《形而上学》E 1。在那里，亚里士多德这样说：

> 既然物理学碰巧关于存在的一个属（因为它相关于这样一种实体，在其中，运动和静止的本原内在于其中），因此，显然，它既不是实践知识也不是创制知识（因为可创制的东西的本原内在于创制者之中，这或者是心灵，或者是技艺，或者是一种能力，而可实践的东西的本原内在于实践者之中，这就是选择；因为，可实践的东西和可选择的东西是同一的），所以，假如全部思维要么是实践的，要么是创制的，要么是静观的，那么，物理学就可能是一种静观的思维，但是，是关于这样一类能够被运动的存在者的静观的思维，而且是关于按描述就像在大多数情况下那样不可单独分离的实体。（1025b19-28）①

这样，我们看到，亚里士多德就首先根据研究对象领域的不同，或者说存在者的属的不同，将全部科学知识分成了三类，这就是物理学（自然知识）、实践知识和创制知识。如果仅仅是这样，那么，问题显然就是简单的。

---

① 所引亚里士多德原文均据洛布古典文库本中亚里士多德著作的希腊原文，由笔者译出。下同。

但是，问题的复杂性在于，亚里士多德在这段话的后半部分还引入了他对思维的划分，即，全部思维又可以被分为实践的思维、创制的思维和静观的思维三类，并且说既然物理学的研究对象既不属于可创制的东西也不属于可实践的东西，因此它就很可能属于一种静观的思维。这样，亚里士多德在这段文本中便仿佛表现出了一种将这两种划分方式结合在一起的企图，亦即，他似乎试图将静观的思维归于物理学或者自然知识，而将实践的思维和创制的思维分别归于实践知识和创制知识。

因此，在这里就产生了需要我们在理论上予以清楚分辨的问题。因为，一个直接的问题就是，我们是否能够将这两种划分径直看成是等价的呢？从而，是否静观的思维就与物理学（自然知识）相对应，而实践的思维则与实践知识相对应，创制的思维又与创制知识相对应呢？显然，就实践的思维与实践知识、创制的思维与创制知识在字面上的相对应来说，推论静观的思维因此也就自然地与物理学（自然知识）相对应，并且断言亚里士多德的这两种划分在理论上是完全等价的，就似乎是一个无比正确的观察。但是，如果我们考虑到后一种划分从文本上来看并不是针对知识的划分，而是针对思维的划分，同时也考虑到就在这段文本的后面，亚里士多德又进一步指出了静观的思维并不仅限于物理学，而是也同样适用于数学和神学，那么，得出上述的结论就似乎是过于轻率和鲁莽了，而有关亚里士多德科学知识体系划分的问题的复杂性也就显露了出来。至少，我们应当在这里想一想，是否对于亚里士多德来说实践知识和创制知识之中真地不可以包含静观的思维？静观的思维是否真地仅仅是物理学或数学这类通常被称作理论知识的科学所适用的思维？难道实践知识和创制知识中就不包含丝毫的理论知识，从而除了实践的思维和创制的思维的运用之外就不能有半点儿静观的思维的运用？

显然，一旦我们提出上述问题，我们就不再容易轻率地将这里亚里士多德对物理学（自然知识）、实践知识和创制知识的划分同他对静观的思维、实践的思维和创制的思维的划分简单等同起来，并且得出结论说，静观的思维由于与物理学（自然知识）直接相对应，并与实践的思维和创制的思维相对立，从而是仅仅针对自然事物的思维，而并不适用于实践事物和创制事物，仿佛亚里士多德区分静观的思维、实践的思维和创制的思维是要建立起类似于新康德主义在自然科学的思维方式和人文科学的思维方式之间的区别一样。①

而问题的复杂性还在于，如果我们细读上述文本，那么，令亚里士多德将物理学同静观的思维联系在一起的原因仅仅在于，物理学的研究对象是不可实践、不可创制的东西，因为，它们拥有自己运动和静止的本原，这和可实践的东西、可创制的东西不同，从而，我们就不能将实践的思维和创制的思维运用于其上。但是，这并不代表对于亚里士多德来说，物理学就独占了静观的思维。相反，如果可实践的东西和可创制的东西中同样含有一些我们不能对之加以实践和创制的东西，那么，对于这些东西我们也就必须运用静观的思维，从而，在实践知识和创制知识中也就完全可以包含静观的思维。关于这一点，只要我们想到，θεωρητική②这个被我们在这里特殊地翻译成"静观的"希腊词，通常也被翻译成"理论的"或"思辨的"，它在本质上指的是一种理论思维，

---

① 参见 H.李凯尔特《文化科学与自然科学》，商务印书馆 1991 年。
② 因为，θεωρητική 是动词 θεωρέω 的形容词形式。θεωρέω 直接的意思就是观看、凝视，并进一步引申为沉思。因此，对于其形容词形式，英语一般译为 speculative 或者 contemplative，或者就直接采用其拉丁化的拼写方式，写作 theoretical。由此，我们也就知道，theory 正来自于这个词，实际上，它是 θεωρέω 的名词形式，亦即 θεωρία。因此，在这里，我突出了它的本义，而将它翻译成"静观的"。进一步的讨论可以参考后文。

那么，要说实践知识例如伦理学、创制知识例如医学中不含有理论思维以及与其相应的知识，就显然是与常识不相符合的。

实际上，亚里士多德在《形而上学》E1 的一开始关于各门科学知识从形而上学的立场所做的评论，就已经向我们暗示了实践知识和创制知识之中是含有思辨的、理论的成分的。他这样说：

> 所寻求的是诸存在者的本原和原因，而显然，这就是作为存在。因为，存在着一个健康和良好的原因，也存在着数学事物的本原、元素和原因，总之，每一种思维的知识或者在某一方面分有思维的知识全都是或者比较精确或者比较粗略地相关于原因和本原的。（1025b3-19）

在这段话中，撇开亚里士多德从形而上学的立场出发将"作为存在"（ἦ ὄντα）确定为知识所根本探求的对象不谈，一个需要我们关注的重点就是，亚里士多德指出每一种知识都包含有对所研究的对象的原因和本原的探讨，这自然不能将实践知识和创制知识排除在外，也就是说，实践知识和创制知识同样包含有对它们所研究的对象的原因和本原的知识。因此，我们看到，亚里士多德除了谈到数学事物的本原和原因之外，还专门提到了健康和良好的原因。健康当然是一门特殊的创制科学的对象，这就是医学。而良好则会很自然地把人们引向对伦理学的研究对象的关注。因为，尽管亚里士多德在这里所使用的 εὐεξία（良好）这个词主要是就身体方面的"善"而言的，但是，就身体方面的"善"和灵魂方面的"善"在亚里士多德那里具有一种类比的关系而言，认为他在这里同时也向我们暗示了伦理学的研究对象就不是完全没有道理的。从而，对于亚里士多德来说，当他提到"每一种思维的知识或者在某一方面分有思维的知识全都是或者比较精确或者比较粗略地相关于原因和本原的",这里面也就很自然地包括了以医学为例的创制知识和以伦理学为例的实践知识,并且实际上也就向我们表明了,即便是在创制知识和实践知识中也包含着对于它们各自特殊的研究对象的本原和原因的思考,而这毫无疑问属于静观的思维,因为,可实践的东西和可创制的东西的原因和本原本身当然不能是实践和创制的对象,它们恰恰是静观的思维的对象,也就是说,是一般理论知识的对象。

显然,如果我们这样来深入地思考,那么,将亚里士多德对物理学(自然知识)、实践知识和创制知识的划分与他对静观的思维、实践的思维和创制的思维的划分简单等同起来,并由此形成静观的思维与实践知识和创制知识的二元对立关系,这在理论上就是成问题的。至少,我们现在看到,实践知识和创制知识中不排除有静观的思维,从而,静观的思维与实践的思维、创制的思维的区别就不能被想当然地和简单地建立在自然事物与实践事物、创制事物的区别上。但是,这样一来,我们也就需要对亚里士多德的静观的思维、实践的思维、创制的思维的划分有更深刻的认识。

二

亚里士多德在《形而上学》E1中关于思维分成静观的、实践的和创制的观点显然来自于《尼各马可伦理学》Z2,因为,在那里,亚里士多德对此有更为明确和详细的说明。当他谈到同欲求有关的理性的时候,他说了这样一段话:

因此，一方面这种思维和真理本身就是实践的，而另一方面静观的思维则既不是实践的也不是创制的，它的好与坏就是真与假；因为这就是全部思维的功能，但实践的思维的真和欲求上的正确相一致。（1139a26-31）

在这段话中，"这就是全部思维的功能"这句话就表明了亚里士多德在这里涉及了对思维按其功能的划分，而如文本所表明的，全部思维按其功能的不同可以分成三种，即，实践的思维、静观的思维和创制的思维，而静观的思维的功能既不在于实践也不在于创制，而在于对真与假的认识。这样，亚里士多德在这里对思维的划分就契合了他在前面对灵魂的有理性的部分的进一步的划分，即，静观的思维属于灵魂的有理性的部分中的认识性的部分，而实践的思维和创制的思维属于灵魂的有理性的部分中的计算性的部分。关于灵魂的有理性的部分中的这两个部分，亚里士多德是这样说的：

前面已经讲过灵魂的部分有两个，有理性的部分和无理性的部分；现在关于有理性的部分应当以相同的方式来划分，就假定有理性的部分有两个，一个我们借以思考存在者中那些其本原不可以是别样的东西，另一个我们借以思考那些可以是别样的东西；因为针对在种类上不同的东西，甚至灵魂的各部分中那相对于每一种的在种类上也自然是不同的，如果认识依据某种类似和本己而从属于它们的话。就让其中一种叫做认识性的，而另一种叫做计算性的；因为筹划和计算是同一的，没有人去筹划那些不可以是别样的东西，这样，计算性的就是有理性的一个部分。（1039a4-15）

这样，亚里士多德在这里实际上也就告诉了我们灵魂的有理性的部分中的认识性的部分和计算性的部分它们各自所具有的不同的功能。前者之所以是认识性的，是因为它所思考的是不变化的东西，而这也就是普遍和一般的东西，属于原因和本原的东西。而后者之所以是计算性的，是因为它所思考的是变化的东西，而这也就是具体和个别的东西，是属于可实践或可创制的东西。前者是普遍一般的思考，因此是认识性质的，而后者是具体个别的思考，因此是计算性质的。这样，静观的思维与实践的思维、创制的思维在思维功能上的不同也就变得清楚起来了。它们确实是两类不同的思维，一类涉及针对变化的东西的具体的筹划和设计，而一类则涉及针对不变的东西的一般的认识和理解，它们之间显然不是一种研究对象领域上的差别，而是一种思维层次和思维方法上的差别。正像一般体现于个别、认识联系于行动，作为两种不同的思维方式，它们就是这样彼此关联在一起，而不是彼此相对立。

现在，当我们追溯了《尼各马可伦理学》Z卷中亚里士多德对三种思维方式的划分，知道了他在《形而上学》E1中关于"全部思维要么是实践的，要么是创制的，要么是静观的"说法正是对此的援引，我们对前面就亚里士多德科学知识体系的划分所提出来的那些问题便有了更深刻的理解。

显然，思维的三种划分在根本上与关于存在者的自然事物、实践事物、创制事物的对象领域的划分无关，而是与思维的功能上的差异有关。实践的思维和创制的思维作为计算性的思维，是一种针对具体事物的、同我们的实践活动和创制活动密切相关的思维，其中，实践的思维，亚里士多德把它更为明确地称作筹划（βούλευσις），并与一种具体的理智德性亦即明智（φρόνησις）联系在一起，而创制的思维，也就是我们在具体的工艺制作活动中的富有智慧的设计，亚里士多德把它与另一种具体的理智德性亦即技艺（τέχνη）联系在一起。很显然，它们与负责思考事物的原因和本原的静观的思维根本不同，因为后者无关乎行动，它是理论认识性质的，如亚里士多德所强调的，关注的是永恒不变的东西。

　　实践的东西，由于它是具体可变的，如亚里士多德所说的，它的运动和变化的本原内在于实践者之中，当然，它也就是实践的思维所首要关注的对象。但是，就这类东西也有其存在的一般原因和本原而言，它无疑也可以是静观的思维所关注的对象，也就是说，我们可以针对具体的实践的东西从一般理论上思考它的原因和本原。这样，很显然，实践知识，作为一门理论知识，当然首先就是一种静观的知识，然后，它才与一种实践的思维联系在一起，它可以从理论上指导实践的思维，使它针对具体的行动、根据一般原理，做出正确的选择。而它之所以被称作是实践知识，并不是由于与它相关的思维唯一地是实践性质的，而是由于它所关于的存在者的对象领域乃是可实践的东西，而作为知识它必须含有对原因和本原的认识性质的思维，亦即静观的思维。这也同样适用于创制知识，它也必须首先是一种静观的知识，含有对可创制的东西的原因和本原的认识，然后才体现为一种具体的创制的思维。它被称作创制知识当然也不是由于它所涉及的思维只能是创制性质的，而是由于它所关于的存在者的对象领域是那些可创制的东西。

　　但现在的问题是，为什么物理学（自然知识）唯一地属于静观的思维，而不能像实践知识和创制知识那样既包含有静观的思维、也同实践的思维和创制的思维密切相关呢？显然，解决这一问题的关键也不应当首先从思维的功能入手，而应当从相关于存在者的对象领域入手。如亚里士多德所指出的，物理学所关涉的是这样一类特殊的对象，亦即自然事物，其运动和静止的本原在它们自身之中。这是什么意思呢？这就是说，对于这类事物，由于其运动和静止的本原在它们自身之中，而不在实践者和创制者之中，因此，我们便不能对它们进行实践和创制。就像亚里士多德所说的，一个人将石头抛上天空一千次，也不能够使它习惯于上升而不下落。在这里，石头作为自然事物它的运动和静止的原因不在这个实践者之中，从而我们当然不能以实践的思维的方式来对它进行任何筹划和选择。同样，亚里士多德也曾经说过，如果我们将一张床埋到土里，如果它还能够生长的话，长出来的不会是一张床，而只可能是一棵树。从而，木头作为自然事物，它的静止和运动的原因也不在这个创制者之中，我们对它的自然生长的运动从根本上也不能够加以改变。这样，对于自然事物，我们也就只能够"静观"了。这也就是我们这里将 θεωρητική 这个希腊词不翻成"思辨的"、"理论的"或"沉思的"，而是翻成"静观的"原因所在。从而，对于自然事物，唯一能够适用的思维方式，也就仅仅是一种"静观的"思维方式，也就是说，我们只能够对它们进行思维与认识，而不能对它们进行实践性质的筹划或创制性质的设计。

一旦我们理解了这一点，为什么说静观的思维也可以适用于实践知识和创制知识，就获得了另外一个充分的理由，这就是，就实践知识和创制知识必然涉及可实践的东西和可创制的东西的原因与本原而言，就这类原因与本原同样属于不可改变的、永恒的一类存在而言，我们当然对于它们也只能静观而不能实践和创制。从而，实践知识和创制知识就内含有静观的思维，是对可实践的东西和可创制的东西的原因的理论的把握。

这样，现在我们就明确了，亚里士多德在《形而上学》E 1 上引的那段话中实际上涉及的是两种完全不同性质的分类，而不是同一种性质的分类，或者同一种性质的两种不同角度的分类。它们的性质的不同在于，一种是针对科学知识体系的划分，一种是针对思维功能的划分，针对科学知识体系的划分是针对科学知识的研究对象领域的不同所做的划分，而针对思维功能的划分是针对思维方式的差异的划分。前者按照研究对象领域的不同可以划分成为物理学（自然知识）、实践知识和创制知识；后者按照思维方式的不同首先划分为认识性质的和计算性质的，然后，计算性质的思维又根据具体运用领域的差别而被分成实践的思维和创制的思维两种，而认识性质的思维则被进一步明确为是静观的思维，亦即，理论性质的思维。这两种不同性质的划分之间显然不存在一一对应的关系。物理学被归于静观的思维，不必意味着实践知识就一定只属于实践的思维，创制知识就只属于创制的思维。就我们可以就可实践的东西和可创制的东西的本原和原因进行理论层面的思维而言，静观的思维也同样可以属于实践知识和创制知识。

因此，准确地来讲，静观的思维不是被限制在自然科学研究领域中的思维，而是被限制在关于事物的原因和本原的一般认识领域中的思维。我们从《尼各马可伦理学》Z卷中可以看到，针对属于有理性的灵魂的认识性质的部分的理智德性来说，亦即，针对科学、智慧和理智这三种具体的理智德性，亚里士多德正是从它们与原因和本原的思维关系的角度来对它们进行具体的界定和说明的。而属于有理性的灵魂的计算性的部分的实践的思维和创制的思维，亦即明智和技艺这两种具体的理智德性，它们诚然是同可实践的东西和可创制的东西相关，但是，从《尼各马可伦理学》Z卷我们可以看到，亚里士多德论述它们的重点同样不在于它们的对象上，而在于它们的思维方式上，亦即，可实践的东西的和可创制的东西相对于原因和本原是具体、可变的东西，从而，与它们相对应的思维也就是一种需要通过具体的筹划或设计、将一般运用于具体以造成我们的行动的思维。从而，这种按照思维方式的不同对我们的思维所做的划分，当然就与按照对象领域的不同对我们的知识所做的划分是两种完全不同性质的划分。它们尽管有交叉，例如，实践的思维和创制的思维不能不与实践知识和创制知识在具体的对象领域上有交叉，但是并不严格重合，而是甚至实践知识和创制知识中也含有静观的思维的部分，而不仅仅是实践思维性质的和创制思维性质的。

因此，对于亚里士多德的科学知识体系的划分来说，实质性的划分只能是根据研究对象领域的不同所做的划分，亦即，物理学（自然知识）、实践知识和创制知识，而不能是根据思维功能的不同所做的划分，因为，严格来说，实践的思维和创制的思维所关涉的根本不是知识，而是知识的具体运用。

三

但是，人们通常所说的亚里士多德关于静观的知识、实践的知识和创制的知识的划分又是怎么回事呢？很显然，这样的说法同样主要地来自于《形而上学》E1。因为，在我们一开始所引的那段话的后面，在对物理学家的研究任务做了简单的讨论之后，亚里士多德说了这样一段至关重要的话：

> 由此可见，物理学是一种静观的思维；但数学也是一种静观的思维；但是否是关于不运动的和可分离的，现在尚不清楚，尽管显然，它把一些事物看作不运动的、可分离的。假如存在某种永恒的、不运动的和可分离的东西，那么，显

然，对它的认识就属于静观的思维。但不属于物理学（因为物理学是关于一些运动的东西），也不属于数学，而是属于先于二者的知识。因为物理学是关于可分离的但不是不运动的东西，而数学中的一些则是关于不运动的但也许不可分离的而是就像在质料之中的东西；而第一位的则是关于可分离的又不运动的东西。所有原因都必然是永恒的，尤其是这些；因为它们是那些显然可见的神圣事物的原因。所以，静观的哲学可能有三种，数学，物理学，神学（因为，不难看出，假如神存在于某处，那么，它就在这样一种本性之中），而且最崇高的知识应当关于最崇高的属。因此，这些静观的知识比其他知识更可选择，而在这些静观的知识中这门知识又更可选择。（1026a7-23）

在这里，亚里士多德就提到了"静观的哲学"和"静观的知识"，而且在"这些静观的知识比其他知识更可选择"中似乎还隐含地将静观的知识与实践的知识、创制的知识对立了起来，表明实践的知识和创制的知识不能同时也是静观的知识。由此，似乎在物理学（自然知识）、实践知识和创制知识之外，在静观的思维、实践的思维和创制的思维之外，还存在着第三种分类方式，这就是静观的知识、实践的知识和创制的知识。同时，由于静观的知识与静观的思维存在着直接的对应关系，从而，这第三种分类方式仿佛又再次将静观的思维排除于实践的知识和创制的知识之外，而不能够如我们上面所论证的那样，静观的思维也可以作为一般理论思维的部分包含在实践的知识和创制的知识之中。

但是，如果我们对这段文本读得十分仔细的话，那么，我们便可以看到，亚里士多德首先还是从静观的思维开始谈起的。他告诉我们，静观的思维不仅适用于物理学，而且也适用于数学以及神学。由此，他把这三门科学叫做静观的哲学。在这里，我们特别要注意"静观的哲学"一词，因为它表明"静观的"由最初的针对思维功能的划分与界定现在延伸到了针对知识的划分与界定上，它现在能够起到划分一类知识的作用，这也就是所谓的"静观的哲学"，它按照思维方式的相同，将数学、物理学和神学归为特殊的一类，亦即"静观的知识"。而就数学、物理学和神学确实与伦理学或医学这些实践的知识或创制的知识不同而言，实践的知识和创制的知识诚然不是静观的知识。但是，很显然，这并不意味着实践的知识和创制的知识就不能够运用静观的思维，有其一般理论知识的部分。同时，更重要的是，这种新的划分方式仍然不是从研究对象领域的不同所进行的划分，而是仍旧遵循了"静观的"一词最初的内涵，从思维功能的差异所进行的划分。它把物理学、数学和神学划分成为单独的一类，这就是"静观的哲学"或"静观的知识"。而它们之所以被称作是"静观的"，原因当然是简单的，这就是，无论是自然事物还是数学对象还是神，它们拥有一个共同特点，这就是，它们在我们之外，不是我们实践和创制的对象，从而，我们只能够对它们进行理论的静观。

但是，由此一来，这也就启发我们认识到，首先，如前面所表明的，静观的思维不仅限于物理学（自然知识），我们不能说静观的思维仅仅涉及自然科学，是一种自然科学的思维方式，相反，数学和神学也属于静观的思维，而它们并不是自然科学。当然，如果有人在这里坚持现代的学科分类的标准，那么，他们会争辩说，数学也是自然科学，但即便如此，他们却不能强辩说神学也是自然科学，更不能说神学的思维方式是一种自然科学的思维方式。但是，在亚里士多德的思维分类的标准上，不仅我们可以正确地说物理学和数学的思维方式是静观的亦即理论的，而且神学的思维方式也是静观的亦即理论的。这样，在这里，那个企图将新康德主义的学科和思维划分标准运用到亚里士多德上的做法就落空了,我们不能简单地将静观的思维同自然科学的思维方式联系在一起,也不能将所谓"静观的知识"与自然科学的知识简单地划等号,并且与所谓人文科学的知识对立起来。

其次,亚里士多德之所以把物理学(自然知识)、数学和神学叫做"静观的哲学"、"静观的知识",不是说唯有它们含有静观的思维的运用,而是说在它们身上静观的思维得到了唯一地运用,它们是唯一纯粹的静观的知识,而其他知识,例如实践知识和创制知识,显然还含有除静观的思维之外的其他功能的思维的运用,亦即,含有实践的思维和创制的思维的运用。[①]所以,在将"静观的"这个词从对思维的划分和界定延伸到对知识的划分和界定上时,亚里士多德才特殊地将物理学、数学和神学称作是"静观的哲学"、"静观的知识",但这显然不代表其他的知识之中就不能够有静观的思维的运用,尤其是当我们考虑到实践知识或创制知识在最高的本原与原因上必然要追溯到形而上学与神学时。

关于这一点,实际上,亚里士多德已经向我们做了说明。在《形而上学》A2中,针对智慧、亦即亚里士多德的形而上学和神学,亚里士多德这样说:

> 因此,由上述一切,所寻求的名称就落到了这门知识上;因为应当存在着这样一门关于首要的本原和原因的静观的知识;而且因为善和目的是那些原因之一。(982b8-11)

[①] 所以,亚里士多德在《形而上学》E1的一开始才特别地谈到"或者在某一方面分有思维的知识",而这实际上是在暗示,像创制知识和实践知识不是纯粹静观的思维,而是含有(分有)静观的思维。

这就清楚地表明，善和目的也属于首要的原因和本原之列，而它们毫无疑问只能是静观的知识的对象。但是，在另一方面，谁又能够否认，它们无疑也应当是实践的知识和创制的知识所首要关注的对象呢？而这一点甚至从常识也能知道。因为，没有人能够否认，《尼各马可伦理学》首要的研究对象就是至善，亚里士多德正是在对"什么是至善？"的问题的回答中引出他的德性论，并且最终得出"思辨是最大的幸福"的结论的。此外，也无人能够否认，《尼各马可伦理学》本身作为伦理学著作首先是一部理论哲学著作，它是对我们的道德活动和道德品质的一般理论性质的探讨，而并不是导致我们的现实的道德选择的具体的实践思维本身。

而实践知识和创制知识之中也含有静观的思维这一点，从《形而上学》E1之外的文本中也可以获得有力的佐证。例如，作为《形而上学》E1的一个参考文本的《形而上学》K7，其中的一段话是这样说的：

> 一切知识都在寻求有关在其自身范围内可认识的东西的每一个的本原和原因，例如医学、体育学，以及其余的创制知识和数学中的每一种，因为，它们中的每一种都给其自身划出了一个属，就此加以研究，作为现成的和存在的，但不是作为存在，而后者是在这些知识之外的另一门知识。所说的这些知识中的每一种都通过以某种方式把握每一个属中的那是什么，来尝试较为松散地或较为严格地证明其余的东西。它们把握那是什么，有些是通过感觉，有些则是通过假设；因此，由这种归纳，关于实体和那是什么不存在证明这一点也是显然的。（1063b35-1064a10）

这就清楚地表明，甚至创制知识也包含着静观的思维。因为，如亚里士多德在上面所明确阐明的，像医学、体育学这类创制知识，它们也寻求它们所研究的对象的本原和原因，并且把握"是什么"，同时还寻求证明，从而，就此而言，它们不得不含有思维的静观的成分，并且可以与数学知识相提并论。所以，如果说在《形而上学》E 1 中，亚里士多德没有向我们明确地说明实践知识和创制知识是否含有静观的思维，而只是说"假如全部思维要么是实践的，要么是创制的，要么是静观的，那么，物理学就可能是一种静观的思维"，那么，在这里，他实际上便已经向我们做了明确的表白，表明即便是创制知识，它也可能含有静观的思维。而这也符合我们的常识，任何一门技艺，它们都有各自相应的理论的部分。

此外，即使是《尼各马可伦理学》本身也为我们提供了这方面的更进一步的证据。因为，就在《尼各马可伦理学》K 卷的最后一章，当亚里士多德谈到有关立法和道德的普遍知识相比于具体的经验更为重要时，他这样说：

> 然而，医生、教练和所有其他人，那普遍地知道适合于所有人或这类人的什么的人，能够最好地照料一个人；因为诸知识谈论共同并且是关于共同的。虽然如此，没有什么可以阻止甚至一个没有知识、但却通过经验精确地观察过在每一种情形下所发生的事情的人很好地照料某一个人，正像一些人看起来也是他们自己的最好的医生，但在任何方面都不能够去帮助别人那样。但是同样，也许对于那位想要成为精于技艺、善于沉思的人来说，看起来有可能的就是应当达到普遍，应当尽可能地知道它；因为，已经说过诸知识是关于它的。因此，甚至对于那个想要通过照料而造成更好的人——

无论是多数人还是少数人——的人,也应当尝试达至立法科学,如果我们可以通过法律变成善良的话。因为,甚至将当前之人也安排得很好的人不可能是随便什么人,而是那位有知识的人,如果毕竟有什么人的话,正像在医学和其他有某种照料和明智属于它们的知识那样。(1180b13-28)

这就很清楚地表明,甚至实践知识和创制知识,在它们的通过明智和技艺与具体的可实践的东西和可创制的东西相关的部分之外,也存在着一般科学的要求,亦即,对这些东西的普遍的知识的寻求,而且这对于想要"精于技艺"、想要"造成更好的人"的人来说是不可或缺的,并且由此它们也才成为科学。从而,这就再次证明了,实践知识和创制知识,无论它们如何与具体的实践活动和创制活动相关,就它们作为知识而言,它们同样也是对普遍知识的寻求,从而,它们当然也属于静观的思维,而并不仅仅与从事于具体的实践的筹划或创制的设计的实践的思维或创制的思维有关。

这样,如果我们毕竟要说,亚里士多德在物理学(自然知识)、实践知识和创制知识之外还有所谓静观的知识、实践的知识和创制的知识的区分,那么,我们要注意的是,首先,物理学(自然知识)、实践知识和创制知识的区分与所谓静观的知识、实践的知识和创制的知识的区分不是两类彼此等价与重叠的知识体系的划分,我们不能说静观的知识就是物理学(自然知识),因为还有其他的静观的知识,例如数学、神学。其次,由于实践知识和创制知识也分有静观的思维,亦即,它们也需要认识它们的对象的一般的原因与本原,从而,它们之中也含有静观的知识,它们与静观的知识并不是截然对立的关系。第三,它们之所以在静观的知识、实践的知识和创制的知识的这一特殊的划分体系中仿佛与数学、物理学、神学这类静观的知识构成了对立，仅仅是因为对于亚里士多德来说数学、物理学和神学是纯粹静观的知识，而像伦理学、医学之类实践的知识和创制的知识却不能不具有实践的思维的成分和创制的思维的成分，从而，正是在这个意义上，亚里士多德才特殊地将数学、物理学和神学归为"静观的知识"一类，并说"这些静观的知识比其他知识更可选择"，但这显然不代表实践知识和创制知识之中不能含有静观的思维和相应的静观的知识。事实上，只要我们想到，亚里士多德在《尼各马可伦理学》的最后还赋予了伦理学和政治学以"人事哲学"（ἡ περὶ τὰ ἀνθρώπινα φιλοσοφία）（1181b15）这个名称，它俨然是在数学、物理学和神学这三门"静观的哲学"之外的第四门哲学，那么，伦理学和政治学作为科学之从属于静观的思维的特征也就昭然若揭了。

　　这样，如果有人想把亚里士多德关于静观的知识、实践的知识和创制的知识的区分按照新康德主义的自然科学和人文科学的划分来理解，想要把静观的知识连同静观的思维完全局限在自然科学的范围内，并因此企图将实践的知识和创制的知识在思维方式上与自然科学完全对立起来，这就是不可能的了。对于亚里士多德来说，一切知识，在其对本原和原因的探寻中，都含有对静观的思维的运用，这也就是其一般理论的部分，只是在具体到自然事物、实践事物、创制事物这些不同的存在者上时，由于对象性质的不同，它们才分属于不同种类的知识，这也就是物理学、实践知识和创制知识。而亚里士多德对科学知识体系的划分首要地正是根据研究对象的不同所做的划分，而不是依据思维功能的不同所做的划分。

参考文献

1. Aristotle: *The Metaphysics*. Greek text with an English translation by HughTredennick.Cambridge, Ma: Harvard University Press; London : W. Heinemann, 1933-35.
2. Aristotle: *The nicomachean ethics*. Greek text with an English translation by H.Rackham, Cambridge, Ma : Harvard University Press; London : W. Heinemann, 1934.
3. 李凯尔特：《文化科学与自然科学》，商务印书馆，1991年。

亚里士多德《范畴篇》中的"第一实体"：一种"新柏拉图主义"的解释[①]

王玉峰（北京市社会科学院哲学所）

摘要：亚里士多德在《范畴篇》中把个别事物看作"第一实体"，认为它优先于作为"第二实体"的普遍者。普罗提诺和波斐利以降的新柏拉图主义者们区分了两种意义上的"优先性"，一种是自然上的优先性，一种是对于我们而言的优先性。而《范畴篇》中讨论的诸范畴仅仅限于可感领域，"第一实体"的优先性仅仅是"对于我们而言的优先性"，而非自然上的优先性。通过这种方式，新柏拉图主义者们一方面化解了亚里士多德《范畴篇》与《形而上学》中实体理论的"矛盾"，另一方面也调解了亚里士多德哲学和柏拉图哲学之间的紧张。

关键词：范畴；第一实体；第二实体；优先性

在亚里士多德所有的著作中，或许没有哪一部作品比《范畴篇》更加惹人争议。在西方，对《范畴篇》的批评和质疑具有悠久的历史传统。在亚里士多德作品的安德罗尼科版本之后，至少从尤德罗斯（Eudorus of Alexandria，柏拉图主义者，约公元前25年）以降，不仅一些柏拉图主义者和斯多亚学派学者们，也包括漫步学派在内的许多学者们对《范畴篇》产生了各种各样的"疑

[①] 本文主体部分发表在《哲学研究》2016年第9期。

问"（aporia）。①新柏拉图主义的创始人普罗提诺在《论存在的种类》中对亚里士多德的"范畴"理论提出了许多批评，他的批评很大程度上依赖和延续了历史上斯多亚学派的卢修斯（Lucius），柏拉图主义者尼克斯特拉图斯（Nicostratus），还有漫步学派的波爱图斯（Boethus of Sidon）和亚历山大（Alexander of Aphrodisias）等的"疑问"传统。②

在对亚里士多德《范畴篇》的这些批评和质疑中，一个非常核心的问题是：该如何理解《范畴篇》第5节中"第一实体"的"优先性"，它是逻辑学上的，还是形而上学上的？

从普罗提诺及其弟子波斐利开始，一直到辛普里丘等为止，这个问题就一直吸引着众多新柏拉图主义者们的注意力。这个问题的重要性是不言而喻的，它不但关涉到亚里士多德哲学内部的一致性问题，而且也关涉到柏拉图哲学和亚里士多德哲学之间的一致性问题。而且，新柏拉图主义者们只有解决了"哲学"内部的一致性问题，才能够表明哲学真理的普遍有效性，从而对基督教对"异端哲学家"们的批评做出强有力的回应。

一、第一实体：个别的还是普遍的？

在《范畴篇》的第5节中，亚里士多德把严格意义上的实体，也就是"第一实体"界定为个别事物。而能够包含这些个别事物的"种"和"属"则被看作"第二实体"。

---

① 参见 Dexippus, *On Aristotle's Categories*, translated by John Dillon, Ithaca, New York: Cornell University Press, 1990, 5, 15-29。
② 对亚里士多德《范畴篇》的批评史可以参见 Simplicius, *On Aristotle's "Categories1-4"*, translated by Michael Chase, Ithaca, New York: Cornell University Press, 2003, 2, 5-29。

实体（ousia），就其最严格的、首要的和最根本的意义而言，乃是那既不可以用来谓述一个主体（hypokeimenon）又不存在于一个主体里面的东西，例如某一个个别的人或个别的马。而人们所说的"第二实体"，是指作为种（eidos）而包含第一实体的东西，就像属（genos）包含种一样，如某个具体的人被包含在人这个种之中，而人这个种自身又被包含在动物这个属之中。所以这些是第二实体，如"人"、"动物"。①

为什么"第一实体"比别的事物更加是实体呢？在亚里士多德看来，这是因为"第一实体"是支撑其他事物的"主体"，其他事物要么在它之中，要么谓述它。

而且，第一实体之所以被认为比其他事物更是实体，就在于第一实体是支撑着其他一切事物的主体，其他事物或被用来谓述它们，或存在于它们中。种和属的关系，就如第一实体和其他事物的关系一样。因为种支撑着属，人们是用属来谓述种，而决不会反过来用种谓述属。所以根据这些理由，可以说种比属更是实体。②

在这里，亚里士多德通过严格意义上的"实体"就是最终的"主体"这个原则确立了"第一实体"之于其他一切事物的"优先性"。能够谓述"第一实体"的"普遍者"，也就是能够包含"第一实体"的"种"和"属"则被看作了"第二实体"。

---

① 亚里士多德，《范畴篇》，2a11-18。希腊文和英文参照洛布古典丛书，哈佛大学，1996年本。英文还参照了 Jonathan Barnes 主编的全集本：*The Complete Works of Aristotle*, the Revised Oxford Translation, Princeton: Princeton University Press, 1984。中文参照方书春北京商务印书馆 2003 年本；苗力田主编的《亚里士多德全集》余纪元译本，以及溥林华东师范大学出版社 2014 年本。

② 亚里士多德:《范畴篇》，2b14-22。

如何理解作为"第一实体"的"个别事物"对于"普遍者"的这种"优先性"呢？很多学者都注意到，在《形而上学》，《后分析篇》等著作中，亚里士多德没有把个别事物，而是把"形式"看作严格意义上的实体。不是个别事物，而是"普遍者"才具有一种自然上的优先性。① 陈康先生说：

> 每一个仔细研读亚里士多德著作的人都会发现，其中对第一本体有不同的理解。在《范畴篇》中，他宣传个体事物是第一本体，在《形而上学》Z卷和H卷的"本体讨论"中却宣称 eidos（形式）是先于个体事物的第一本体。前一种看法的标准出处，大家都知道是《范畴篇》的第五节；表明后一种看法的章节很多，见于以下各处：Z卷第七章，1032b1-2；第十一章，1037a28、b2；第十三章，1038b10；第十一章，1037a5；第十一章，1037b3-4；第四章，1030a10；第六章，1032a5，1031b14；第三章，1029a6-7，31。对于第一本体的两种不同的理解彼此冲突，是明显的事实。②

对于柏拉图主义而言，在存在论上，普遍的高于特殊的。在《智者篇》中，柏拉图提出五个最高的"属"（Genera），它们

---

① 参见亚里士多德《形而上学》，1018b9，1038b25，1084b5 等。《后分析篇》，71b29-72a5。以及 Jiyuan Yu, *The Structures of Being in Aristotle's Metaphysics*, Dordrecht, Boston and London: Kluwer Academy Publishers, 2003, p.113.

② 陈康：《亚里士多德〈形而上学〉Z卷和H卷中的第一本体概念》，《陈康：论希腊哲学》，汪子嵩、王太庆编，商务印书馆 2011 年，第 353 页。陈康先生主要从"发生学"的方法研究并处理了亚里士多德哲学中的这个问题，认为亚里士多德的哲学思想从《范畴篇》第 5 节到《形而上学》第 7 卷和第 8 卷发生了非常重要的变化。判定实体的标准"可分离性"和"这个性"逐渐由可感的个别事物转移到"形式"身上。把可感的个别事物看作"第一实体"是亚里士多德早期的观点，而他晚期则把"形式"看作第一实体。对于该问题的研究，也参见陈康：《从发生观点研究亚里士多德本质论中的基本本质问题》一文，同上书，第 280-316 页。陈康先生把 ousia 翻译为"本体"，现一般译为"实体"，下同。

分别是"存在"（或实体），"同"、"异"，以及"运动"和"静止"。按照柏拉图主义的看法，这些最普遍者是我们理智的对象，而具体的个别事物则不过是感觉的对象。同时，这些最普遍者具有一种"存在论"上的优先性，"个别事物"的存在要依赖于这些最普遍者。

《范畴篇》却把"个别事物"看作"第一实体"，相应地其"种"、"属"则成了"第二实体"。因此，亚里士多德《范畴篇》第 5 节的实体理论似乎具有一种明显的"反柏拉图主义"特征。对于坚持"调和论"的新柏拉图主义者们而言，这显然是一个非常棘手的问题。他们必须澄清"个别事物"的"优先性"是何种意义上的？作为"第二实体"的"种"和"属"，它们和柏拉图超越的"理念"（*Idea, Eidos*）有何区别？

普罗提诺在《论存在的种类》中对亚里士多德的"范畴"理论提出了严厉的批评。在普罗提诺看来，"实体"不是一个单一的"属"，因为"理智的实体"是与"感性的实体"根本不同的。

对于理智的实体和感性的实体，没有一种对它们而言共同的单一的实体性，这点已经说过了。而且，这种共同性会导致某种优先于理智的实体和感性的实体的东西，这种东西它与二者不同并且能够被二者所谓述；这种优先的东西就既不能是有形的，也不能是无形的。因为如果它是二者之一，那么有形的就会成为无形的，或者无形的就会成为有形的。[①]

在普罗提诺看来，亚里士多德《范畴篇》中谈的"实体"不是"理智的实体"，仅仅是"感性的实体"。所以他批评亚里士多德忽略了"理智的实体"还有"至高者"。

[①] Plotinus, *The Enneads*, translated by Stephen McKenna, London: Oxford University Press, 1956, VI.1.2.

然而，这些思想家在他们的划分中没有考虑到理智的领域，它是不能涵盖所有存在的。他们忽略了至高者。①

而且作为一个纯粹的柏拉图主义者，普罗提诺认为"普遍的"在自然上是优先于"个别的"，"理智的实体"也是优先于"感性的实体"，因此他对亚里士多德《范畴篇》中的"实体"理论提出了质疑。②

普罗提诺不但对《范畴篇》的实体理论提出了"质疑"，同时也给出了自己的解决方案。但是与20世纪流行的"发生学"方法不同，新柏拉图主义者的解决方案更接近于一种"整体论"的方法。从普罗提诺开始，新柏拉图主义者们一方面致力于从亚里士多德哲学的整体出发，另一方面致力于把亚里士多德的《范畴篇》和形而上学思想整合到柏拉图主义的形而上学中，努力论证《范畴篇》中的实体理论及其诸范畴的划分是和柏拉图、亚里士多德的整个形而上学思想完全一致的。

二、新柏拉图主义的解决方案

传统上一般认为，普罗提诺和他的弟子波斐利在《范畴篇》许多问题上存在着严重的分歧。而从古代的注疏家们那里，尤其是从德克斯普斯（Dexippus）和辛普里丘对亚里士多德《范畴篇》的注疏中，这一印象似乎被加强了。我们可以清楚地看到，普罗提诺对亚里士多德的《范畴篇》提出了许多严厉的批评，这些批评和质疑虽然很大部分地来源于对亚里士多德抱有敌意的斯多亚学派学者卢修斯和柏拉图主义者尼克斯特拉图斯，但普罗提诺在

---

① Plotinus, *The Enneads*, translated by Stephen McKenna, London: Oxford University Press, 1956, VI.1.1.
② Ibid. VI.iii, 9.36-40.

《论存在的种类》中还是采纳了这些质疑。与之形成鲜明对比的是,波斐利在他的《导言》(*Isagoge*)和《论亚里士多德的〈范畴篇〉》中则成功地以一种柏拉图主义的方式处理和解决了这些困难。①

但是,近人学者德哈斯(Frans A. J. de Haas),斯特兰齐(Steven K. Strange)等则力图证明,普罗提诺和波斐利在对《范畴篇》的处理上没有什么根本的原则性的差别,波斐利对《范畴篇》的柏拉图主义解决方案直接来自于普罗提诺的一些最重要的见解。不是波斐利,而是他的老师普罗提诺第一次将亚里士多德的《范畴篇》整合到柏拉图主义的形而上学中。在德哈斯看来,无论是关于《范畴篇》的"目的"(*skopos*)还是"范畴"(*katēgoria*)的含义,波斐利的看法都和普罗提诺没有什么区别。②

普罗提诺虽然在《论存在的种类》中讨论了亚里士多德的"范畴"理论,但是这并不表明普罗提诺就把亚里士多德的《范畴篇》看作是一部讨论"存在"的形而上学作品。在普罗提诺看来,"范畴"的含义是与"属"不同的。因为,按照柏拉图主义,真正意义上的"属"属于理智的领域。亚里士多德的十个"范畴"不能被看作理智领域的十个"属"。质、量和关系诸范畴只是"实体"的一些"偶性"(*sumbebēkos*)。而"实体"则不能是一个统一的"属",因为哪怕是按照亚里士多德的逻辑学,一个有高低秩序的序列,是没有一个对应的"属"的。那些被归为同一个"属"

---

① 参见 Simplicius, *On Aristotle's "Categories 1-4"*, 1, 18-22, pp. 25-29; Porphyry, *On Aristotle Categories,* "Introduction", translated by Steven K. Strange, London: Duckworth, 1992, p. 2。

② Frans A. J. de Haas, "Did Plotinus and Porphyry Disagree on Aristotle's 'Categories'?", *Phronesis*, Vol. 46, No. 4 (Nov., 2001), pp. 500-501; Steven K. Strange, "Plotinus, Porphyry and the Neoplatonic interpretation of the Categories", in W. Haas and H. Temporini (eds), *Aufstieg und Niedergang der Römischen Welt* 2.36.2, Berlin and New York,1987, pp. 955-74.

之下的事物,这个"属"是"同名同义"地谓述这些事物的。①"质料"、"形式"和二者的组合物都分别可以被看作是"实体"。可是,形式是优先于质料和它们的组合物的,而且它们的"定义"也是明显地彼此不同的。还有,"实体"可以分为"感性的实体"和"理智的实体",后者高于前者。既然"实体"对应着一种高低秩序的序列,那么我们就不能称"实体"为一个单一的"属"。事实上,在普罗提诺看来,《范畴篇》所讨论的"第一实体"仅仅是感性的实体,也就是质料和形式的复合物,它和理智的实体没有一个共同的定义。由于"实体"不是一个严格意义上的"属",所以才被看作一种宽泛意义上的"范畴"。对于普罗提诺和波斐利而言,"范畴"仅仅是一种宽泛意义上的可以用来表示事物的"名字"。如果说普罗提诺和波斐利在讨论《范畴篇》的相关语境中仍然使用"属"这一概念,那是因为"属"的含义已经被修改,它不再是理智的对象,而是相当于描述感性事物及其特征的"范畴"。这些表示感性事物的"属"不是"首要的属"(primary genus),它们仅仅是对理智领域"属"的一种模仿或"影像"(image)。在存在论上它们是严格地低于柏拉图在《智者篇》中提出的那五个最大的"属"。②这样,波斐利就认同了普罗提诺关于《范畴篇》的范围和目的是探讨"感性事物"领域的,以及他对"范畴"含义的理解。

德哈斯认为,波斐利对亚里士多德《范畴篇》一系列"疑问"的解决事实上正是基于普罗提诺决定性的工作,波斐利只是进一步扩展了普罗提诺的解释,而没有从原则上反对他。在普罗提诺的基础上,波斐利看到了利用漫步学派传统的可能性,从而既能

---

① 参见亚里士多德《范畴篇》,3a33-b9;《形而上学》,998b22-28。
② Frans A. J. de Haas, "Did Plotinus and Porphyry Disagree on Aristotle's 'Categories'?", pp. 501-503, 513-516.

够把它作为支持柏拉图主义《范畴篇》解释的一种方式,又能使之成为解决这些传统问题的一种资源。①

波斐利认同漫步学派亚历山大的看法,把《范畴篇》放到亚里士多德哲学研究的首位,这当然也是传统的全集本的顺序。②《范畴篇》之所以被放到首位的原因,波斐利也认可漫步学派Nernimus等的观点,那就是因为它仅仅是一部适合于初学者的入门之作。③在《导言》中,波斐利说道:

> 例如,关于属(*genera*)和种(*species*),无论它们是否存在,是否实际上仅仅依赖于纯粹的思想,如果它们存在,它们是有形的,还是无形的,它们是否是可分离的或者是在可感的东西中和关于它们的存在,这些事情我将不讨论,这个主题是非常高深的,需要另外更大的研究。这里,我将试图向你展示以前的大师们,尤其是漫步学派的,是如何从一种逻辑学的观点来看待属和种还有其它名目的。④

这样,波斐利就把《范畴篇》看作一部逻辑学著作,而非形而上学著作。波斐利首先关注的是属和种的逻辑学或语义学(semantic)含义,而非形而上学含义。我们可以看到,波斐利对《范畴篇》的这种基本定位,为他最终解决那些"疑问"铺平了道路。

波斐利在《论亚里士多德的〈范畴篇〉》中对"第一实体"的"优先性"提出了这样的问题:

---

① Frans A. J. de Haas, "Did Plotinus and Porphyry Disagree on Aristotle's 'Categories'?", pp. 523-524.
② 参见 Simplicius, *On Aristotle's "Categories 1-4"*, 5, 5-15。
③ Porphyry, *On Aristotle Categories,* "Introduction", p. 8.
④ Porphyry, *Introduction*, translated, with a Commentary by Jonathan Barnes, Oxford: Clarendon Press, 2003, 1, 10-17.

当我们在思想中取消了能普遍谓述的人时,苏格拉底,他是一个个体和第一实体,也就会被取消,那么种为何不[比个体]更加是一个实体,属比种和个体更加是实体呢?因为同样地,当动物在逻各斯中被取消了,人和苏格拉底也就不存在了。为什么人不优先于苏格拉底呢?如果当人被取消,苏格拉底也就被取消了,但是当苏格拉底被取消时人却不会被取消。①

对于这个问题,波斐利首先是这样回答的:

因为你仅仅说的是苏格拉底,当人和动物都在时他可以被取消,但是你不应该仅仅说一个人:你必须认识到个别实体并不意味着一个个体,而是所有个别的人,从他们我们想到进行普遍谓述的人,还有所有特殊的动物,通过它们我们想到进行普遍谓述的动物。这些是进行普遍谓述的事物的原因。因为离开了这些特殊事物,就不可能想到一般性的牛或者人或者动物。但是,如果我们是从对特殊事物的感觉出发来思考普遍的谓词——我们不再把它们看作"这个"(*tode ti*),而是"这类"(*toionde*),那么当特殊的动物被取消了,那些能普遍谓述它们的也就不再存在了。而且,那些指称存在者的语词首先是应用于个体的,从它们出发我们的思想才得到共相(*ta koina*)。然而,既然这部著作的主题是那些进行意指的语词,而语词是首先应用于可感事物的,因为它们是我们在感觉中首先遭遇到的,故亚里士多德根据其恰当的

---

① Porphyry, *On Aristotle Categories,* 90, 15-20. 也参照溥林《〈范畴篇〉笺释》,华东师范大学出版社 2014 年,第 251 页。

主旨，把这些事物称作第一实体。因为可感事物是最初的意指对象，相对于进行意指的语词，他把个别实体看作首要的。[①]

在这里，波斐利并不是把某个单个的人，比如苏格拉底看作"第一实体"，而是把在"人"这个"种"之下所有的个体看作"第一实体"。辛普里丘在其对《范畴篇》的注释中也重复了这条理由。[②]但是，就像巴恩斯（Jonathan Barnes）分析的那样，波斐利并不是说所有个体的"集合"在自然上就优先于它们的"种"或"属"。因为种或属的优先性不仅仅适用于它们之下的某个单个个体，也同样适用于这些个体的集合。在这里，波斐利的意思仅仅是说"种"或"属"一般观念的形成要依赖于对这个"种"或"属"之下"个体集合"的感知。因此，波斐利并没有提出一种"个体集合"优先于它们的"种"或"属"的形而上学论证，个体事物的"优先性"只能从某种认识论的意义上来理解。[③]

我们认同巴恩斯的分析和观点。作为一个柏拉图主义者，波斐利任何时候都认同他的老师普罗提诺的观点，那就是在自然上或形而上学上，普遍者是优先于所有个别事物的。事实上，波斐利仅仅是从认识论上"感觉"的在先性来理解个别事物或第一实体的"优先性"。

我会说既然这部著作的主题是进行意指的语词，而语词首先应用于可感事物——因为人首先是指那些他们认识和感知到的人的名字，对于那些本性上在先的则仅仅是第二位的，本性上在先的事物对知觉则是第二位的，他称被语词首先意

[①] Porphyry, *On Aristotle Categories,* 90, 30-91, 13. 也参照溥林《〈范畴篇〉笺释》，第 252–253 页。

[②] Simplicius, *On Aristotle Categories 5-6*, translated by Frans A.J. de Haas and Barrie Fleet, London:Duckworth, 2001, 84, 21-23.

[③] Porphyry, *Introduction*, pp. 274-275.

指的事物,也就是可感的和个别的事物为第一实体,这是合理的。因此,对于进行意指的语词而言,可感的个别事物是第一实体,但对于自然而言,理智的实体是第一位的。但是他的目的是区分根据语词而意指它们的存在的种类(genera),它们首先地是指个别的可感实体。①

在这里,波斐利明显地受到了普罗提诺的启发。②而无论是波斐利还是普罗提诺,都把这种观点追溯到亚里士多德本人。在《物理学》中,亚里士多德区分了两种不同的"优先性",一种是"在自然上的优先性",一种是"对我们而言的优先性"。在谈到物理学的研究方法时,亚里士多德说道:

> 作这件事情的自然的方式是从对于我们而言更为易知和清楚的事物出发进到那些在自然上更为清楚和易知的事物。因为对于我们而言的易知和无条件的易知不是同一回事。所以我们必须遵循这种方法,首先从自然上不易明白,但对我们更清楚的东西,进到就自然说来更为清楚和易知的东西。③

波斐利正是用亚里士多德这两种不同的"优先性"来处理《范畴篇》第5节和《形而上学》Z卷和H卷等内容中"实体"理论的差异。在波斐利看来,《范畴篇》所探讨的仅仅是可感事物,"第一实体"不是理智的实体,而是"质料"和"形式"的组合物,也就是可感的个别事物。它的优先性仅仅是"对于我们而言的优先性",也就是"感觉上的优先性"。作为理智对象的"普遍者"

---

① Porphyry, *On Aristotle Categories*, 91,20-28.
② Cf. Plotinus, *The Enneads*, VI. iii, 9. 36-40.
③ 亚里士多德:《物理学》,184a17–21。

则具有自然上的优先性，尽管它对于"我们"而言不是优先的。相应地，《范畴篇》中作为第二实体的"species"和"genera"也不同于柏拉图超越的 *Eidos* 和最普遍的 *Genera*，它们仅仅是在具体事物之中的"共相"和"普遍者"，它们之所以是"第二位的"也仅仅是因为从认识论上而言，我们关于这些"共相"或"普遍者"的"观念"要后于对个别事物的感觉。通过这种方式，波斐利不但能够解决亚里士多德哲学的内部一致性问题，也把亚里士多德的《范畴篇》成功地整合到柏拉图的形而上学之中。①

波斐利对《范畴篇》第5节中"第一实体""优先性"的这种解释几乎影响了在他之后所有的新柏拉图主义者。扬布里柯（Iamblichus）和他的老师波斐利一样写过大量关于《范畴篇》的注释，但遗憾的是现已逸失。不过根据辛普里丘的记载，扬布里柯的注释绝大部分都紧密地追随他的老师波斐利，甚至是逐字逐句地。德克斯普斯作为扬布里柯的弟子，他对《范畴篇》的简明注释没有太多自己的创意，基本反映了波斐利和扬布里柯的观点。而辛普里丘本人对亚里士多德《范畴篇》的注释也是基于扬布里柯的注释本，但由于扬布里柯的注释太过晦涩，辛普里丘的注释可以看作是扬布里柯注释本的一种通俗版。这样，在普罗提诺和波斐利之后，新柏拉图主义者们虽然不能就《范畴篇》所有细节问题都达成一致，但是毫无疑问地是，普罗提诺和波斐利始终是他的后学们的伟大权威，在《范畴篇》第一实体的优先性这个重大问题上，新柏拉图主义者们的见解没有什么区别。扬布里柯，德克斯普斯，阿莫纽斯（Ammonius）和辛普里丘等均接受了普罗提诺和波斐利对"第一实体"优先性的解释，坚持了调和论的立场。

---

① 参见 Christos Evangeliou, *Aristotle's Categories and Porphyry*, Leiden: E.J. Brill, 1988, pp. 63-66。

德克斯普斯在其对《范畴篇》的注释中基本重复了波斐利的观点。

> Seleucus：这个问题关涉到同样的疑问，也就是，为什么在《物理学》中他给予共相（*koinos*）以优先性，而这里他把特殊的看作第一位的？
>
> Dexippus：这是因为"在先"和"在后"有两种意思，或者是自然上的或者是对于我们而言的。对于我们而言，特殊的实体是在先的（因为我们首先遭遇到它们），但是在自然上共相在先，因为特殊的是在普遍者（*ta katholou*）之下的。①

阿莫纽斯也同意漫步学派以及波斐利等关于《范畴篇》是给初学者入门的作品。因为对于初学者而言"直接的事物是更明显的，在现在的情况下他称特殊者为首要的是合适的。因为从特殊者出发，我们才得到普遍者。"②

阿莫纽斯同样接受了波斐利对"第一实体"优先性的解释。

> 他说到实体，一些是首要的，一些是第二位的，他称特殊的是首要的，普遍的是第二位的。对其原因，值得追问的是他为何这样说，因为普遍者比特殊者更重要。我们的回应是，在自然上优先的对于我们是第二位的，对于我们而言优先的则在自然上是第二位的。③

---

① Dexippus, *On Aristotle's Categories*, 45, 3-9.
② Ammonius, *On Aristotle Categories*, translated by S. Marc Cohen and Gareth B. Matthews, London: Duckworth, 1991, 36, 12-13.
③ Ammonius, *On Aristotle Categories*, translated by S. Marc Cohen and Gareth B. Matthews, London: Duckworth, 1991, 36, 4-8.

阿莫纽斯注意到了"在一个主体中"和"谓述一个主体"的区别。亚里士多德说:"所有其他事物要么谓述作为主体的第一实体,要么是在作为主体的它们之中。"①

阿莫纽斯认为"谓述"(said of)这种表述说明亚里士多德是在谈论"语词",而"是"(is)则表明亚里士多德在讨论"事物"。②普遍者是能够独立存在的,所以它们"是不在一个主体中",而仅仅"谓述"个别事物。而偶性不能独立存在,它们"是"在一个主体之中的。"普遍者谓述特殊者,而偶性存在于特殊实体中。"③

阿莫纽斯注意到,对于普遍者,亚里士多德在《范畴篇》中仅仅说"他们[人和动物]是被称为(are called)第二实体"④,而不就"是"第二实体。对此,阿莫纽斯评论道:

亚里士多德说"被称为"(are called)是对的,因为在自然上他们是第一实体。⑤

对于"是(is)在一个主体中",阿莫纽斯说:"又,在这里'是'(is)是好的。因为偶性存在于个别实体中。"⑥而且阿莫纽斯也认同波斐利在《导言》中的观点,即亚里士多德在《范畴篇》中谈的genera和species并非柏拉图式的理智的实体,而是存在于众多个别事物中的"感性的属和种"。⑦

---

① 亚里士多德:《范畴篇》,2a35-36。
② Ammonius, *On Aristotle Categories*, 26, 23.
③ Ibid. 41, 13-14.
④ 亚里士多德:《范畴篇》,2a17。
⑤ Ammonius, *On Aristotle Categories*, 40, 4-5.
⑥ Ammonius, *On Aristotle Categories*, 40, 23-34.
⑦ Ibid. 40, 21-41, 11.

普罗提诺,波斐利关于柏拉图超越的 Eidos, Genera 和《范畴篇》中被称作"第二实体"的 species 和 genera 的区分,同样影响了辛普里丘。辛普里丘对"共相"(ta koina)或者"普遍者"(ta katholou)做出了明确的"三重区分"。第一种是超越于个别事物的"共相",它能够独立存在而且是另外两种不同意义的"共相"的"原因",因此是"作为原因的共相"(koinêaitia)。第二种是由于分有了超越的"共相",而存在于不同种类事物中的"共性"(koinotês, koinônia)。第三种是通过抽象,而仅仅存在于我们思想中关于"共相"的"观念"(ennoiai)。在辛普里丘看来,那些超越的"共相"它仅仅是"一种作为原因的共相,而非作为一种共同的本性",因为超越的共相和分有它的影像之间没有一种"共同的本性",前者属于理智对象,后者属于感性领域,或者说不朽的实体和有朽的实体它们不属于同一个"属"。① 柏拉图式的 Eidos 或者那些理智的实体都属于第一种"共相",所有内在的形式(immanent forms)都属于第二种,获得的观念则属于第三种。对于辛普里丘而言,如果说"普遍者"或者"共相"是后于个别事物的,那也仅仅在第三种"观念"意义上的共相才是对的。②

基本上来说,辛普里丘是完全认可波斐利对个别事物"优先性"的解释的。在其对《范畴篇》的注释中,他详细列举了历史上关于"个别事物"作为"第一实体"优先性的 6 种原因。

(i) 它们是第二实体,因为它们作为部分而使个别实体得以完全,而部分对于整体而言是第二位的;(ii) 还因为在个体中它们得以实现,而以前就其自身而言它们处于潜能

---

① Simplicius, On Aristotle Categories 1-4, 69, 1-71, 2; On Aristotle Categories 5-6, 82, 35-83, 16.
② 参见 Simplicius, "Introduction", On Aristotle Categories 5-6, pp. 8-9.

中。现实的是优先的,而潜能的则是在后的。

还有,(iii)关于"取消但不随着别的事物而被一起取消"的问题说的并不准确。因为单个的个体,比如苏格拉底,并非第一实体,而是包含在人之下的所有个体,因为每一个也是〈第一实体〉。当所有个体都被取消了,普遍的人也就同样被取消了。

又,(iv)共相(koina)是从个别的那儿而被思考的,因为我们总是从在一些方面具有差别的事物中抽离出共相。比如,尽管苏格拉底和迪翁在许多方面彼此差异,在他们中仍然有一个没有差异的实体,根据它他们中的共性才被把握,而且它还能够就着个别的事物和在特殊中而被把握。

又,(v)特殊事物是普遍者存在的原因,因为作为这些特殊的事物(tade tina)它们在先存在,而共相随后产生,它们不被看作是这些特殊的事物而是这类事物(toiade)。所以,如果特殊事物被消除了,共相也就不在了:因为它有一种使个别实体完全的本性。

又,(vi)我们说范畴是关于能意指的语词的,能意指的语词首先是应用于个体事物的。因为我们在感觉中首先遭遇到它们,在从感觉朝向知识的过程中我们随后转向种和属。[①]

这六条理由中,第 3—6 条都是辛普里丘的前辈波斐利的观点,是典型的新柏拉图主义的解决方案。第 1 条和第 2 条则更接近于漫步学派的观点。在这里,只要把"共相"理解为在个别事物中的"内在的形式",而不是柏拉图式的超越的理念,这些理由就能够被一些温和的新柏拉图主义者们所接受。[②]

---

① Simplicius, *On Aristotle Categories 5-6*, 84, 17-85, 2. 中文翻译也参见溥林,《〈范畴篇〉笺释》,第 248–250 页。
② 关于"内在的形式"(*immanent forms*),也就是在个别事物中的 *eidos* 是否就是"后于"个别事物的,这个问题无论在漫步学派内部还是在柏拉图主义中都是有争议

一般而言，如果我们不把把种和属看作其本身，而是——根据漫步学派的传统——在个体中的种和属，那么就实体而言它们如何不是第二位的呢？它们不是完全的实体，因为它们并不在其自身中存在，而是作为个体的部分，它们由于是实体的部分而成为实体。①

但是辛普里丘还提到了一种比较极端的漫步学派观点，他说在亚历山大看来"个别实体在自然上就是优先于普遍者的"，因为"个别事物不存在了，其他事物也就不存在了。"②站在一种柏拉图主义的立场上，辛普里丘当然不能认同这种观点，因此对此提出了严厉的批评。③批评亚历山大这种观点还有新柏拉图主义者德克斯普斯和大卫（David the Armenian）等。④不过根据，Martin M. Tweedale的观点，这些新柏拉图主义者很可能误解了亚历山大关于"普遍者"的观点，亚历山大并没有否认"恰当意义上的普遍者"在自然上是优先于个别事物的，个别事物仅仅优先于某种外延意义上的"普遍者"，因为这种外延意义上的"普遍者"对于个别事物而言仅仅是"偶性"。⑤

无论辛普里丘等新柏拉图主义者们是否误解了亚历山大关于"普遍者"的观点，一个合乎事实是情况是，当时的许多新柏拉图主义者们的确面临着一种极端的漫步学派观点的挑战，这种观

（接上页）的。亚里士多德在《形而上学》1029a1-7等段落中明确地认为"形式"是优先于质料和由"形式-质料"组成的个别事物的。我们也很难说辛普里丘就认同"内在的形式"后于个别事物，辛普里丘似乎仅仅承认第三种意义上的共相，也就是观念意义上的共相，从认识顺序上来说是后于对个别事物的感觉的。参照 Simplicius, "Introduction", *On Aristotle Categories 5-6*, pp. 8-9.

① Simplicius, *On Aristotle Categories 5-6*, 85, 2-6.
② Simplicius, *On Aristotle Categories 5-6*, 85, 7-9.
③ Ibid. 85, 7-18.
④ 参见 Martin M. Tweedale, "Alexander of Aphrodisias' View on Universals", in *Phronesis*, Vol.29, No. 3 (1984), pp. 285-286。
⑤ 参见 Martin M. Tweedale, "Alexander of Aphrodisias' View on Universals", in *Phronesis*, Vol.29, No.3(1984), p. 289.

点坚持个别事物在自然上对于普遍者的优先性。除此之外，一些极端的（不知名的）新柏拉图主义者们则坚持另外一种完全相反观点。就像Christos Evangeliou说的那样，至少从波斐利开始，新柏拉图主义者们就处于这两种极端立场的尖锐冲突中。[1]

整体来看，普罗提诺和波斐利以降的新柏拉图主义者们基本上持一种"调和论"的立场，通过把《范畴篇》看作一部逻辑学，而非形而上学著作，把它的主题限定在讨论"感性领域"，而非"理智领域"，进而区分了"自然上的优先性"和"对于我们而言的优先性"，新柏拉图主义者们不仅成功地化解了亚里士多德《范畴篇》和《形而上学》"实体"理论的"矛盾"，而且也调和了亚里士多德哲学和柏拉图哲学的"冲突"，从而维护了哲学真理的统一性。新柏拉图主义者们对《范畴篇》"第一实体"优先性的这种解释，在今天对于我们正确理解柏拉图哲学和亚里士多德哲学而言仍然具有重要的意义。

参考文献

1. Aristotle: *The Complete Works of Aristotle*, the Revised Oxford Translation, Princeton: Princeton University Press, 1984.
2. Ammonius: *On Aristotle Categories*, translated by S. Marc Cohen and Gareth B. Matthews, London: Duckworth, 1991.
3. Christos Evangeliou: *Aristotle's Categories and Porphyry*, Leiden: E. J. Brill, 1988.
4. Dexippus: *On Aristotle's Categories*, translated by John Dillon, Ithaca, New York: Cornell University Press, 1990.

---

[1] Evangeliou, *Aristotle's Categories and Porphyry*, p. 63.

5. Frans A. J. De Haas: "Did Plotinus and Porphyry Disagree on Aristotle's 'Categories'?", *Phronesis*, Vol. 46, No. 4 (Nov., 2001).
6. Jiyuan Yu: *The Structures of Being in Aristotle's Metaphysics*, Dordrecht, Boston and London: Kluwer Academy Publishers, 2003.
7. Martin M. Tweedale: "Alexander of Aphrodisias' View on Universals", *Phronesis*, Vol.29, No.3 (1984).
8. Plotinus: *The Enneads*, translated by Stephen Mackenna, London: Oxford University Press, 1956.
9. Porphyry: *On Aristotle Categories*, "Introduction", translated by Steven K. Strange, London: Duckworth, 1992.
10. Simplicius: *On Aristotle's "Categories 1-4"*, translated by Michael Chase, Ithaca, New York: Cornell University Press, 2003.
11. Simplicius: *On Aristotle Categories 5-6*, translated by Frans A. J. de Haas and Barrie Fleet, London: Duckworth, 2001.
12. Steven K. Strange: "Plotinus, Porphyry and the Neoplatonic interpretation of the Categories", in W. Haas and H. Temporini (eds), Aufstieg und Niedergang der Römischen Welt 2.36.2, Berlin and New York, 1987.
13. 苗力田主编:《亚里士多德全集》,中国人民大学出版社,1997年。
14. 亚里士多德:《范畴篇解释篇》,方书春译,商务印书馆,2003年。
15. 溥林:《〈范畴篇〉笺释》,华东师范大学出版社,2014年。
16. 陈康:《亚里士多德〈形而上学〉Z卷和H卷中的第一本体概念》,收入《陈康:论希腊哲学》,汪子嵩、王太庆编,商务印书馆,2011年。

存在的缺失抑或形式的缺失

——论海德格尔《论 Φύσις 的本质和概念》中的 sterèsis 概念[①]

曾怡（四川大学哲学系）

摘要：海德格尔对亚里士多德的阐释因其自身思想发展阶段的不同而有不同侧重，以配合不同论题的展开。转向后，其哲学展现的神秘色彩也同样可以在他的亚里士多德阐释中有端倪可循。本文细致展示了海德格尔对《物理学》第二卷核心概念间关系如何进行改造与重建，并指出这一系列更动的关键在于对缺失概念（sterèsis）的创造性解读。正是这一解读使得自然的双重本质得以明晰，它也就是遮蔽和解蔽活动的本源。如此一来，西方精神所展现的求真历程才被相应地理解为仅仅着意于解蔽而忘记了使其成为可能的作为向自身发送又自我隐藏的自然（phusis）。

关键词：自然；归纳；缺失；形式；外形

[①] 本文首发于《哲学动态》2016 年第 9 期。

一、预备性问题

正式进入《论Φύσις的本质和概念》一文的解读之前，我们已经可以由海德格尔稍加提及的一位亚里士多德研究者，管窥到他的解读所要反对的阐释传统为何。这就是耶格尔（W.Jaeger）。海德格尔不无轻讽地评论道："耶格尔此书[①]显示出丰富学识，但有一个唯一的缺点，就是完全以非希腊的态度，也即以经院哲学的——现代的和新康德主义的态度，来思考亚里士多德的哲学；他的《亚里士多德形而上学的形成史》（1912年）一书的许多讨论，由于较少触及'内容方面'，而比上述著作更正确些"[②]。海德格尔显然对耶格尔所做的文献学式亚里士多德阐释评价不高，此处尤可注意的，是他将耶格尔的阐释放入了康德传统——因而也是经院哲学传统中去加以理解。这显然不是基于史实，因为耶格尔本人对这一传统并无自认，毋宁是相反的：耶格尔宣称自己对亚里士多德的阐释是反经院哲学的，并以实现对亚里士多德鲜活思想的展现为己任；另一方面，一般哲学史则把康德描述为对亚里士多德形而上学的批评中延续了这一学说的基本任务。也可以说，在这种宣称的"鲜活"与"延续"中，海德格尔读到了一种陈旧和深重的误会，它们被视作归属于同一个传统。而这一思想的事实，要借助重释亚里士多德才能得以明朗，其关键在于首先要置身于对康德哲学的反动。

---

① 指 Werner Jaeger, *Aristoteles: Grundlegung einer Geschichte seiner Entwicklung*, Berlin: Weidmann, 1923.
② 海德格尔:《论 Φύσις 的本质和概念》，孙周兴译，收入《路标》，商务印书馆 2001年，第 280 页。如无特殊说明，本文引文皆用孙译本；有不同翻译处理的文段皆译自 Heidegger, *Wegmarken*, Frankfurt Am Main: Vittorio Klostermann, 1976, 下皆作 *GA.9*.

康德哲学与亚里士多德关联因此被暗示出来了。在康德哲学传统中，通过批判而得以延续的形而上学思想在现代的语境内，实质上就是对亚里士多德科学观念的重构。一般而言，那些被海德格尔视作潜在对话者的新康德主义者们，若要处理这样一种在康德《未来形而上学导论》中被界定为"教条学说"的哲学，就首先要将亚里士多德的思想重新用康德的术语转译出来。不仅新康德主义者如此做，受到康德影响的后学也自觉不自觉地如此做，比如奥邦柯（P. Aubenque）在他的《亚里士多德的明智概念》[①]一书中就将实践哲学划为偶然领域，而把理论哲学划为必然领域——而这实际是在康德命名的实践理性与理论理性的划分机制之下所作的阐释。

如果前期的海德格尔还在借亚里士多德的阐释完成自己对整个哲学史的解构，又由此而建构起存在学说的真正历史性视野；转向以后的海德格尔则已经不须再停留在这样的存在学说与澄清西方形而上学命运的抱负之中，而是更为直接地向本真发问。海德格尔对亚里士多德的文本的解读从来都不是稳定不变的，每每配合他本人思想的变化，文本被激发出新的解读，篇章的位置也有升降之不同。

我们所要分析的这篇文章，写作时间是 1939 年，时值海德格尔刚结束了 1937–1938 年间对自己之前学术道路的回顾，又值政治思想极度激进的特殊时段。1930 年在弗莱堡的他已经将亚里士多德《形而上学》E卷，4，也就是传统所谓"哲学卷"的内容作了一个降格，将theta卷 10 视作形而上学的巅峰，而整个Θ卷所涉及的主题是与运动关联的形而上学论题，其中包括再次得以规定的潜能与现实、质料与形式这几对亚里士多德的核心概念（1048

---

① 参考[法]奥邦柯（Pierre Aubenque），*La prudence chez Aristote*，Paris：P.U.F. 1963。

a25 以下；1049a14 以下）以及相伴展开的与运动相关的原因论的多样性。1931 年，他写下《亚里士多德形而上学theta卷 1-3——论本质和力的现实性》（GA.33）①，也标志着他的思考朝向此在-时间性之外更为广阔的领域。更晚一点，1949 年，1957 年和 1961 年，海德格尔这三年写下的《导言》（GA.9）②，《同一与差异》（GA.11）③，《康德的存在论题》（GA.9）④，这三种文献中，海德格尔都将亚里士多德的形而上学与神学并提，在最后那篇文章中，重点提及《形而上学》K卷 7，1064a29，"存在之为存也即可分离者" 的提法，他将这个作为存在-神-学（onto-theo-logie）的展开表达。也因此，贝提（E.Berti）在他讨论海德格尔对亚里士多德《形而上学》研究的论文中将海德格尔转向后的弗莱堡时期分为两段，前段以对theta卷提升的兴趣为标志的，将本质把握为真理的时期；后段以存在-神-学为研究核心⑤。

我们有理由相信，1939 年的这份表现着他对物理学的新兴趣的文献，正是与上述他的思想演变过程相呼应的一个关键，因此才被他选入自己命名为"路标"的文集。这一文献包含着他将过去通过解构而建立的存在学说史及历史性此在思考并入了新的论题，而不再专文进行论说，所以他写道："即使我们撇开'历史'是否以及如何依据于'自然'这一点不谈，或者听任这一点出于不确定状态中，即使我们根据人类'主体性'来理解历史，

---

① Martin Heidegger, *Aristoteles, Metaphysik J 1-3 : Von Wesen und Wirklichkeit der Kraft*, Frankfurt am Main: Vittorio Klostermann, 1981。
② Martin Heidegger, "Enleitung zu: 'Was ist Metaphysik？'"，收入 GA.9, p. 365—383；中译参前揭书，第 430—452 页。
③ Martin Heidegger, "Identität und Differenz"，收入 GA.11, p. 29—110。
④ Martin Heidegger, "Kants These über das Sein"，收入 GA.9, p. 445—480 页；中译参前揭书，第 522—561 页。
⑤ 参见贝提（E.Berti），*Heidegger e il libro Epsilon della Metafisica di Aristotele*，2014 帕多瓦研讨会的会议报告，未发表。

并且把历史理解为'精神',从而听人自然从精神方面被规定,即便这样,一般主体(Subiectum),亦即自然,也还是一道被思考了,而且本质上已经一道被思考了。"① 这个新的论题就是对 phusis 本源性的阐释,无论被专题分解为历史、精神抑或主体性,phusis 都已然被论及了,它在根本意义上被海德格尔把握为一个这样的名称:在它之下"历史性的西方人保存了与存在者整体的各种关联的真理和关于存在者整体的真理。"② 可以说,尚未深入亚里士多德文本内部之前,这个视域就被先行给出了,它不是作为亚里士多德划定的特殊认识对象的自然,而是作为与存在者整体相关的各种真理的合名。这一解说的姿态就不是立足于亚里士多德文本内部的,而是要面对整个历史性的西方,或者更准确地说,要面对囊括亚里士多德思想于其内的源流。

二、何种自然?

然而,当我们追随海德格尔提点的线索来思考的时候,就意味着我们先行地认为亚里士多德可能赋予了他的物理学以别种意义和研究旨趣。因为亚里士多德本人对物理学的规定却是他在诸种可能成为研究对象的事物间作出的特殊规划,其对象在《形而上学》中表述为:"[......]物理学的知识恰好是关于存在的某一个种的(因为它是关于那种运动和静止的本原在其自身之内的实体的)"(1025 b19-20)。③ 稍后他又在强调物理学的性质的时候补充道:"[那么]

---

① 前揭书,第 278 页。
② 前揭书,第 278 页。
③ 文中所引亚里士多德原文,要么注明为海德格尔译文,如无特殊说明,皆由本文(接上页)作者译出,底本为牛津版(OCT)亚里士多德集;其中《形而上学》为罗斯(W.D.Ross)重订本: *Aristotle's Metaphysics: A revised text with introduction*

物理学就是理论的，但它研究的是可以被推动的那样一种存在，以及其秩序是最为规则的实体，而且仅仅是不可分离的[实体]"（1025b 25-27）。在《物理学》内部，亚里士多德赞同了一般自然哲学家对这一科学的理解，将其对象描述为形式和质料的复合体，他说："如果，在某种范围内，研究形式和质料同属于一门科学[......]，那这就该是物理学"（194a 21-27）。也就是说，亚里士多德所考察的自然是在质形学说的视野中呈现出来的，非但不关心"存在者整体"，反而要自限为"仅仅针对那些不可分离的实体"，也即复合物。这一自限的代价是不是遗忘了存在，我们在此不作讨论，我们只须看到这个特殊地对自然的理解，其历史性乃是面对同时代的自然哲学家而言的，并继而去理解亚里士多德本人的哲学任务。

如此一来，我们是要站在一个更为真实的亚里士多德的视角去指责海德格尔的阐释吗？这样一来不正陷入海德格尔所面对的阐释学困境中去了？然而，它却并非在我们的解读活动中必然遭遇的困境。既然无论哪一种阐释方案都无法完美地保证相较于其他阐释更具有真理性，那么，我们的任务就并非要还原一个亚里士多德的思想，以反对海德格尔的解读；我们也不会为海德格尔的解读进行辩护，不试图佐证存在着一个超越康德主义或后康德主义视野的亚里士多德。越是深入理解亚里士多德的哲学任务，越是能发现海德格尔阐释中的可堪惊讶之处。正是通过这些惊讶，我们才得以读出海德格尔阐释中策略性的设置：那些概念的挪移、桥接及合并，清晰地看到这一阐释指向的西方精神及其历史性。

我们已经知道，这两位哲人对自然进行理解的先行视域有所不同，那么，对之的具体探究呢？确切地说，就希腊精神而言，何谓自然哲学呢？在亚里士多德眼里，前人的工作存在着一种双

---

and Commentary, Oxford: Oxford University Press, 1924）。

重的吊诡：自然哲学家或说此前的物理学家号称要探讨自然，却没有能力建立对之的科学理论；而柏拉图号称要建立科学，却以这种方法拒绝了自然物这一研究对象——因为对于柏拉图而言对感性对象进行探索是没有科学可言的。对于海德格尔而言，他正是在这个地方理解了那个必导引着西方沉思的命运的认识论命题——"话语如何切中物之本真？"。但对亚里士多德而言，作为理论科学的物理学，研究的就不是变化本身，而是变化之的根据，简而言之，运动之原理。相应的，作为物理学之对象的自然，也在亚里士多德思想中仍旧保持为思考这些原理特殊视域。

进而，既然研究对象有各个不同的特殊性，科学亦按其对象不同而有等级之分：作为第一哲学的研究存在之为存在的科学，以及研究作为运动的存在的物理学。但为何海德格尔的阐释要略过亚里士多德对这一分级的解说呢？因为他将物理学与形而上学视作对这同一个问题的追问，从而被视作一体。并且，很快摆脱问题的认识论特征，转而进入对变化着的自然本身的思考。原理——这个亚里士多德自然哲学的核心注定被放弃，自然之变化——才是海德格尔思想始终关注着的那种生动。然而，变化的生动性若与原理截然不同，又当如何思入？海德格尔必须在亚里士多德辟开的对自然物进行科学理论研究的内部截断众流，敞开出新思想的可能性。这也就解释了何以自然被当作主题，何以恰恰是亚里士多德而不是别人成为海德格尔再阐释的关键。

三、双重本质与无化

在《论 Φύσις 的本质和概念》中，海德格尔对《物理学》的第一段引文的分析就为他新思想植入了引线，他作了如下翻译：

"对我们来说,先行(同一地)显明的是那从自然而来的存在者,[它]或全体或部分,是非静止的/运动的存在(被运动性规定的);这就是通过直接引导(关乎这个存在者且超乎这个存在者而朝向其存在)显而易见的。(A. 2, 185 a12 ff.)"①

更为一般的翻译应为:"在我们而言,我们基本认为,就自然而言的存在者,或全体或至少部分,是运动着的,这就归纳而言显然如此"。对比译文可知关键的差异在于希腊词 *epagôgè* 被海德格尔译为"引导"。随即海德格尔在下文解释道:"*Epagôgè* 意味着那种引导(Hinführung),即向着在我们先行越过具体存在者进行洞察时得到洞察的那个东西引导。究竟是向何处引导呢?向存在。"②这显然与亚里士多德用词的意义大有出入。在《尼各马可伦理学》(卷VI)及《后分析篇》(卷I、卷II)中,这个词并无引导之意,在亚里士多德语境中,它意味着探究科学的一种方法,与演绎相反,也即归纳。归纳中发生的事情不是简单的经验性地聚拢个别现象,也不是通过其相似性寻找个别存在中的共性。而是在一种带有努斯,即智性分析的分类活动。我们在这里不详尽展开亚里士多德那里归纳的程序及其成立的基础,而只需要指出归纳并不意味着对超出存在者的引导,就足够展示出海德格尔想要植入其中的自己的思想正是借这个词传递出来的。

"引导"在此被明确表达为"关乎这个存在者且超乎这个存在者而朝向其存在"③,这一理解有两点异于亚里士多德:1,存

---

① 笔者译自 *GA.9*, p. 313。
② 前揭书,第282页。
③ 前揭书,第282页。

在与存在者的区分；2，在逻各斯层面活动的"引导"承担着超离存在者，并向着存在运思的任务，因此逻各斯，也就是话语，就与存在直接关联起来了。这个植入非经论证而得，实际上是借由对引导一词的词源派生而联想而得，派生自动词*epagein*。按照海德格尔对词源拆分的习惯，这个动词再被拆分为*epi*和*agein*，德文将前者译为*zu*和*über*；而*agein*，本义则为"导引"，这就解释了"关乎这个存在者且超乎这个存在者而朝向其存在"这个理解的由来。

上述第一点，使得亚里士多德的研究从他本人所关心的与前苏格拉底自然哲学家的辩证中脱离出来；第二点则使得亚里士多德本人对逻各斯的研究与毕达哥拉斯–柏拉图的论战中抽离出来；再在新的阐释中加以合并。由此，我们可以把对*epagôgè*的这一转译视作阐释的第一个关键线索。它使超出存在者的领域与话语领域相合并。而这一合并将在后面对形式和缺失的分析中起了决定性作用，它使得海德格尔可以在这个合并的新视域中作出以下说明：

> 但我们知道这种形式，而且是就逻各斯而言的形式，标志着外形之特性，而外形则体现着作为因自身而运动者的在场的自然之本质[……]缺失就属于"言说"和"称呼"的领域，属于我们前面已经看到的前术语意义上的范畴的领域。看起来，亚里士多德甚至就把缺失理解为一种言说了。①

这段对一系列概念间关系的说明既有对原文的直接引述，又有阐释，我们先把它整理如下：这种形式，是就逻各斯而言的形

---

① 前揭书，第 344 页。

式，它就是外形的特性，而外形则体现着作为自身能动的"实体的自然本质"——海德格尔将之称为"在场的自然之本质"[……]缺失也就属于"言说"和"称呼"的领域，属于范畴的领域，并且海德格尔强调："缺失也就被理解为一种言说了"。同时，形式与外形，也就一道被归诸与自然本质相关的概念。要言之，在海德格尔的阐释中形式（eidos）、外形（morphē）和自然（phusis）其本质及特征是可传递性的，并且这三者都被把握为与逻各斯/言说相符的在场化之在场。

海德格尔显然也意识到这一联结在亚里士多德的语境里会显得突兀，自然与逻各斯并非可以直接相关的两个主题，如果不采用亚里士多德自己通过回顾自然哲学家的工作而建立的自然哲学思路，那就必须补出另一种解释，简而言之——只有言语可以带出运动性存在者的本源性基础：

> 为何我们漏掉自然本质的问题，而离题甚远地去解释言语的本质呢？——这是为了更好地理解，当亚里士多德以言说为依据的时候，他不是求助于一种外在的"语用"，而是从其与存在者的本源的基础关系来思考的[……]如果存在者，在其自身中具有起始性支配的运动性存在者，在说的引导下被经验的[……]其作为自然的本质而自行揭示出的，正是外形。①

但是，这只是在场化这条线索理解下的自然，显然不足以让我们理解被海德格尔特地标记出来的另一个对自然的重要表达："自然乃是那种从自身而来、向着自身行进的它自身的不在场化的在场化。"②作为在场化的本源的自然如何在自身中蕴含着不

---

① 笔者译自 GA.9, p. 350。
② 前揭书，第349页。

在场化，或者说始终也就同时在存在者中无化着的呢？我们现在就要循着无化的另一条线索展开分析。

如果用海德格尔自己的话来表述这线索，就体现于"缺失"与"自然"的联结。他认为亚里士多德对缺失的说明，实际上是对自然双重性的论证：

> 关于自然之双重本质的命题是通过一个附加的注解得到论证的，即"因为缺失也是像外形一样的东西"。①

这是对《物理学》193b18sq. 的解释。我们同样将这一段作一般性的翻译，如下："形式和自然在两种意义上被述说。因为缺失也是某种意义上的外形。当涉及单纯的生成的时候，我们就要看看是否存在着缺失，也就是说一种被规定的对立面"。由于这里亚里士多德并没有对"某种意义上的外形"的"某种"立刻给出明确界说，正是这个阐释空间让海德格尔把"某种"理解为言语层面的，由此在形式、外形、自然以及言语之间建立起同一关系。

海德格尔接下就说："入于外形的设置，即外形，具有缺失之特征，这在眼下就是说：外形是双重的，它本身是双重的，是不在场化的在场化（Anwesung der Abwesung）[……] 如此看来，自然便呈现出一种双重的可能性，可以按质料和形式来加以称呼。这种双重称呼的根据在于自然的那种源始的双重本质"。②我们现将这则引文与海德格尔总结的自然的双重意义时最重要的一个表述作对比，就会发现更深层的概念间关联："自然乃是那种从自身而来、

---

① 前揭书，第 343 页，译文有改动和增补，以使专名与文中一致。
② 前揭书，第 347–348 页，译文有增补，以使专名清晰。

向着自身行进的它自身的不在场化的在场化"。①对比之下可知，"外形"所具有的双重性在于"缺失"无化了在场；而自然的源始的双重本质也在于"不在场化的在场化"。缺失，则作为在场化之缺失，也即在场之无化是自然本身双重本质的关键所在。但自然在作为原理的时候，它与形式和外形要表达的具形之形式是一回事。而缺失又是外形的特征，以形式和外形这两个概念为中介，自然也就也具有了"缺失"的特征。

这么一来也就可以理解此前海德格尔为实现缺失和自然这两个概念的关联而作的铺垫了。他写道：

> 可是，缺失并非直接就是不在场状态，倒不如说，作为不在场化，缺失恰恰是通向在场化的缺失〔……〕可是，缺失并非直接就是不在场状态，倒不如说，作为不在场化，缺失恰恰是通向在场化的缺失〔……〕在缺失中遮蔽着自然之本质。②

于是，在自然中有一种无性，使得海德格尔阐释为涌动的生成得以可能；并且这种生成不是别的，而是从在场的不在场化向着本然的在场化的涌动，是自然通达自身的道路。也就是说有一种被"缺失"标记的不可以被称作非存在，却也尚不存在的存在者状态，它要向着完满（entelekheia）的自身涌动以便使运动得以发生。这一阐释却也使得亚里士多德意义上所谓单纯的生成在两个意义上被破坏了，因为亚里士多德确实在两个意义上说生成：其一是单纯意义上的存在，即现实性意义上，有一个经典表达是"人生出人"（除海德格尔引用的《物理学》193b8-9之外，

---

① 前揭书，第349页，译文有增补。
② 前揭书，第346页，译文有增补。

还可以补充《论动物的生成》735 a20-21，这个例子反复出现在亚里士多德的文本中，由此可见这是他稳定使用以说明其固有思想的经典示例)，即是说一个人的存在——也就是父亲，生出另一个与他类似的存在——也就是儿子。这个例子说明，存在总是对在生成中持存其形式，形式总是现实的形式或说既有形式，自然在这里也就是纯然的现实形式的实现。在这个意义上，在自然的内部并没有留给缺失的空间，存在者存在，不存在者不存在——这是自然作为现实性对其所对立的非在场化的排斥。

但上述理解还只当其为现实和已经达到完满形式后阶段可以如此说，因为亚里士多德所谓的生成还可以在另一个层面讲，也就是是在过程意义上。在这个意义上理解"人生出人"的话，现实的人就要找到中介以实现出另一个与自己类似的人，也就有一个从潜能到现实的过渡，在例子中就是种源（sperma）[①]发展到胚胎这一潜在的人，再到成人这一现实的人的过渡。在这个意义上，无论我们把缺失理解为潜能（dunamis），还是理解为现实（energeia），对海德格尔和亚里士多德都同样是不可能的。因为现实显然是在场化的方式，"现实更源始地体现着在场化的本质"[②]；至于潜能，海德格尔自己明确说："潜能乃是在场化的方式"[③]。亚里士多德则更不可能把这两者理解为缺失，尤其如果把潜能理解为缺失，则有将质料混同于"缺失"的危险，这样会打破亚里士多德把缺失概念归属于形式的消极对立面的结构，而把形式理解为对立于质料的概念，这也就等于倒退回柏拉

[①] 种源是亚里士多德生物学术语，指生命形成的源头，如文中例子则存在于精液，它还尚不是潜在的人，还需要另外的原理才能成为潜在的人，也就是胚胎，参见《形而上学》，1049a14-18。
[②] 前揭书，第334页。
[③] 前揭书，第339页。

图主义了。形式，总是作为对立面的形式，所谓的对立面其实一则为积极的，另一则为消极的。

四、结语

上述两点，合并而言，亚里士多德想要表达的自然作为存在者的一个种，即为形式的现实，其中不具有任何非在场性因素，也就是对立面中的积极面，与缺失是截然对立的。作为运动着的存在者，自然是一种纯然肯定性的存在者样态，在最极端的意义上都无法对它的在场性加以否定，所以亚里士多德才会在《物理学》VIII卷，进一步肯定无论如何运动都是一种存在，"即这是种幻想，即便这只是无常的表面现象；但幻想和意见也就是某种运动"（《物理学》VIII，254a28-30）运动无法不存在，则自然无法包含任何否定性，甚至连幻想和意见也都可以成为对自然进行思考的学问所探究的对象，甚至幻想和意见的无常性，也不能将丝毫无性（或非在场性）纳入其中——幻想和意见本身不是无化的效果，而是实存的某种现实运动。对于亚里士多德而言，自然之中无所谓欠缺或虚无，运动性得以成立建立在形式的积极与消极面之间的转换。《论生成与消灭》卷I，3和《形而上学》Δ卷，都有进一步的明确规定。

海德格尔本人也提到了《论生成与消灭》卷I第三章[①]，但他显然没有在自己的阐释中涉及亚里士多德在《论生成与消灭》一卷三章讨论的问题，也即：单纯意义上的生成与部分意义上的生成的说明，也就是说，他引用来自这个部分的文段仍旧服务于将缺失引入在场化的自然这一论题。然而我们如果将之放回前后文，

---

① 参见前揭书，第345页。

我们就会发现这一植入的不可能，因为亚里士多德提供的是相反的说明，是服务于对生成的连续性的说明的。亚里士多德把这一任务标定为对下述论题的说明："对于单纯的生成和对于部分性的生成而言，生成都是永恒的"（*GC.* I, 317b35），这一永恒性意味着在场化的恒久性。生成是自然的生成，因此自然是永恒在场的，无论其部分还是单纯意义上的自然整体。并且，生成的连续性其实是以载体为原因的，也就是说质料是生成得以保持连续性的原因（*GC.* I, 318b18-21）。既然海德格尔也同意质料属于在场化的概念系列，而与缺失无关，对运动之连续性的解释也就不需将缺失内含为一个环节。极端一点讲，我们可以说被阐释为非在场化的缺失，用亚里士多德的话来说就是作为消极形式的缺失，它只是理论上所谓的"形式的缺失"，而非在生成或自然中那个"无化着存在的缺失"。这说明了，当我们对存在或生成进行分析的时候，每一个被分析的环节都属于自然；却不能反过来说，每一个环节都已然是这一个自然，也不能说自然体现于任何一个环节。

对亚里士多德而言，自然可以在三个意义上被述说：实体、形式、质料①，这三者都是在场化的，对于海德格尔，它们三者只在程度和侧重上有不同。当海德格尔将缺失挪置入自然概念，并使之成为本质性因素的时候，亚里士多德原本的学说则相应地解散了其克服此前自然哲学家和柏拉图主义者思想的努力。这一解构造成的假象，让某些研究者认为海德格尔具有柏拉图主义的倾向②，却不理解海德格尔将两者都融炼到了全新的思想之中。在其中，一切哲学、科学的探究和追问，乃至人类好奇与求知的

---

① 参见亚里士多德《形而上学》1014b17sq.，"自然"词条。
② 参见 Jacques Taminaux, *Lectures de l'ontologie fondamentale*, Paris: Jérôme Millon, 1989。

情态，不过是自然自行解蔽和涌现的历史性落实的种种变体而已——这就是海德格尔书写的西方精神的历史，而其自行遮蔽的一面却仅被把握在创思出它的海德格尔之手。

参考文献

1. Aristotle: W. D. Ross (ed.), *Aristotle's Metaphysics: A revised text with introdution and Commentary*, Oxford: Oxford University Press, 1924.
2. 海德格尔：《路标》，孙周兴译，北京：商务印书馆，2001年。
3. Heidegger, Martin: *Wegmarken*, Frankfurt Am Main: Vittorio Klostermann, 1976.
4. Heidegger, Martin: *Aristoteles, Metaphysik J 1-3：Von Wesen und Wirklichkeit der Kraft*, Frankfurt Am Main: Vittorio Klostermann, 1981.
5. Heidegger, Martin: *Identität und Differenz*, Frankfurt Am Main: Vittorio Klostermann, 2006.
6. Aubenque, Pierre: *La prudence chez Aristote*，Paris：P.U.F., 1963.
7. Berti, E.: *Heidegger e il libro Epsilon della Metafisica di Aristotele*，2014年帕多瓦研讨会的会议报告，未发表。
8. Jaeger, Werner: *Aristoteles: Grundlegung einer Geschichte seiner Entwicklung*, Berlin: Weidmann, 1923.
9. Taminaux, Jacques: *Lectures de l'ontologie fondamentale*, Paris: Jérôme Millon, 1989.

《形而上学》Z卷的形式与实体

——兼与弗雷德和帕兹克商榷

吕纯山（天津外国语大学欧美文化哲学研究所）

摘要：本文首先从弗雷德（Michael Frede）和帕兹克（Günther Patzig）认为形式与实体同一的观点出发，对他们的观点一一进行了分析和批驳，认为《形而上学》Z卷中的实体（οὐσία）概念与形式（εἶδος）概念并非绝对相同，因为形式作为实体，是个别的，是这一个（τόδε τι），同时，形式作为普遍定义的对象，是普遍的，它具有双重的特性。本文进一步指出，形式的普遍性问题在Z卷并没有得到澄清，亚里士多德在Λ卷和《论灵魂》B卷分别以两种方式解释了形式的普遍性，一种是以类比的方式，一种是以扩展现实概念的方式。

关键词：实体，形式，个别性，普遍性

一、引言

亚里士多德在《形而上学》Z卷中讨论什么是实体（οὐσία）以及如何对实体进行定义的问题，并认为形式（εἶδος）是第一实

体,且因为它是本质（τί ἦν εἶναι）而成为定义的对象,并且在论述过程中尤其是Z7之后用实体直接指代第一实体或形式,于是在许多研究者看来,实体概念是与形式概念直接等同的,从而把Z卷的实体与定义问题就转化为形式的个别性和普遍性问题,这几乎是所有研究者的思考路径,无论是下文要详细讨论的认为形式是个别的的弗雷德和帕兹克[1],还是认为形式就是种的著名的欧文（G.E.L. Owen）和波斯图克（D. Bostock）[2],认为形式是对质料的普遍谓述的F.雷维斯,[3]或者认为形式不是普遍的（universal）而是共同的（common）的A.寇德,[4]以及其他研究者。但是,在笔者看来,恰恰因为研究者对实体与形式这两个概念的混淆,人为地造成了文本理解上的困难。亚里士多德的确一直强调实体的个别性（τόδε τι）和分离性（χωριστόν）特征,是个别的,笔者对这一观点无任何的异议,这一点也是笔者与弗雷德和帕兹克观点一致的地方。但是,正如亚里士多德在Z3明确表示的,实体是包括形式、质料、二者的复合物（或称为个别事物）三种对象的。虽然亚里士多德在Z7之后经常用实体指代第一实体,也就是形式,但是,实体概念与形式概念并不是等同的,形式仅仅是实体之一。同时,在亚里士多德的信念之中,知识和定义显然具有普遍的意义,而定义的对象就是本质,实际上在Z卷他以大半的篇幅论证的就是,第一实体（即形式）是本质。这里出现的一个问题就是,既然定义是普遍的,那么作为其对象的形式,究竟是否

---

[1] Frede, M. & G. Patzig, *Aristoteles, Metaphysik Z.Text, Ubersetzung und Kommentar*, 2 vols., Munich: C. H. Beck, 1988.

[2] D. Bostock, *Aristotle's Metaphysics, Books Z and H*, Oxford: Clarendon Press, 1994; G. E. L. Owen, "Particular and Genera", in *Logic, Science and Dialectic*, edited by Martha Nussbaum, Gerald Duckworth & Co.Ltd., 1986.

[3] 转引自 M.V.Wedin, "Partisanship in *Metaphysics Z*", *Ancient Philosophy* 11, Mathesis Publications, 1991, p.361.

[4] 同上。

与作为实体的形式一样具有个别性的特征？还是因此而具有普遍性的特征？这就是研究者争论不休的问题。而在笔者看来，这是亚里士多德在Z卷提出却没有解决的问题。而要正确理解亚里士多德在Z卷的论证思路，必须注意到实体与形式这两个概念的区别，形式不仅具有存在论上的个别性，还是人定义、表达的对象，有一个语言的维度，而在这一维度，它是普遍的。因此要正确把握形式与实体、形式与定义这两种关系，掌握这一卷的论证思路、线索及结构，否则将对理解这一卷产生决定性的错误。本文限于篇幅，将集中于区别这两个概念，重点指出，当形式是第一实体时，具有分离性和个别性的特征；而当形式作为普遍定义的对象时，它不是个别的，而是普遍的，因此形式承担了个别的实体和普遍的定义对象这样两个矛盾的角色，或者说，在存在论上，形式是第一实体，是个别的；而在定义中或作为定义对象，在我们的语言表述中，形式同时也是普遍的。这样，由《形而上学》B6所提出的实体的个别性和知识的普遍性之间的矛盾，进而定义的普遍性问题（因为定义是知识的本原）实际上在Z卷尖锐地集中于形式概念之上。本文对这个问题的讨论将基于对弗雷德和帕兹克的《亚里士多德：〈形而上学〉Z卷：文本，翻译和注释》（*Aristoteles Metaphysik Z, Text, Übersetzung und Kommentar*, 1988）（以下简称《Z卷注释》）一书中所坚持的形式是个别性的质疑的观点之上。他们直接针对前人所解释的形式是普遍的或者既普遍又个别的观点，鲜明地提出了形式是个别的的观点，并且是在形式是实体的意义上，把二者绝对等同起来，本文要对他们的观点进行详细具体的考察。本文还要指出，亚里士多德在Z卷固然充分而详细地论证了形式作为第一实体的个别性，并坚持实体的个别性思想而绝不动摇，却没有明确论证形式的普遍性，也没有解释它如何普遍，因此也造成了这一卷的复杂性。而他并非根本没有就这一问题进行解释,有两个文本对这一问题有说明,一个是《形而上学》Λ3-4,利用类比来解释形式的普遍性,另一个是在《论灵魂》B1-2,利用进一步区分两种现实概念来解释。因此,实体的个别性和形式的个别性和普遍性在亚里士多德都得到了澄清。

二、对弗雷德和帕兹克关于形式观点的反驳

《范畴篇》和《形而上学》Z、H 卷都强调了实体是终极主体,是个别的(τόδε τι)和分离的,而形式是第一实体,是个别事物之所以是实体的原因和本质,它也是最有个别性和分离特征的。对于实体的个别性问题笔者已有一系列论文发表,在此仅简单指出,无论是《形而上学》Δ8, 1017b26 最后一句的强调("实体就以两种方式被说……那可以是这一个和分离的存在的东西,每一个个别事物的形状和形式便是这样的东西。")还是 Z3 的重申,无论是 Z4-6 对个别事物与本质同一的强调,还是 H1 对形式、质料和个别事物是实体的再次形而上学定位,以及 Λ3 对它们的第三次描述,甚至是《论灵魂》B 卷开篇的表述,都以最明确不过的文本和有力的论证向我们昭示了这一点。在形式是实体的意义上,它的确是个别的,形式与质料的关系即在于形式对质料构成一种谓述关系,使其后者个别化,成为一个实存的个别事物。对于形式与实体的同一性关系问题上,最为坚定的就是弗雷德和帕兹克。在他们《Z 卷注释》的长篇前言中不仅专辟一章论证形式的个别性,就形式的普遍性的说法进行了反驳,并且很详细地给出了形式是个别的的十个理由;在此基础上甚至对这一卷中极富争议的问题都进行了解释。下文我们将展开对弗雷德和帕兹克

观点的分析。

（一）关于形式是个别的观点

弗雷德和帕兹克在对 Z 卷的翻译和注释一书的长篇前言中不厌其烦地罗列了形式是个别的如下十个理由：

1. 首先，亚里士多德在《形而上学》Λ5，1071a27-29 说到，在相同种下的事物形式是不同的。

2. 亚里士多德多次表明形式是一个"这一个"（τόδε τι）(《形而上学》Z3，1029a28-29；Δ8，1017b25；H1，1042a29；Θ7，1049a35；Λ3，1070a11、a13；《论生成与消灭》A3，318b32），根据亚里士多德，τόδε τι 是一个个别事物而且数量上是一（《范畴篇》5，3b10-4），所以形式是个别的。

3. 多次表明形式作为终极主体（Z3，1029a3；H1；1042a28-29），而作为终极主体只能是个别的。

4. 一定是认为形式是个别的，因为普遍的形式，是没有时间性的，因为亚里士多德是坚定不移地相信种的永恒性的。

5. 亚里士多德不止一次地这样说，个别的对象就是对象的形式，生物就是生物的灵魂（Z10，1035a7-9，1036a16-19；Z11，1037a7-9；H3，1043a29-b4）。但是这只可能当形式涉及到一个个别事物的时候才是如此。亚里士多德也在 Z6 说过，"本质"在一定的意义上是事物本身。但是这一点也只有在它本身是个别的才能是。但是如果"本质"和形式是相同的，那么形式也必须是个别的。

6. 形式在自然物那里是其本性（Z17，1041b30；Z7，1032a24-25）这句话中两个对象并不涉及一个相同的形式，而是，在第一个对象之中的形式刚好只是和第二个对象之中的形式相同（ὁμοειδής，formgleich），而形式也只是各自是对象自身的。

7.Z11，1037a6-7 亚里士多德说到人和生物，作为普遍的被理解，它们来自质料和形式的复合物，如果这个被普遍理解的话。但是人只能普遍地理解形式，如果它不是已经等于普遍的，而是同样是个别性的。

8.亚里士多德不止一次地断言（Z13，1038b10），实体是属于自身的，事物的实体就是它自身。假如苏格拉底的形式也是他的实体，那么这个形式也是属于苏格拉底自身而且并不与所有其他的人分享。

9.亚里士多德已经表明，没有实体能由普遍者而生成（Z13，1039a15）。

10.如果形式是普遍的，那么亚里士多德不需要修正他的知识是普遍事物的知识的意见。但是他在M10 修正了B6，1003a6 及以下提出问题，它不是普遍的因此只是个别事物本身的知识。①

在这些理由中，第1，2，5 条理由也是笔者所认可的，因为的确在这些理由中形式与实体是在同一意义上被表述的，也就是说形式在实体的意义上都是个别的，是τόδε τι。当然，我们知道，并不是所有学者都同意形式是个别的的说法，虽然持不同观点的研究者都把形式与实体概念等同起来。当代持形式是普遍的观点的学者大多区别了形式与种，而他们的论证都回避不了与弗雷德和帕兹克的对话。其中，威丁（M.V.Wedin）的观点最有代表性，他曾在 1991 年的文章《〈形而上学〉Z卷中的个别形式主题的支持者》(*Partisanship in Metaphysics Z*) 中，专门就弗雷德和帕兹克的《Z卷注释》一书进行了评论和反驳。他重点针对他们对Z1、Z3、Z8、Z10-11、Z13 以及定义问题的观点进行了论证。他认为，

---

① Frede, M. & G. Patzig, *Aristoteles, Metaphysik Z.Text,Ubersetzung und Kommentar*, ss. 50-54.

个别的形式是不存在的，即使存在，个别形式也不是第一实体，因为它不能做偶性的主体，第一实体或实体化的形式虽然不是种，却可以是种形式（species form），也就是普遍的复合物或种的形式。① 威丁的《亚里士多德的实体理论》（Aristotle's Theory of Substance）一书是 2000 年出版的著作，②也是与弗雷德和帕兹克对话的结果。威丁认为《形而上学》Z4，1030a11 的充满争议的"γένους εἶδος"③应该翻译为"属的形式"，也就是整卷所讨论的中心概念，这就是作为一个特定种类的形式的"本质"，也就是 Z 卷中的实体，是原因，并认为这个实体其实就是定义中的 formal differentiae（形式的种差），而作为实体的形式行使一种根本的解释功能而这种功能要求形式是普遍的。④ 而在笔者看来，威丁无论是 1991 年的种形式概念还是 2000 年的属形式概念，都过分强调了形式在定义中的作用，而忽视了 Z 卷的主题更在于论证什么是实体，且实体被多次强调是τόδε τι。他所说的种形式或属的形式概念，且不说种形式概念是杜撰，即使γένους εἶδος也出现在充满争议的文本中，如果这个词是核心概念，很难想象整卷中只出现一次，而且恐怕也与大多数的其他文本相抵牾。Z12 说到的实体或形式，是最后的种差，形式和种差是对等关系，并非形式的种差。因此威丁的观点实际上的影响力也不大。对于弗雷德和帕兹克的观点的批评，M.伯恩耶特强调的是他们是线性而不是非线性地阅读 Z 卷。⑤ 而因为研究者们都把实体概念与形式概念等同

---

① Wedin, "Partisanship in *Metaphysics* Z".
② Wedin, *Aristotle's Theory of Substance: Theory of Substance: The Categories and Metaphysics Zeta*, Oxford University Press, 2000.
③ 弗雷德和帕兹克认为这里的 εἶδος 与 Z12，1038a5 相似，应该被理解为种差（Bestimmung einer Gattung mittels einer specifischen Differenz）。见 Frede, M. & G. Patzig, *Aristoteles, Metaphysik Z.Text, Ubersetzung und Kommentar*, s. 66。
④ Wedin, *Aristotle's Theory of Substance*, pp. 7-8, 237-246.
⑤ M. Burnyeat, *A Map of Metaphysics Zeta*, Pittsburgh, Pa.: Mathesis, 2001, p.14.

起来，无论他们的观点如何针锋相对，他们的预设却是一样的，而这一点正是要反驳的观点。那么，下文我们言归正传，继续分析弗雷德和帕兹克的其他各条理由，它们并不是毫无疑义的。

首先，理由3认为终极主体一定是个别的，因此形式是终极主体的话，就一定是个别的。这样的理解实际上是把终极主体和个别性直接等同的结果，但是恐怕文本中没有证据表明亚里士多德的终极主体与 τόδε τι 是等同的。无论在《范畴篇》还是《形而上学》中，亚里士多德都暗示了终极主体标准的宽泛性。在《范畴篇》中，按主体标准，种和属尚且属于第二实体，但按照实体是 τόδε τι 的说法，种属概念就被排除了。在 Z3，当经过剥离论证后得出质料是第一实体这一亚里士多德不愿得出的结论时，他推出 τόδε τι 和分离性，说这是更为合适的实体标准，从而排除了质料。最为明显的证据在 Θ 末尾，个别事物和质料分别作为终极主体，当终极主体同时也是 τόδε τι 时，谓述就是一些实体范畴之外的属性；当终极主体是质料或质料性事物时，谓述就是形式和 τόδε τι。换句话说，τόδε τι 和分离性是比终极主体更为严格的实体标准。进一步来说，亚里士多德固然在 Z3, 1029a3；H1, 1042a28-29 没有否定形式是终极主体，但并没有肯定地论证形式与终极主体之间的关系。因此这条理由的说服力不强，也即终极主体并不必然是个别的。当然，如果我们愿意探讨这个问题的话，笔者认为，恐怕形式是终极主体的理由在于它是个别事物的本质和原因，而这是整个 Z 卷的论证结果。我们上文提到的威丁反驳弗雷德和帕兹克的观点时，也指出因为个别形式不是偶性的主体，所以不是第一实体。但是，从 Θ 末尾的文本中我们看到，因为主体本身就是双重意义的，偶性的主体是个别事物或质料形式的复合物，而不是形式，形式的第一实体地位并不是依靠是否为偶性的主体，而是作为事物的本质或原因，因此他的反驳并不成立。

理由 4 把普遍的形式和种等同起来。这也是传统观点上认为形式是普遍的的研究者们的做法，认为形式的普遍性就体现在它是种概念之上。但是，显然，如亚里士多德在 Z10, 1035b27-30 和 Z11, 1037a6-10 所说，种是把个别的人如苏格拉底的个别的形式和质料普遍看待后产生的概念，是一种普遍的复合物，这个概念本身是包含有形式和质料在内的。而形式是与质料相区别的，也是在描述中分离存在的，因此相同的形式并不等同于相同的种。

理由 6 认为Z17, 1041b30; Z7, 1032a24-25 形式作为本性，如果两个事物本性相同也抹杀不了形式是τόδε τι的特点。实际上对Z7-8 思想的解释也是弗雷德和帕兹克释义的一个重要特色。他们没有从这里读出普遍性的问题，他们认为"如下一点对他（指亚里士多德——笔者注）的理论是根本的：对于一个事物的形式的本身的陈述对于同类的对象总是循着同样的式子进行的。在这个意义上一个种下的事物拥有相同的形式（参看Z7, 1032a24）。一个事物的形式的陈述像这样因此适合这个种下的所有事物，在这个意义上是普遍的。"[①]简言之，他们承认同一种下事物的形式相同而不承认普遍，或者说，承认陈述在方式上的普遍性，却否定在对象上的普遍性。然而这里的解释与普遍的定义明显冲突，因为亚里士多德明确说过："普遍的（καθόλου）我是指，能自然地述说许多事物的东西，个别的则不能——举例说，人是一个普遍的人，卡里亚斯是一个个别的人。"(De Int.7,17a39-b1) 形式既然是谓述质料的，即使个别事质料不同，如果形式是相同的，那么相同的形式将要谓述不同的对象，既然形式谓述一个以上的对象，难道不符合普遍的定义吗？

而对于第 7 条理由，其表述是含糊的，如果形式是个别的，

---

① Frede, M. & G. Patzig, *Aristoteles, Metaphysik Z.Text,Ubersetzung und Kommentar*, s. 55.

以什么方式保证得到普遍的理解呢？弗雷德和帕兹克强调形式的个别性，同时也不否认定义的普遍性，他们以定义仅仅是方式的普遍来保证形式作为定义对象的普遍性。但是，我们如何在对着苏格拉底这个人的时候定义了人，也是他们没有进一步解释的问题。下面对于这个问题还会有进一步的解释。

第8和9条理由实际上是弗雷德和帕兹克坚持形式是 τόδε τι 的最为根本的认识，也就是说，他们把形式与实体两个概念直接对等起来，认为亚里士多德谈论实体就是在谈论形式。他们显然认为 Z13 中的实体也指涉形式。但是，这一点也是笔者要郑重指出来的，恰恰在 Z13 隆重地针对普遍者是否实体进行详细论证的章节，亚里士多德没有一次提到形式！他所否定的不是实体的普遍者是属、种以及柏拉图的相/理念这些概念，而并没有否定形式，因此以 Z13 对实体的断定直接等同于形式，是值得商榷的做法。

对于第 10 个理由，笔者认为说法欠妥，因为《形而上学》M10 对于知识可以是潜在的又是现实，既是普遍的又是个别的的说法，并不是对 B6 所提问题的修正而是对问题的深化，他们的理解是知识只能是个别的，这显然是误解。M10 是进一步明确的回答，利用潜能和现实两个概念解释了实体的个别性和知识的双重性：知识都是既普遍又个别的，一般而言的知识是普遍的，但个别的对象使其个别化，针对一定对象的知识就是个别的。

（二）弗雷德和帕兹克其他的一些争议观点

弗雷德和帕兹克在他们的 Z 卷注释本中鲜明地坚持形式的个别性，竭力反对形式的普遍性或者既个别又普遍的说法。除了以上密集地列举的认为形式是个别的十个理由，他们还对一些容易产生歧义的段落也一一给出了自己的解释，那么我们来详细分析一下这些解释，看是否完全没有争议。

首先，他们认为 Z8 最后一句话中的 εἶδος 应该翻译为种，认为卡里亚斯与苏格拉底仅仅是种上相同。

> 而当我们有了整体，这样的一个形式（τὸ τοιόνδε εἶδος, die Form von dieser Art①）在这些肉和这些骨骼之中，这就是卡里亚斯和苏格拉底；他们因为他们的质料而不同（因为质料是不同的），但在种上是相同的（ταὐτὸ δὲ τῷ εἴδει, dasselbe aber sind sie der Spezies nach）；因为他们的种是不可分的（ἄτομον γὰρ τὸ εἶδος, denn die Spezies ist nicht weiter teilbar）。（1034a5-8）

弗雷德和帕兹克认为亚里士多德在这里强调了种上的同一性（Artgleichheit），对于最后这段话中的εἶδος，他们理解为了种而不是形式，因为这样的话τοιόνδε就可以避免被误解，也就是说可以在数量上是一个形式，在苏格拉底和在卡里亚斯身上由于不同的质料而现实化，虽然他们也承认允许理解为内在的形式。② 但是在笔者看来，弗雷德和帕兹克把这段话中第一个εἶδος及翻译为形式（Form），后来两个翻译为种（Spezies）的做法不符合翻译规律，因为既然εἶδος是与质料相对的一个词，翻译为种没有道理，更何况前半句话中的εἶδος已经翻译为形式了，他们这样做的唯一目的就是为了保证形式的个别性。亚里士多德在这里的文本中的确没有用τόδε τι来描述形式，而用τοιόνδε来形容，强调事物的生成是"这样的（τοιόνδε）形式"进入质料而生成"这一个"（τόδε

---

① 弗雷德和帕兹克的德译文，这段话中其他德译文同上。
② Frede, M. & G. Patzig, *Aristoteles, Metaphysik Z.Text, Übersetzung und Kommentar*, s. 148.

τι）的，τόδε τι指涉个别事物，[1]也并没有其他文本支持这一章中的εἶδος有种的意义。进一步来说，对于这里的τοιόνδε我们认为与Z7第一次出现的对εἶδος进行描述的τοιόνδε有相同的意义，表示的是种属，但是形式如何是种属，与前文一样，亚里士多德并没有解释。而且，他没有区分从描述的角度谈到的τοιόνδε的形式，和作为实体的τόδε τι的形式。但是既然之后还有一半的篇幅，我们可以暂时不要下结论。

其次，关于定义的普遍性问题，这个问题与我们刚才提到的第7条理由相关。他们认为，亚里士多德在定义问题上遵从于柏拉图主义者，坚持定义是普遍事物的定义，并明确定义是关于形式的，这样似乎在形式那里涉及到普遍者的某一个种作为定义的对象。[2]弗雷德和帕兹克承认这些说法对他们的解释来说是极大的困难。但是，他们的化解方法是，这个困难是亚里士多德理论中自己设定的，而且他解决了这个问题，解决的方式就是，他们认为当亚里士多德断定一个定义是普遍者的定义的时候，在亚里士多德心目中的东西不是说有一个普遍的对象物如种，而是相反，定义的普遍性仅仅是指普遍有效性，也就是说，适合于同一种下所有的对象，在这个意义上定义能够是普遍事物的定义，而不是因此人或者人的灵魂是普遍的事物。[3]简言之，弗雷德和帕兹克所强调的是作为定义的对象形式依然是个别的，但是对个别形式的定义可以普遍地适用于同一种下的所有事物，方式上达到了普遍。对于他们这样的观点，威丁举出了亚里士多德在《后分析篇》中的例子以作证明："假如s知道每一个G是F而且a是G，亚里士多

---

[1] 有学者认为τόδε τι和τοιόνδε两个对立意义的词都形容形式，但是这样的理解无法解释亚里士多德为什么同时用了相反的词却并不作出说明。

[2] Frede, M. & G. Patzig, *Aristoteles, Metaphysik Z. Text, Ubersetzung und Kommentar*, ss. 50-54.

[3] Ibid.

德烦恼于是否s能被说知道a是F（或者，甚至，我猜测，G）。他回答到，严格来说，s知道的不是这样的东西，而是普遍地知道（*katholou epistatai*）a是F。看起来普遍地知道a是F并不是实际地知道任何关于a的事情。而是会知道，如果任何事物是G，那么那一事物就是F。因此，普遍地知道a是F就是潜在地拥有着一种知识——a或任何其他别的事物碰巧是G的知识。因此，普遍者的知识不需要牵涉到任何在形而上学上令人感兴趣的实际存在物，而是涉及到知道某物应用于，或者将会应用于许多个别事物身上。同样地，对于定义：对种中的某一个别事物的形式的说明也是对其他事物的那些形式的说明。"① 然而，在笔者看来，无论是弗雷德和帕兹克的解释还是威丁对他们观点的辩护，都并不彻底。如果我们下定义的对象是苏格拉底的灵魂，我们可能会描述这个灵魂的特征，那么究竟哪些特征也适用于其他人呢？如何保证在描述这个灵魂时我们说的都是普遍性的特征从而适合于任何人呢？弗雷德本人在后来的一篇文章中就这样解释如何进行定义："只是在对事物的一般的说明中，我们才忽略了本原的具体性，因为它们的具体性同它们所要解释的东西没有任何关系。例如，如果我们想要对苏格拉底有一个说明，不是就它是苏格拉底来说的，而是就他是一个人来说的……对苏格拉底真实的对于所有人都是真实的……丝毫不涉及一个人的任何普遍形式或者一个普遍的'人'。"② "正因为如此，一个人对于具体的事物便具有真正一般

---

① Frede, M. & G. Patzig, *Aristoteles, Metaphysik Z.Text,Ubersetzung und Kommentar*, p.381.
② M. Frede,"Introduction", in M. Frede and D. Charles ed., *Aristotle's Metaphysics Lambda*, Symposium Aristotelicum, Clarendon Press, 2000, pp. 1-52. 聂敏里翻译成中文，收入聂敏里（选译）：《20世纪亚里士多德研究文选·亚里士多德〈形而上学〉Lambda 卷导论》，华东师范大学出版社，2009年，第313-359页。本人引用的中文出自第334页。

或普遍的知识。"①弗雷德坚持形式的个别性，坚持我们是从定义苏格拉底的灵魂来定义人的灵魂。但是，究竟我们应该如何把苏格拉底的形式看作人的形式呢？实际上他并没有进行解释。笔者认为他的论证貌似雄辩却并不具有很强的说服力，因为亚里士多德在这个问题上并没有进一步解释他究竟是通过定义苏格拉底的灵魂而定义人的灵魂，还是通过其他方式。在《后分析篇》和《论题篇》中他对种差的划分已经证明是没有结论的，因为无法解释种差的集合如何构成实体。而他在HZ卷并没有更多笔墨在分类法的定义之上，也就是说，定义的对象是人还是苏格拉底的灵魂这样的问题根本没有困扰他，因为重新阐释了αἱ διαφοραί（种差、差异）的意义，不再从分类法进行思考，而是引入了潜能现实和质料形式概念，用这两对概念来对实体进行定义。

第三，关于知识的普遍性问题。弗雷德和帕兹克认为亚里士多德由于坚持知识的普遍性，所以作为存在的最后原则的首要实体也一定是普遍的。既然，在他们看来首要的实体，也就是形式，是个别的，那么必须要改变有关知识的观点，也就是在B6, 1003a5及以下而且在M10, 1087a15-25 表达的观点：实际的知识总是个别事物的知识，同时普遍的知识是"根据可能性"的知识。②

我们知道B6, 1003a5-14 提出了一个问题：如果本原是普遍的（καθόλου），那么实体就不会存在；然而实体是τόδε τι，那么关于它就没有知识，"因为一切事物的知识都是普遍的（καθόλου

---

① M. Frede, "Introduction", in M. Frede and D. Charles ed., *Aristotle's Metaphysics Lambda*, Symposium Aristotelicum, Clarendon Press, 2000, pp. 1-52. 聂敏里翻译成（接上页）中文，收入聂敏里（选译）：《20世纪亚里士多德研究文选•亚里士多德〈形而上学〉Lambda 卷导论》，华东师范大学出版社，2009 年，第 313-359 页。本人引用的中文出自第 334 页。

② Frede, M. & G. Patzig, *Aristoteles, Metaphysik Z.Text,Ubersetzung und Kommentar*,ss. 50-54.

γὰρ ἡ ἐπιστήμη πάντων)". [1]在这段话中，亚里士多德坚持实体的个别性和知识的普遍性之间的矛盾，认为二者构成了对立。同时，作为提纲的B卷，也规定了后文要讨论的问题——如何协调两者之间的矛盾。《形而上学》M10 中，亚里士多德在知识的普遍性和个别性的观点上有了变化，认为知识既可以是普遍的，也可以是个别的，扩展了知识的特点以协调与实体之间的矛盾：

> 因为知识（ἡ ἐπιστήμη），正如懂得（τὸ ἐπίστασθαι），有双重含义，一方面作为潜能（τὸ μὲν δυνάμει），另一方面作为现实（τὸ δὲ ἐνεργείᾳ）。潜能作为质料是普遍的和无规定的，属于普遍和无规定的事物，现实则是有规定的并属于有规定的事物，作为这一个，它属于某一这一个。（M10, 1087a15-18）

让我们来分析弗雷德和帕兹克在这个问题上的观点。首先，他们从他们一贯的立场——存在与语言不做区分，认为亚里士多德在这两个领域保持着绝对的一致性——出发，认为如果知识是普遍的，那么首要的实体必须是普遍的；既然首要的实体经过论证是个别的，那么就必须改变知识的性质，也就是说，必须有对于首要的个别实体的个别知识，那么，从潜能和现实的理论出发，知识可以是现实的和个别的，那么普遍的知识就只能是根据潜能而来的知识。而在笔者看来，他们的解释偏离了亚里士多德解释的原意，他们过多强调了个别实体的个别知识，而没有意识到亚里士多德在这里所说的知识的双重性，或者更有可能是肯定了知识的普遍性，也一定程度上承认了它的个别性。因此，与其说亚

---

[1] 希腊文本为 W. Jaeger 版，下同。

里士多德改变了对知识的看法,不如说是深化了知识概念。亚里士多德强调存在与语言的一致性,也试图用相同的术语来描述实体和定义,但是在形式既作为实体,又作为定义的对象问题上,因为处于两个不同的领域而呈现出不同的特征,他对于作为定义对象的形式的描述并不绝对等同于实体。文本中所出现的对形式的两个修饰词τόδε τι和τοιόνδε的矛盾即表明了这一点(下文会详细分析)。弗雷德和帕兹克没有意识到形式本身的特征也被亚里士多德扩展了。应该说,在亚里士多德所面对的实体的个别性和知识的普遍性的矛盾,更尖锐地体现在了既作为第一实体又作为定义这一知识本原的对象和构成的角色身上。

四、形式的普遍性:在文本中的表述

以上我们讨论了弗雷德和帕兹克关于Z卷一些关键问题的观点,指出他们把形式与实体问题直接等同,强调了形式作为实体的个别性的方面,却忽视了形式作为普遍定义的对象具有不同的特征,它是τοιόνδε,是普遍的,而这一点亚里士多德并没有在Z卷论证成功。亚里士多德在Z7第一次肯定形式是灵魂中的描述和知识,并没有用τόδε τι,而用了一个与其相反的词τοιόνδε。我们一定要注意到,他并不是从事物存在的角度来谈论形式的,而是从我们如何描述的角度提出问题的。因此,作为实体的形式,和作为定义对象的形式或描述中的形式,具有不同的特征。

然而,在这样第一次对形式进行详细论证的文本中,也直接地显现了这个问题的复杂性。余纪元认为Z卷的矛盾就是τόδε τι和τοιόνδε的矛盾,并且是互相否定的观点,所以整个Z卷是无结果的。①然而,我们要指出的是,虽然在这两个限定词都放在形式概念上的确造成了很大的争议,但是τόδε τι是实体,τοιόνδε不是实体却是亚里士多德笃信不疑的一个观点。对于τοιόνδε的理解,一部分学者认为表示"这样的"(such)的意思,如弗雷德和帕兹克,可以表示同一种下形式相同的意思;另一部分学者坚持认为这个词就是"这类"的普遍性的词,就是指种属,而这样理解的另一个最为明显的证据就在Z13,1038b34:"普遍属性不会是实体。共同的称谓都不能表示τόδε τι,而只能表示τοιόνδε。"下面我们从文本中来理解。

第一次把形式与 τοιόνδε 联系起来,是在关于如何描述事物的上下文之中:

> 铜球是什么?我们从两方面来描述,我们描述质料说它是铜,描述形式说它是这样的一个形状(τὸ εἶδος τι σχῆμα τοιόνδε),而形状就是它所隶属的最初的属(τοῦτό ἐστι τὸ γένος εἰς ὅπρῶτον τίθεται),那么,这个铜球在它的描述中有质料。(1033a1)

对于这段话,大部分的注释并没有足够重视。罗斯注释本的翻译中只有简单的一句话:"in defining a bronze circle we state both its matter and its form",他认为其他语句是错放到这里的。他反对说这里的属(γένος)与质料有关,也反对指属加种差这样的说法,而认为只是表达了质料在铜球的定义之中。②弗雷德和帕兹克在这里的解释是,亚里士多德是要暗示,在一个铜球这里描述可以

---

① Jiyuan Yu: *The Structure of Being in Aristotle's Metaphysics*, Kluwer Academic Publishers, 2003.
② W. D. Ross, *Aristotle's Metaphysics*, Vol. 2, Oxford University Press, 1924, p. 180,185.

被两种方式所表述：考虑到这个球所由来的矿石，但是也考虑到球的球形，这是一个确定的形状，所以可以肯定属"形状"通过形式"球"被创造且组织它的质料。①但是在笔者看来，罗斯认为是错放的理解有几分武断，弗雷德和帕兹克把形状和形式分开来解释，理由也并不充足，事实上亚里士多德经常是把形状和形式混同使用的，如Z3，1029a2以及Δ8，1017b25。但是，正如这几章并没有像其他章节明确地否定种属这种类概念与实体与形式的关系一样，在这几章中亚里士多德似乎表现出认为我们描述形式的时候，就表达为一种类概念，就是种，在这里他用了"最初的属"。

Z8仍然用τοιόνδε来描述形式，认为τοιόνδε的形式进入一定的质料之中，"这一个"看起来是"这样的"（τόδε τι, ἀλλὰ τὸ τοιόνδε σημαίνει），"当它作为生成的事物时，是'这个这样的'"（ἔστι τόδε τοιόνδε）。(1033b21-24) 亚里士多德肯定了形式是τοιόνδε，也就是说，一个具体事物的形式和"这样的"形式是相同的，"这样的"形式是可重复的或直接说是普遍的。亚里士多德在这里用了"这样的"（τοιόνδε）来形容形式，引出了形式究竟是个别的还是普遍的这样的大问题。弗雷德和帕兹克坚持他们形式是个别的的观点，认为τοιόνδε仅仅表达了同一种下形式的相同。而在笔者看来，他们的解释力度过强了。从文本上看，Z7-9被公认为后插入的，它们的插入固然有十分的必要性和重要性，与其他文本基本是契合的，然而却依然不能否认它的突兀以及在一些细节问题上的模糊性，如第一次出现τοιόνδε的上下文中属（γένος）和种（εἶδος）概念不区分，却肯定了τοιόνδε表示的是种属上的普遍性。然而，εἶδος所指涉的形式和种概念的表述也是含混的，那么如果我们所

---

① Frede, M. & G. Patzig, *Aristoteles, Metaphysik Z. Text, Übersetzung und Kommentar*, s. 123.

讨论的描述中的形式，是否即在谈论种概念？

但是，种概念，我们上文已经提到，像亚里士多德在 Z10-11 所讲的，和属概念一样，都是普遍地看待个别的形式和个别的质料而产生的，种概念本身就是包含有形式和质料在内的，而形式，虽然在可感事物中不与质料相分离，但在描述中是与质料相区分而存在的，所以形式与种是两个不同的概念。这里，亚里士多德用 τοιόνδε 以及种属概念来解释形式，在笔者看来，并不是他最终的观点，甚至笔者大胆猜测，或许在写作 Z7-9 期间，他还没有进一步澄清二者的关系，他肯定了形式从描述角度来讲的普遍性，并用种属来表达，但后来又区分了形式与种属，不能不说这一阶段的思想不是最终的明确思想。因为在后来他所论述的形式的普遍性并不限于同一种之内，而是万物本原意义上的类比同一性。因此可以说，亚里士多德在 Z7-9 虽然首次明确了形式的普遍性特征，但在如何普遍的问题上，还没有更具说服力的解释，只是与已有的种属的普遍性相比拟，从而在形式和种的关系问题上造成了模糊不清的状况，引起了后世永远的纷争。

鲁克斯（M. Loux）这样来表达形式的特点："形式并不享有存在上的自主性。它们既不生成也不消灭；它们也不经历其他种类的变化。因之，它们不具有我们所能以为是的一个历程。它们在根本上是可陈述的实在。它们并不独立存在；它们仅仅作为陈述别的某个东西的词项存在。如亚里士多德所说，它们是些'这样的'，而不是些'这一个'。它们不是可以被拣出来和指出来的东西；它们甚至不是像它们的质料一样的表面上的对象。相反，它们是一块质料之如何，是质料所是的方式；仅当存在着某种以那种方式而存在的质料，它们才存在。所以，尽管实体性形式具有一种可分离性，但是存在着另一种只有复合的个别事物才有的可分离性。它们还是真正的统一体,……一个主谓词统一体。"[①]鲁克斯强调了实体内部结构中形式对质料的谓述,强调形式的根本特征是可陈述的实在,甚至形式没有质料的表面的实在性。而在我们看来,我们固然承认形式作为一种对质料的谓述具有可陈述的实在性,这是它作为灵魂中的知识和描述的一个角色,是这样的($\tau o\iota \acute{o} \nu \delta \varepsilon$)。但是,也正是在对质料谓述的角色上,亚里士多德强调了形式是$\tau \acute{o} \delta \varepsilon$ $\tau\iota$,最明确的文本就在于Θ7最后,因为正是形式赋予了质料以确定性和个别性,成为一个个别事物,从而使后者具有了表面的$\tau \acute{o} \delta \varepsilon$ $\tau\iota$特征,因此形式绝不仅仅是可陈述的一种实在,它完全具有存在上的自主性,否则就是对它是第一实体这个说法的否定。形式不仅是现实的$\tau \acute{o} \delta \varepsilon$ $\tau\iota$,而且是事物的存在状态和本性,是质料的目标和事物的本质。在语言和实在两个领域中,形式都是极为重要的一个概念,它既是语言的陈述,也是一种实在,这也决定了它的双重角色,成为沟通个别实体与普遍知识的关键枢纽。在语言与实在的关系问题上,笔者认为亚里士多德更多地强调它们的严格对应性,他并不认为这是两个不同的领域,他试图用同样的术语去谓述它们,即使它们有不同的特征,也最终用潜能和现实化解了矛盾。

五、如何普遍

《形而上学》Z卷成功地论证了作为第一实体的形式的个别性,并论证了形式作为实体既是事物的本质,又是事物的原因,

[①] [美]克里斯托弗·希尔兹主编:《古代哲学》,聂敏里译,中国人民大学出版社 2009 年,第 198 页。

而且形式也是在本质和原因的意义上成为第一实体。同时，亚里士多德肯定了定义的普遍性，肯定了定义的对象是形式而不是质料。但是亚里士多德没有在 Z 卷成功论证的就是形式同时也是普遍的，以及如何普遍。弗雷德和帕兹克肯定定义的普遍性体现于方式上而不是对象上，但是他们的解释并没有文本的支持。实际上亚里士多德对于 Z 卷没有解释的这个问题在后来的 Λ 卷和《论灵魂》都进行了进一步的发挥，在这两处用两种方式说明形式的普遍性。

在 Λ4-5 指出，只有通过类比的方式，我们才能普遍地说或者在普遍的描述上包括形式在内的原因是相同的：

> 不同事物的原因与本原在一种意义上都是不同的，但在另一意义上，如果是普遍地和类比地说，它们对于所有事物都是相同的。(Λ4, 1070a31) 在同一种下个别事物的原因是不同的，无论你的形式、质料和动力因，都是不同于我的，但是在普遍的描述上是相同的。(Λ5, 1071a27-28)

实体是本体论的一个概念，而形式不仅如此，因为涉及到定义和逻各斯，涉及到我们的认识这一维度，一旦形式成为了我们表述的对象，那它与作为实体的个别形式就是不同的。我们看到，Λ4 的首句，指出形式、质料和其他本原，由于任何事物都可以分析为这些本原，尽管它们彼此不同，却可以类比地说，是相同的，其普遍性体现于我们的表达上。同样地，Λ5 的这句话也表达了同一种下的形式等本原在我们的描述中，是相同的，或者说，是普遍的。但是我们也要指出这句话的模糊之处，这里所说的"在普遍的描述上"，究竟是指种定义（由属加种差构成）还是仅仅指我们说到它们的时候？如果是种定义，那么，这里亚里士多德没有解释的一个问题就是，万物本原在类比意义上就是相同的，如何区别于同一种下事物本原的相同？

《论灵魂》在扩展现实概念的意义上进一步表达了形式的复杂性：

> 我们说到某种存在物实体，……第二种是形状和形式，它是正适合被称作为 τόδε τι 的，……形式是现实的——在两种方式上，第一就像知识（ὡς ἐπιστήμη），第二就像思考（ὡς τὸ θεωρεῖν）。（《论灵魂》B2，412a6-10）

在《形而上学》中形式与质料是和现实与潜能对等的，现实这一概念并没有提示有两层意义。而在这里，形式作为现实，有两种方式，也即现实有两层意义，亚里士多德用知识和思考来比喻，也就是说现实在一种意义上就像是拥有知识而不用，而另一种意义就是实际进行思考。在《论灵魂》B5他进一步区别潜能和现实，并依然用知识和思考来比喻。他说，如果一个人拥有知识或拥有语法知识，那么他就是潜在地有知识的人，而一旦已经在思考，已经实际地知道一个个体的事物 A 时，那么他就是现实的有知识的人。而对于潜能，他进一步描述说，一种是可能向相反方向转变的可能性，完全的可能性，而另一种是拥有所培训的知识却并没有在使用它。（B5，417a21-417b1）或者一个用 δυνατός 来表示，另一个用 ἕξις 来表示，前者表示比如孩子都有的能力，后者表示所培训的知识的能力。也就是说，现实和潜能都有两层意义，而第一层意义上的现实与第二层意义上的潜能是相同的，都是 ἕξις，指拥有某种能力而不实际应用。而在灵魂的定义之中，恰恰是这样的现实概念："灵魂是潜在地具有生命的一个自然躯体的第一种现实。"(《论灵魂》B2，412a28）这个灵魂定义是一个普遍的灵魂定义，而不是专属于植物、动物或者人的。那么，我们来看这个定义中究竟什么保证了它的普遍性？按亚里士多德在《形而上学》H6 的说法，定义要求形式、质料、潜能和现实四个概念共同构成，而既然这四个概念在类比的意义上都是万物的本原，它们具有普遍性，那么在灵魂的这个概念之中，灵魂、躯体分别相当于形式和质料，这是形式质料在生物界的使用，另外就是潜在和现实，并且特别强调了是第一种现实，是没有具体表现出来的灵魂的潜在能力。于是在这个框架式的定义中，并没有针对任何个别事物，没有个别性，而是普遍地适用于任何有躯体和灵魂的生物体。

那么，是否可以这样来了解：作为 τόδε τι 的形式，是指的实体，是一种现实，是第二层次的现实，就是类似于已经在思考的现实，比如我们说苏格拉底的灵魂，就表现为苏格拉底在生活中所展示的一切；当我们要在定义中或在描述中表达形式时，我们无法或根本没有必要详细描述苏格拉底的一切，因为他会死，我们的描述和定义对于这样个别的事物的描述没有任何意义，定义或描述是要有一定的普遍性的，也就是我们要描述的形式要具有普遍性。唯有保证定义对象的普遍性，才能达成定义本身的普遍性，从而也说明知识的普遍性。

总之，在笔者看来，实体的个别性和知识的普遍性这对矛盾，亚里士多德是以这样的方式解决的：他通过对既作为实体又作为知识本原的定义的对象——形式——的思考，肯定形式既是个别的又是普遍的，同时定义和知识也是既个别又普遍，关于后者亚里士多德在《论灵魂》B 卷说到具体的个别事物使知识现实化、个别化，作为定义对象的形式是普遍的，虽然这种普遍性并非种属意义上的类的普遍性。但是,亚里士多德的确没有进一步阐述究竟为什么定义必须是一个种之下的或者说为什么一个种之下事物的普遍定义是相同的。不过,可以肯定的是,种是一种保证,是定义的一种范围而非对象,同一种下的事物如人这个种下的个别人各有各的形式。

六、结论

通过与弗雷德和帕兹克进行对话,我们指出他们所坚持的实体就是形式,就是个别的的观点值得商榷,并就他们的具体观点一一进行了讨论。我们肯定实体的个别性,肯定形式作为实体也是个别的,然而,形式不仅作为实体是个别的,同时作为定义的对象它又是普遍的,肯定了它同时作为实体和定义对象的双重特性,并指出亚里士多德没有在《形而上学》Z 卷对形式如何普遍的问题进行讨论,但是在 Λ 卷和《论灵魂》分别进行了深入的讨论,指出形式的普遍性既体现于我们对它进行表述的类比意义上,同时也是类似于潜能的一种现实,在定义中我们表达的就是这样一种形式和现实。亚里士多德从来没有说实体不是个别的,也没有说作为定义对象的形式一定是个别的,他只是在中心卷没有能够解决所有问题而已,虽然第一实体是形式且实体是 τόδε τι 我们认为是 Z 卷明确的结论。而形式因为既沟通实体,又沟通定义,既具有前者个别性的特征,又具有后者普遍性的特征,所以拥有双重角色。

参考文献

1. Bostock, D.: *Aristotle's Metaphysics, Books Z and H*, Oxford: Clarendon Press, 1994.
2. Burnyeat, M.: *A Map of Metaphysics Zeta*, Pittsburgh, Pa.: Mathesis, 2001.
3. Frede, M. & Patzig, G.: *Aristoteles, Metaphysik Z.Text,Übersetzung und Kommentar*, 2 vols., Munich: C. H. Beck, 1988.
4. Frede,M.: "Intooduction", in M. Frede and D.Charles ed., *Aristotle's Metaphysics Lambda*, Symposium Aristotelicum, Clarendon Press Oxford, 2000.
5. Gill, M.L.: "Aristotle's Metaphysics Reconsidered",*Journal of the History of Philosophy*, vol.43, no.3,2005, pp. 223-251.
6. Jaeger, W.: *Aristotelis Metaphysica*, Oxford Classical Texts, 1957.
7. Owen, G.E.L.: "Particular and Genera", in *Logic,Science and Dialectic*, edited by Martha Nussbaum, Gerald Duckworth & Co.Ltd., 1986.
8. Ross, W.D.: *Aristotle's Metaphysics*, Vol. 2,Oxford University Press, 1924.
9. Ross, W.D.: *Aristotle's De anima*, Oxford Classical Texts, 1956.
10. Jiyuan Yu（余纪元）:*The Structure of Being in Aristotle's Metaphysics*, Kluwer Academic Publishers, 2003.
11. Wedin, M.V.: "Partisanship in *Metaphysics Z*",*Ancient Philosophy* 11, Mathesis Publications, 1991.
12. Wedin, M. V.: *Aristotle's Theory of Substance: The Categories and Metaphysics Zeta*, Oxford: Oxford UniversityPress, 2000.
13. 聂敏里译:《20 世纪亚里士多德研究文选》,华东师范大学出版社, 2010 年。
14. 亚里士多德:《形而上学》,苗力田译,中国人民大学出版社, 2003 年。

15. 亚里士多德:《范畴篇解释篇》,方书春译,商务印书馆,1959年。
16. [美]克里斯托弗·希尔兹主编:《古代哲学》,聂敏里译,中国人民大学出版社,2009年。

实体的可感部分与实体

——兼论亚里士多德分析实体的两种模式[①]

葛天勤（都柏林圣三一学院）

摘要： 本文主要探讨了"实体的可感部分与实体分离后，其作为自身是不是实体"的问题。我们发现，亚里士多德在文本中似乎对这个问题做出了两种截然相反的回答。为了弥合这种文本中的不一致，本文认为亚里士多德提出了分析实体的两种模式：人造物模式和生命体模式。根据人造物模式，实体的可感部分与实体分离后自身是实体；而根据生命体模式，实体的可感部分与实体分离后自身就不是实体。此外，本文还指出，在这两种分析模式之间存在着一种研究方法论上的演进关系：从"对我们更加可知的"分析进展到"依照自然更加可知的"分析。

关键词： 实体;可感部分;人造物;生命体;分析模

一、绪论

实体的部分问题向来是亚里士多德实体理论研究的重要内容

[①] 本文首发于《哲学评论》第 19 辑，修改后的英文版发于《中国哲学前沿》第 10 卷第 3 期。

之一①，而本文主要关注的则是实体的可感部分（physical/material/sensible parts）②。我们也许有必要先澄清一下实体的标准，但是考虑到这远远超出了本文的讨论范围,因此我们在这里只能简要提及一下实体的一些特点：首先，本文讨论的是作为复合物（composite）的可感实体，那么它需要有形式；其次，本文所说的实体需要有独立存在的能力；再次，既然我们说的是作为复合物的实体，那么它就必然要是一个"这个"（tode ti）。而在下文中，我们将对"实体的可感部分作为自身（per se，或者说material parts qua material parts）是不是实体③"这个问题进行研

---

① 关于更一般的亚里士多德的实体的整体–部分问题（mereology），相关讨论参见 K. Koslicki, *The Structure of Objects*, Oxford University Press, 2008, ch. VI, 其中有一份简要的文献，见 p. 123, n. 1.

② 事实上，亚里士多德的可感实体一般可分为人造物（artifacts，对于其在实体理论中的地位，后文还会论述到）和生命体（living beings）。这也正是本文的关注点之一。对于人造物如房子而言，可感部分就是指窗户、门等；而对于生命体来说，我们主要探讨的是生命体的异质部分（non-uniform parts），比如人的手、腿等；而对于生命体的同质部分（uniform parts，比如肉、骨骼等），以及水、火、土、气四元素，我们只能略微涉及。此外，在某种意义上，可感部分也可以被称为质料的部分（比如参见《论动物的生殖》，715a8-11），生命体的异质部分就可以被称为是"最近的质料"（proximate matter）；然而亚里士多德的形质论（hylomorphism）并不是本文的主要切入点，而且称可感部分为质料的部分也容易引起一些争议（如产生对于一个复合可感物实体来说，形式和质料究竟是什么的问题），因此本文主要采用整体–部分问题的视角而不是形质论的视角（当然，由于论述的必要，有时候我们也会从形质论的角度来进行讨论）。此外，实体的概念部分或逻辑部分（例如种、属等）则不在本文的讨论范围之内。

③ 这里会有两个问题。首先，我们提到了"作为自身"这个表达，这个表述意味着我们并不是把实体的可感部分作为在整体实体中的一部分来对待，而是强调其实体上的独立性。第二，有些人可能会问，如果实体的可感部分自身是实体，那么它在什么意义上是实体。对实体不同意义的更详细的解读可参看 D. Morrison, "The evidence for degrees of being in Aristotle," *The Classical Quarterly* (New Series) 37.2 (1987), pp. 382-401. 因此，我们只能认为，如果它是实体，那是在和作为整体的个体复合物（composite）同样的意义上是实体，如果亚里士多德认为实体的可感部分和整体实体是不同意义上的实体，那么在下面的文段中，我们也很难找出他把实体的部分和整体实体以并列的形式列举出来的原因。此外，有些人可能会结合我们后面的论述（比如说对《形而上学》Z. 16, 1040b5-16 的分析），认为

究；也就是说，当实体的可感部分（比如说一个人的某只手）与作为整体的实体（这个人）分离①之时，可感部分作为其自身（也就是这只手作为手自身）是不是实体。②通过考察亚里士多德的相关文本，本文将指出，亚里士多德本人对这个问题的回答存在

（接上页）实体的可感部分只是潜在的（potential）实体，或者说是不完全（incomplete）的实体，就像男孩和男人的关系一样；而依据这一类比，我们就不能认为这些可感部分不是实体。但是本文认为这一类比是不准确的。因为在男孩和男人的例子中，男孩在自然情况下一般终究会成长为男人（参见《形而上学》Θ.7, 1049a13-17），因为其已经具有内在的原理（internal principle）；但是实体的可感部分（比如说一个人的手）则不能成为整体复合物实体（也参看《物理学》2.1, 193a36-b3）。当然对于某些生命体来说（比如一些昆虫，以及通过扦插繁殖的植物等）并不完全是这样：它们的可感部分与整体分离后也能独自存活，参见《论灵魂》413b16-22、《论青年和老年，论生和死》468a30-b1 等处。对此，我们可以根据 R. K. Sprague（"Aristotle and divided insects," *Methexis*, 2 (1989), pp. 29-40）的解读，认为在《形而上学》中亚里士多德考虑的主要是"高级"生命体，而没有太多关注昆虫和某些植物；或者我们也可以认为，在上述这些个例中，可感部分在与整体分离后受到灵魂的影响还比较大，并且可以在一定条件下（比如说植物在土中）恢复其原有的状态。

① 亚里士多德的分离问题也是学界争论的重点之一。可参见由 G. Fine, "Separation," *Oxford Studies in Ancient Philosophy* 2(1984), pp. 31-87 引起的一系列争论，以及 L. Spellman, *Substance and Separation in Aristotle*, Cambridge: Cambridge University Press, 2002 对这个问题的探究。亚里士多德本人也区分了几种不同意义的分离：有空间上的分离（spatial separability）、定义上的分离（definitional separability）、本体论上的分离（ontological separability）和分类学上的分离（taxonomical separability）等，参见 F. D. Miller, Jr., "Aristotle on the Separability of Mind," in C. Shields, ed., *The Oxford Handbook of Aristotle*, Oxford: Oxford University Press, 2012, pp. 308-310。而本文所指的分离主要是指本体论意义上的分离，也就是 Fine 所认为的独立存在（independent existence），或者说"空间上的分离"。尽管本体论上的分离并不一定能推出空间上的分离，但是这对于"不动的推动者"（unmoved mover）而言才能成立（因为我们很难说"不动的推动者"占据了空间）；而关于本文讨论的可感实体，我们认为是可以推导得出的。

② 当实体的可感部分不与实体分离时，可感部分自身不会是（现实的）实体，否则，一个复合物会同时是两个或两个以上的实体了，比如苏格拉底的灵魂是实体，苏格拉底的左手也是实体。参见《形而上学》Z.13, 1038b29-30、1039a5 以及聂敏里，《〈形而上学〉Z.13, 1038b16-34 的论证》，载于《云南大学学报（社会科学版）》，2013 年，第 3 期，第 4–16 页对 1038b29-30 的解读，尽管亚里士多德在 Z.13 更多是指实体的逻辑部分（如作为苏格拉底的部分的"人"、"动物"）；但是我们认为他的论证对于可感部分也一样适用。

着一些张力：在一些文本中，他给出了肯定的回答；而在另一些文本中，他对这个问题给出的答案是否定性的。

因此，如何弥合这一种不一致就是本文要考虑的问题。有不少学者[①]业已发现了这一问题，他们大多会采用发展论的进路来解决这一问题。然而，我们将会看到，他们在采用发展论来解决这一问题时会面临不少困难。为此，本文旨在提出一种不同于发展论的新的解决方式，试图说明亚里士多德采用了两种分析实体的模式：人造物模式和生命体模式；通过运用这两种不同的模式，他对我们所要探究的问题给出截然相反的两个回答。此外，本文还将指出，亚里士多德的这两种分析模式之间并非毫无联系，而是存在着一种演进关系，从人造物模式到生命体模式的演进也是亚里士多德形而上学研究的方法论的要求使然。

二、实体的可感部分是实体

亚里士多德在一些文段中较为明显地指出，实体的可感部分作为自身可以是实体。而且，我们指的是一只手作为一只手是实体，而不是说一只与身体分离的手作为四元素是实体。如果是这样，亚里士多德就没有必要特意提到实体的可感部分是实体，而只要说四元素是实体就可以了[②]。亚里士多德在《论天》、《物理

[①] 比如我们在后面提到的 J. L. Ackrill、D. Devereux、M. Burnyeat、S. M. Cohen 等人，他们的具体文献参见后文中的引证。
[②] 每一可感物都是由一种以上的四元素构成，参见《论生成与消灭》II. 8；K. Koslicki, "Four-Eighths Hephaistos: Artifacts and Living Things in Aristotle," *History of Philosophy Quarterly* 14 (1997), pp. 98, n. 30. 至于四元素是不是实体的问题，我们在后面也会论述到。

学》、《形而上学》、《范畴篇》等著作中都提到过这个问题，以下我们将会逐一予以说明。

首先，在《论天》III.1 中，实体的可感部分是实体，这一表述是很清楚的："我说（legō）实体，指的是……动植物及其部分（298a29-32）"。事实上，这样通过对实体的界定而承认实体的可感部分是实体的论述，在亚里士多德的文本中还有好几处，比如《物理学》II.1, 192b8-13；32-34。此外，在《形而上学》Δ8 中，当亚里士多德阐述实体的内涵时，他也直接指出实体可以是"单一的物体（ta hapla sōmata）"：比如四元素、动物以及这些东西的部分（1017b10-13）。[①]这样就与以上几处文本构成了"相似文段"（parallel passages）。不过，以上这几处表述都没有直接指出"部分"是实体的可感部分，但是通过《范畴篇》，我们就能确认这一点。

《范畴篇》中有两处文本提到了实体的部分是不是实体的问题。其一是在 3a29-32：亚里士多德认为我们不必担心实体的部分不是实体，因为尽管部分在主体中（en hupokeimenōi），但是他在前面已经说过，"在主体中"指的不是像部分存在于整体之中那样存在于主体之中。对于这里的部分指的是不是可感部分，学者们依然有分歧，比如德弗罗

[①] 事实上，我们可以怀疑《形而上学》Δ.8 对实体内涵的论述究竟是不是亚里士多德自己愿意承认的，因为他在那一节也加入了他所反对的柏拉图派和毕达哥拉斯派的观点（1017b17-21）。相关的讨论可参见 C. Kirwan, *Aristotle's 'Metaphysics', Books Gamma, Delta, and Epsilon*. Oxford University Press, 1993, pp. 147-148，[美]门恩：《〈形而上学〉Z.10-16 和〈形而上学〉Z 卷的论证结构》，载于《20 世纪亚里士多德研究文选》，聂敏里选译，上海：华东师范大学出版社，2010 年，第 411—420 页。此外，*dokei* 这样的表述在 Z.2 也出现，而在 Z.2 中，尽管亚里士多德再次将这些实体的选项列了一遍，但他的语气是怀疑的，因此不能作为证据。后文将再次提到这一点。

(D. Devereux)就认为这里指的是可感部分[1],但是弗雷德(M. Frede)就否认这一点,在他看来,这里的部分指的应当是逻辑上的部分,也就是属差(differentia)[2]。事实上,这一指涉上的争论在古代评注者们那里就已经开始了。其中,辛普利丘(Simplicius)认为 3a29 这里指的是可感部分,比如说一只手(*Simplicii in Aristotelis Categorias Commentarium*, 97.5-11);但是阿莫尼俄斯(Ammonius)则认为这里指的是可知部分而不是可感部分(Ammonius, *In Aristotelis Categorias Commentarius*, 47.2-5)。此外,在波斐利(Porphyry)看来,这里指的部分是形式和质料(*Porphyrii Isagoge Et in Aristotelis Categorias Commentarium*, 88.21-22),这也与前面两位评注者的观点有所不同。的确,仅根据这一处文本并不能确定这里的部分到底是不是可感部分,但是如果结合另外一处文本,我们就有理由认为,亚里士多德在提到"部分"的时候,至少不会遗漏可感部分。在《范畴篇》8a13-28 及 8b15-18,当亚里士多德论述到实体的部分是不是关系范畴时,作为举例,他就直接提出了手、头这样的可感部分:"手、头,以及这样的诸实体(*ousiai*)……(8b15-16)"以上几位古代评注者也在此处表达了相同的看法[3]。并且,在 8b15-18,亚里士多德还认为手和头这样的人的可感部分是可以独立存在的,也就是说,它们可以与身体分离;这种分离不只是认识论意义上的,也是实体意义上的分离,因为在关于"关系"的第二个

---

[1] D. Devereux, "Inherence and Primary Substance in Aristotle's *Categories*," in Gerson, ed., *Aristotle: Critical Assessments*, Vol. 1, London: Routledge, 1999, pp. 58-60.

[2] M. Frede, "Individuals in Aristotle," in *Essays in Ancient Philosophy*, University of Minnesota Press, 1987, pp. 49-71.

[3] 参看 *Simplicii in Aristotelis Categorias Commentarium*, 197.4-198.23; Ammonius, *In Aristotelis Categorias Commentarius*, 77.10-14; *Porphyrii Isagoge Et in Aristotelis Categorias Commentarium*, 126.23-24.

修正性定义中,亚里士多德采用了实体之"是"(to einai)的表述(8a32)。①另外,如果我们认为亚里士多德在《范畴篇》中已经隐含了形式质料的相关理论,那么这些可感部分也不是作为质料而被认为是实体,因为质料之为质料,就在于它是某物的质料,它不能够独立存在。因此,我们通过对《范畴篇》相关文本的考察,指出亚里士多德的确认为实体的可感部分与作为整体的复合物实体分离后,其自身仍然可以是实体。

以上这些文本都指向了"亚里士多德承认实体的可感部分是实体"这一点。对于生命体来说,不仅手、脚这些异质部分和四元素这些亚里士多德直接提到的可感部分是实体,而且对于肉和骨骼这些同质部分来说,它们也是实体②。至于人造物,情况就更明显了,我们很容易想象,当一座房子的门窗被拆下来与整体分离时,门作为门、窗作为窗都是实体。如果使用亚里士多德最常提到的实体例子——铜球,从形质论上说,铜球的可感部分可以是铜,而铜作为铜就是实体;如果把铜球劈开,那么铜球的可感部分就是铜半球,它也可以独立存在,成为实体。

---

① 参见 J. L. Ackrill, *Aristotle's Categories and De Interpretatione*, Oxford: Clarendon Press, 1963, p. 103, Devereux, "Inherence and Primary Substance in Aristotle's Categories," p. 62,他们都认为在这段文本中可以看出亚里士多德承认可感部分可以分离,并且分离之后还是实体。

② Gill 认为亚里士多德在《形而上学》Z. 10, 1035a19-20 暗示了肉、骨骼也是实体,参见 M. L. Gill, *Aristotle on Substance: The paradox of unity*, Princeton University Press, 1989, pp. 123-133. 此外, C. A. Freeland ("Aristotle on bodies, matter, and potentiality," in A. Gotthelf and J. G. Lennox, eds., *Philosophical Issues in Aristotle's Biology*, Cambridge: Cambridge University Press, 1987, p. 395)指出,生命体的部分都是由四元素的不同比例组成的,从这个层面上来说,它们都是实体。

三、实体的可感部分不是实体

以上我们指出了亚里士多德认为实体的可感部分作为自身可以是实体的文本，现在，本文就将探讨实体的可感部分作为自身不是实体的文本。由此，可感部分不仅在未与实体分离的时候不是实体，分离之后更不是实体。

首先，在我们看来，亚里士多德对"同名异义原则"（principle of homonymous）的运用就否认了实体的可感部分可能是实体的合理性。我们在此可以将该原则简要表述如下：x被称作是x，是因为x能实现x的"功能"（ergon）；而当x不能发挥这一功能时，x就不再"是"x，除了在同名异义上还能被称作x之外。这样，x之所以"是"x，是因为x能够实现x的功能。[①]这一原则在亚里士多德的著作中有多处应用。比如在《形而上学》Z. 10, 1035b23-25，亚里士多德就指出，一个死的手指仅仅在同名异义的层面上是手指。这就是说，当一个手指与身体分离、不能实现它的功能的时候，就不能被称作"是"手指。同样，在《论灵魂》412b10-22当中，亚里士多德不仅同样以生命体的可感部分作为例子，认为一只不能看的眼睛就和石头眼睛及画上的眼睛一样，除了在名称上还可以被称为"眼睛"之外，其实已经不是眼睛了；而且他还将其扩展到人造物上，认为一把不能实现砍的活动的斧子就不是斧子；因为根据这段文本，斧子的本质（essence, to ti ēn einai）就在于实现其功能。除了这两处文本之外，"同名异义原则"还见于以下各处：

---

① 对于"同名异义原则"的更多讨论可参见 C. Shields, *Order in Multiplicity: Homonymy in the Philosophy of Aristotle*, Oxford University Press, 2002, pp. 131-154。也可参看反对 Shields 的另一种解读， C. Frey, "Organic Unity and the Matter of Man," *Oxford Studies in Ancient Philosophy* 32 (2007), pp. 167-204。

文本出处	所提到的对象
《政治学》1253a20-25	手、脚
《论动物的生殖》726b22-24	手
《论动物的生殖》734b24-31	脸、肉
《论动物的部分》640b35-641a4	身体、手
《气象学》389b31-390a2	手
《气象学》390a10-13	肉、肌腱

从上表可以看出，对于生命体来说，亚里士多德所举的例子不仅包括异质部分（手是他最常用的例子），也包括了同质部分（比如《论动物的生殖》734b24-31 提到，失去了灵魂的肉就不是肉）。现在，我们可以看到，既然这些生命体的可感部分已经与身体分离，那么它们就无法实现自身的功能；这样，可感部分甚至不能被称为可感部分自身，也就根本不可能再称这些手、这些肉是实体[1]。正如弗斯（M. Furth）指出，只要人一死，无论是异质部分还是同质部分，它们作为自身都不是实体[2]。当手不脱离活着的人时，它虽然也不是实体，但尚且能被称为是手；但是当它与身体分离，或者说身体已死亡，不能实现其功能时，它甚至都不是手，更不可能是实体了。

---

[1] 正如 Kosman 所言，它们已经没有另外的本质了。参见 L. A. Kosman, "Animals and Other Beings in Aristotle," in *Philosophical Issues in Aristotle's Biology*, Cambridge: Cambridge University Press, 1987, pp. 370-378. 曹青云：《亚里士多德的形式—质料关系与功能性质料和构成性质料的区分》，载于《世界哲学》，2011 年，第 2 期，第 245 页。此外，有些人可能认为它们虽然不是实体"手"、"肉"，但可以是实体"四元素"；但是我们在后面也可以看到，亚里士多德在某些文本中认为四元素也不是实体，至少不是严格的实体。

[2] M. Furth, *Substance, Form, and Psyche: An Aristotelean Metaphysics*, Cambridge: Cambridge University Press, 1988, p. 83.

其次，在《形而上学》Z. 16 开头的 1040b5-16 这一段中，我们也能看到亚里士多德否认了这些可感实体的部分是实体[①]。他一开始就指出：通常所认为是实体的东西实际上仅仅是潜能；对此，伪阿弗洛狄西亚的亚历山大（Pseudo-Alexander of Aphrodisias）直接在评注中指出它们不是实体而只不过是潜能[②]。而这一句话指涉的东西就是 Z. 2, 1028b8-15 列出的这些与我们之前提到的与 1017b10-13 几乎一样的实体选项（也见 H. 1, 1042a6-11）。因此亚里士多德事实上在这里否认了之前的观点[③]，他认为生命体的可感部分[④]

[①] 伯恩耶特指出这一段也是运用了"同名异义原则"，参见 M. Burnyeat, *A Map of Metaphysics Zeta*, Pittsburgh: Mathesis Publications, 2001, p. 17, n 15. 另外伪亚历山大的古代评注也表达了类似的看法，提到了失去功能的部分（比如手）就像在称呼雕像的意义上是其自身。参看 Alexander of Aphrodisias, *In Aristotelis Metaphysica Commentaria*, 534.23ff. 而我们则认为尽管与其也有相似之处，但亚里士多德在这里毕竟还是采用了有些不一样的统一性和连续性的角度来论证。

[②] 见 Alexander of Aphrodisias, *In Aristotelis Metaphysica Commentaria*, 534.28, 不过他后来又指出生物的部分不是现实的（*energeiai*）实体而只是潜能的（*dunamei*, 534.35-36）；而本文认为，是潜能的就说明它不能够作为自身是实体，不仅由于亚里士多德曾把潜能的认为是非存在的一种意义（见《形而上学》N. 2, 1089a25-32），而且正如伪亚历山大随后又提到的，只有现实的实体才能作为自身而展现功能。另外，博斯托克则指出，结合 Λ. 3, 1070a19-20, 如果根据耶格尔（W. Jaeger）所校订的希腊文本，就能更明显地推出它们不是实体。参看 D. Bostock, *Metaphysics: Books Z and H*, Oxford: Oxford University Press, 1994, p. 224.

[③] F. A. Lewis, *How Aristotle Gets by in Metaphysics Zeta*, Oxford: Oxford University Press, 2013, pp. 258-259 则认为，Z. 16 批评的只是别人的观点，是对亚里士多德当时不知名的同辈的观点的修正。的确，由于亚里士多德在 Z. 2 使用的是 *dokei*, 也有理由认为那里举出的例子是 *endoxa*。但是根据亚里士多德在《范畴篇》中（以及 H. 1 1042a6-11）的论述，我们有足够理由认为亚里士多德是自己真正承认这些观点的。

[④] 也可参见《形而上学》H. 2 1042b31、1043a4-5, 亚里士多德认为像手和脚这样的生命体的可感部分只是在类比的意义上被看作是实体。此外，几乎所有学者都根据这一段文本进而指出生命体的可感部分（至少是异质部分）不是实体，因此我们认为这一点是较容易看出的，不再重述他们的论证。参见 L. A. Kosman, "Animals and Other Beings in Aristotle," pp. 360-391; F. A. Lewis, "Aristotle on the Relation between a Thing and its Matter," in T. Scaltsas, D. Charles, and M. L. Gill,

和四元素^①不是实体,因为它们一旦与整体分离而不受灵魂影响,就只是杂乱的一堆(heap, *sōros*),并不是一个连续的统一体(unity)^②;只有当它们成为一个整体时,这个整体才可能是实体。^③杂乱的一堆在亚里士多德那里常常与作为统一体的实体对举,作为其反面(如见 Z. 17, 1041b11-12、H. 6, 1045a7-10 等)^④。而如果我们认为这里说的可感部分只

(接上页) eds., *Unity, Identity, and Explanation in Aristotle's Metaphysics*, Oxford: Oxford University Press, 1994, p.266; M. Woods, "The Essence of a Human Being and the Individual Soul in *Metaphysics* Z and H," in *Unity, Identity, and Explanation in Aristotle's Metaphyisics*, p. 281; E. C. Halper, *One and Many in Aristotle's Metaphysics: The Central Books*, Columbus: Parmenides Publishing, 2005, pp. 138-140; M. L. Gill, "Unity of definition in *Metaphysics* H.6 and Z.12," in J. G.Lennox and R. Bolton, eds., *Being, Nature, and Life in Aristotle: Essays in Honor of Allan Gotthelf*, Cambridge: Cambridge University Press, 2010, p. 108 等。

① 关于四元素是不是实体的问题, R. Sokolowski, "Matter, elements and substance in Aristotle," *Journal of the History of Philosophy* 8.3 (1970), pp. 263-288 根据《论天》、《论生成与消灭》这些文本指出它们不是实体,没有严格意义上的形式,最多只是作为主体(*hupokeimenon*)的实体。此外, S. M.Cohen, *Aristotle on nature and incomplete substance*, Cambridge: Cambridge University Press, 2003, p. 131; D. Bostock, *Space, Time, Matter and Form, Essays on Aristotle's Physics*, Oxford: Oxford University Press, 2006, pp. 27ff; Frey, "Organic Unity and the Matter of Man," pp. 180-187 等表达了相同的观点,他们都认为四元素不是实体且不能独立存在。此外, Gill 进一步指出,由于四元素没有"内在主动因"(internal active cause),并且它们的运动必须通过外在因素来限制,因此不是实体,参看 M. L. Gill, *Aristotle on Substance*, pp. 235-240.

② 关于对"统一"的意义和实体之间关系的更多分析参见 E. Katayama, "Substantial Unity and Living Things in Aristotle," *Apeiron* 41.3 (2008), pp. 99-127.

③ 参看 W. D. Ross, *Aristotle's Metaphysics*, Vol. 2, Clarendon Press, 1924, pp. 218-219. 此外,尽管亚里士多德在《气象学》IV. 12, 390a19、《论动物的部分》649b20-27 等处似乎暗示了可感部分也有其描述(*logos*)或形式,但是正如 Gill 所言,这里的形式实际上是指整体实体的形式。参见 M. L. Gill, "Material Necessity and Meteorology IV.12," In W. Kullmann and S. Föllinger, eds., *Aristotelische Biologie. Intentionen, Methoden, Ergebnisse*, Stuttgart: Franz Steiner, 1997, pp. 152-154.

④ Bogaard 也指出亚里士多德把杂乱的一堆(heap)与有机统一体(organic whole)相对立,参见 P. A.Bogaard, "Heaps or Wholes: Aristotle's Explanation of Compound Bodies," *Isis* (1979), pp. 11-29. 类似的观点也可见 Frey, "Organic Unity and the Matter of Man," p. 180. 在他看来,土作为杂乱的一堆,不是说它们像沙堆一样由无数相似的个体组成的集合体,而是说一堆土作为(*qua*)土不是一个事物;也就不是一个统一体。

是在作为质料的部分的意义上不是实体，而不是说在作为自身的意义上是实体，这样就可能避免可感部分不是实体的结论。但是假设这里的可感部分只是作为质料的部分，那么它们原本就不与整体分离，不会成为杂乱的一堆，就是一个统一体；这样就不符合亚里士多德的上述论证[①]。

然而，有些学者指出，即使根据上一处的文本，也只能认为亚里士多德否认生命体的异质部分是实体，却未必能否认同质部分是实体：血和肉可能在死去的身体中持存；血也可能在人出生之前就存在[②]。但是，对于前者，我们可以借用曹青云的论证，说血和肉可以在死去的身体中持存，那是因为刚刚死亡时血肉还没有完全与身体分离，它们还没有完全脱离灵魂的影响[③]，此外我们也能发现在《论灵魂》413b16-22 以及《论青年和老年，论生和死》468b12-14 等处对这一点的暗示。而对于后者，虽然血的确可以在人出生之前存在，但那是在母体内存在，也不是与身体分离的。此外，弗里兰（Freeland）还提到，如果有现代的保存技术的话，那么器官、血液等也可以在离开身体后继续拥有其功能；那样的话，即使从功能角度分析，实体的可感部分与实体分离后就可能是实体，但是亚里士多德无疑不能预见到这一点（而且即使是在现代，它们的保存时间也是有限的）。总而言之，根据以上文本，亚里士多德不认为实体的可感部分与实体分离之后作为自身还会是实体。

[①] 当然，如前所述，即使是不与整体分离的部分也不是实体，亚里士多德只不过没有在这里提到这一点。
[②] 主张前者的有 J. Whiting、Lewis，主张后者的有 Freeland，参见 Freeland, "Aristotle on bodies, matter, and potentiality," pp. 392-407.
[③] 曹青云：《亚里士多德的形式—质料关系与功能性质料和构成性质料的区分》，第 239 页。

四、分析实体的两种模式

由此我们就能发现,在第二部分当中,亚里士多德认为实体的可感部分作为自身可以是实体;而在第三部分中,亚里士多德却得出了完全相反的答案。本文接下来就是要面对这一种不一致,试图对其提供一条解决的进路。

在此之前,的确已有不少学者发现了这种不一致(比如上面提到过的阿克利尔、伯恩耶特、德弗罗),但是他们当中有些人就此搁置了这个问题,有些则试图采用发展论的进路来加以调和。德弗罗对这个问题讨论得较多,他就是通过发展论来解决的。在他看来,《范畴篇》中承认实体的可感部分自身可以是实体,是因为《范畴篇》是一部早期的作品,其中并没有区分形式/质料,也没有区分潜能/现实;但是在《形而上学》和其他一些生物学著作中,已经有了这些区分,于是亚里士多德就认为这些部分其实自身不是实体[1]。这样,他通过亚里士多德思想的发展变化,指出早期的亚里士多德承认它们是实体,晚期的亚里士多德则予以否认。与此相似的还有柯亨(S. Cohen),他也采用了类似的方式来弥合这一种不一致。[2]诚然,发展论是一种较为便利的解决办法,也具有一定的合理性,毕竟我们肯定要承认亚里士多德的思想是"存在"发展的。但是,采用发展论也会有一些困难。我们在这里不想重复学者们对一般发展论的批评。仅就这个问题而言,不仅《范畴篇》是一部早期作品的观点已经受到许多质疑[3];而且我们还可以看到,就算在一本著作,甚或是同一卷当中,都会出

---

[1] Devereux, "Inherence and Primary Substance in Aristotle's *Categories*," pp. 58ff.
[2] Cohen, *Aristotle on nature and incomplete substance*. pp. 130ff.
[3] 参看聂敏里:《存在与实体:亚里士多德〈形而上学〉Z 卷研究(Z1-9)》,华东师范大学出版社 2011 年,第 75 页注 2。

现对这个问题的不同回答。所以，要通过发展论的进路来完全解决这个问题，也许并不是那么容易。这样，本文就是要尝试一种新的进路来解决这一问题，尽管我们不能完全避免发展论①，但我们至少可以暂时绕过它。

亚里士多德在论证实体的可感部分自身不是实体时，他举的例子大多都是生命体，只在少数几处文本中提到了人造物；这样我们就可以先关注人造物。人造物在亚里士多德的实体理论中的地位和作用近来也备受学界关注。已经有学者指出，人造物并不是真正意义上的实体。②（亚里士多德在《形而上学》中似乎也说明了这一点，见 Z. 17, 1041b28-30, H. 2, 1043a4, H. 3, 1043b20-23。）吉尔森（L. P. Gerson）进而指出，人造物作为实体是在它是"这一个"（tode ti）的意义上，它并不是完全意义上的实体③。而学者们在讨论本文第三部分所提及的文本时，他们也注意到人造物和生命体情况的不同：对于生命体来说，手脱离身体之后就不再是手；但是对于人造物来说，一张床的床板被拆卸下来之后，床板作为床板自身还可能是实体④。事实上，古代评

---

① 的确，正如德弗罗所说，从《论天》298a29 的 legō 到《形而上学》1028b8 的 dokei，很难完全否认这当中存在着一种发展，参见 Devereux, "Inherence and Primary Substance in Aristotle's *Categories*," p. 69, n. 14.
② 比如参看 Furth, *Substance, Form, and Psyche*; C. Shields, "Substance and Life in Aristotle,"*Apeiron* 41.3 (2008), pp. 129-152 等。此外，Katayama 进一步认为除了人造物之外，有些生命体——比如通过杂交而产生的生物和无性繁殖的生物——也不是实体，参见 E. Katayama, *Aristotle on artifacts: A metaphysical puzzle*, New York: SUNY Press, 1999；E. Katayama, "Substantial Unity and Living Things in Aristotle," pp. 99-100。
③ L. P. Gerson, "Artifacts, Substances, and Essences," *Apeiron*, 18.1 (1984), pp. 50-58.
④ 这些学者还从形质关系来说明这个问题，床板作为床板还具有其形式，但是手作为手就没有形式了，参看 Woods, "The Essence of a Human Being and the Individual Soul in *Metaphysics* Z and H," p. 284; Kosman, "Animals and Other Beings in Aristotle," pp. 370ff; M. Ferejohn, "The Definition of Generated Composites in Aristotle's *Metaphysics*," in *Unity, Identity, and Explanation in Aristotle's Metaphysics*, pp. 304, 314; Lewis, "Aristotle on the Relation between a Thing and its Matter," pp. 268-269 n. 45。

注者阿弗洛狄西亚的亚历山大（Alexander of Aphrodisias）就意识到人造物和生命体的差别，他指出人造物的质料已经是一个"这个"，有其形式；但是生命体的质料既不是一个"这个"也不是一个现实的（entelecheia）主体（subject, hupokeimenon）。①不过，尽管许多人都否认人造物作为真正的实体的合理性，本文则并不完全否认人造物的实体性，毕竟人造物也可以从功能的角度来考察，尽管并没有像生命体那样明显。因此作为整体的人造物比作为整体的生命体在更宽泛的意义上是实体②。于是，我们就有理由重视亚里士多德对人造物和生命体的区分，而本文的解决方式就来自于对二者的区分。我们认为，亚里士多德在分析实体时，采用了人造物模式和生命体模式。通过对不同模式的运用，我们就能对实体的可感部分自身是不是实体这个问题做出不同的回答：在人造物模式中，实体的可感部分就是实体；而在生命体模式中，实体的可感部分不是实体。③而且，这样对实体分析模式的二分也可以和形式（eidos）的二重含义相对应：在人造物模式

---

① 参见 Alexander of Aphrodisias, *De Anima Mantissa*,120.4-9；也参见 Koslicki, "Four-Eighths Hephaistos: Artifacts and Living Things in Aristotle," p. 77。

② 由于本文考察可感实体整体及其部分的实体性，而不讨论不同的整体实体的实体性（人造物和生命体）；因而我们把人造物也当作实体来讨论。此外，有人可能会根据《范畴篇》5. 2b22-28 中提到的一个第一实体并不比另一个第一实体更是实体的论证，从而来反对同样作为《范畴篇》中的第一实体的一个人造物并不比一个生命体更不是实体；然而我们可以认为，亚里士多德在当时主要通过人造物模式来分析实体，还没有必要否认同样作为"这个"的人造物是第一实体的地位（不过注意在这里亚里士多德举的例子"人"、"牛"也都是生命体）；而实际上人造物也可以看作某种"第二实体"，而只有生命体才是真正的"第一实体"。

③ 我们这样的划分可能会让人想起 M. L. Gill, *Aristotle on Substance* 以及 J. Whiting, "Living Bodies," In M. Nussbaum and A. Rorty, eds., *Essays on Aristotle's De Anima*, Oxford: Oxford University Press, 1995, pp. 75-91 中的构成性质料和功能性质料的区分，本文与她们的区别就在于：在她们看来，异质部分不能成为构成性质料；而本文则认为没有两种质料，只有两种不同的分析模式，因此，无论是同质部分还是异质部分都可以用两种不同的模式分析。

下，形式的含义会更侧重"形状"（*morphē*）方面；在生命体模式下，形式则更注重"功能"（*ergon*）方面。①在下文中，我们就将简要勾勒这两种模式的具体内容。

首先我们来讨论人造物模式。这一分析模式对于人造物来说更加显而易见，因此我们将其命名为"人造物模式"。不过，尽管亚里士多德主要用人造物模式来分析人造物，但是他也会将其应用到生命体上——虽然他很少直接这样论述。在该模式下，亚里士多德对实体的分析更侧重于"材料+形状"的方式，比如对于铜球来说就是铜+球形、对于手来说就是血肉骨骼等材料+手的形状。这样，当手与身体分离之时，手作为手还是实体（类似于在作为医学标本的手的意义上是实体），因为它依然是终极主词、不在一个主体中并且是一个"这个"。从另一个角度说，手作为手是由四元素的不同比例而构成的；与身体分离或者说身体死亡后，四元素的混合比例暂时不会变化，这样它就是一个实体②。由此，生命体的同质部分和异质部分乃至四元素就都可以独存，从而它们都是实体。肉和骨骼是四元素的不同比例混合而成，具有一定的硬度和软度③，这样就可以被认为是实体。总之，在这一分析模式下，可感部分自身可以是实体。另外，除了生命体和人造物，我们认为对于无生命的自然物（比如说岩石、天然水晶、蜂蜜等）来说，亚里士多德主要也对它们使用了这一分析模式。正如弗斯

---

① 学者们对于形式的二重含义的提及并不罕见，比如参看 Freeland, "Aristotle on bodies, matter, and potentiality," p. 394。当然，这并不是说当亚里士多德使用 *morphē* 时，就只能侧重 *morphē* 的方面而不能是 *ergon* 的方面（比如在《论灵魂》412b10-22 讨论形式的 *ergon* 方面时就用到了 *morphē*）。*eidos* 和 *morphē* 两个词在亚里士多德那里还是交替使用的。

② Sokolowski（"Matter, elements and substance in Aristotle," p. 284）也看到了这一点，但是他没有继续深入分析。

③ 参见 Freeland, "Aristotle on bodies, matter, and potentiality," p. 395；也见《论生成与消灭》II. 2、II. 7 的相关论述。

所说，岩石、木头、酒等作为自身还是实体①，尽管它们并不一定具有明显的可感部分。而接下来，我们可以讨论亚里士多德使用这一分析模式的原因。在我们看来，亚里士多德之所以要使用这一模式，原因在于：首先，在这一模式下，一个个体复合物的形式与质料可以很容易地看出来，而且人们也不会因形式与质料二者何以成为一个统一体而感到困惑：铜球、房子这些都是如此。其次，我们会发现，当亚里士多德在《物理学》II. 3 讨论四因说的时候，他运用的也是人造物模式。这同样是由于通过人造物分析模式的运用，四因的阐释就显得更加清晰，我们更容易区分四因。然而，如果使用我们下面要探讨的生命体模式，不仅形质关系会更加复杂，而且在一个生命体当中，我们也很难区分四因；因为在生命体当中，形式因、动力因和目的因常常是合一的（《物理学》II.7, 198a24-25）②。此外，即使在讨论潜能与实现的时候，亚里士多德也大量运用了人造物作为例子。基尔（M.L. Gill）就认为在《形而上学》H. 6，将铜球作为说明的例子会更加便利，因为生命体的质料不能与身体、与形式分离，质料的部分很难持存，这样就不容易说明潜能/现实的一种历时性③。然而，如果涉及潜能/现实下的功能和目的，亚里士多德就会发现人造物模式不再能够胜任，那么，我们就可以把目光转向另一种实体分析模式

---

① Furth, *Substance, Form, and Psyche*, pp. 78-79. 此外，对于蜂巢、蛛网、燕窝等动物造的可感物，也可以采用人造物模式分析。
② 当然这里的"一"也未必是严格意义上的同一，因为正如 J. Rosen, "Essence and End in Aristotle," *Oxford Studies in Ancient Philosophy 46* (2014), pp. 73-107 所述，一个生命体的形式因可以说是能实现其功能，而目的因则是其功能；但是二者常常体现在同一存在（比如灵魂）上。
③ M. L. Gill, "Unity of definition in *Metaphysics* H.6 and Z.12," pp. 99-103. 因此，尽管人造物模式看起来只用在"依凭自身（*per se*）之是"上，但是实际上却不是如此，"潜能/现实之是"也要用到人造物模式。所以本文的"双重模式"并不只是"双重之是"下的一个划分。

——生命体分析模式。

生命体分析模式尽管最典型地运用在生命体身上，但是它在一定层面上也可以用在人造物身上，比如说前文提到的斧子。在这个模式下，亚里士多德注重的是个体复合物的"功能"。对于生命体的可感部分来说，这一点是明显的。因为一只脱离身体的手不能再发挥其功能，它甚至不再是手，也就更不可能是实体（当然，如前所述，不与活的身体分离的手也不是实体，但它至少还"是"手）；同样，肉由于不能具有触摸的功能，也就不再是肉，因而也就不是实体。对于人造物，我们也可以进行类似的论证：一块床板被拆卸下来后，由于它不能实现作为床板的功能，那么就不能是床板，不是作为床板的实体，这似乎是没问题的。但是如果例子是一扇门，当一扇门与房子分离后，尽管它似乎就不能实现作为供人进出房屋的、房子的门的功能，于是就不是实体，但是我们知道它仍然还有供人通过的、门的功能，因此这一点也是存在疑问的。由此，从这个角度说，人造物只能在一种较弱的意义上采用生命体模式来分析。这也正好印证了为什么亚里士多德在生命体模式的相关文段（比如"同名异义原则"文段）提到的绝大多数都是生命体及其部分的例子，而极少提到人造物。相反，人造物模式尽管最典型地适用于人造物的分析，但是如前所述，它也能较合适地运用到生命体之上。然而，鉴于生命体是亚里士多德实体的最佳例子，那么对亚里士多德而言，生命体分析模式实际上是更接近"真理"的，也是他更倾向于认同和运用的①。但是由于这一分析模式在处理实体的形质关系等问题上容易

---

① 因为在亚里士多德看来，人造物模式可能更接近于德谟克里特的思想，因为亚里士多德在《论动物的部分》640b29-641a16 认为德谟克里特尽管在某种意义上认识到了形式因，但德谟克里特只是在"形状"（morphē）的意义上说明了形式，而这一点正是亚里士多德所要批评的。在 Lewis 看来，亚里士多德认为德谟克里特没有区别人造物和自然物；因此，我们说亚里士多德提出生命体模式正是对此

出现一些疑难，因此我们可以看到"铜球"这一典型的人造物分析模式在亚里士多德著作中的大量应用。

上文已经简要阐述了亚里士多德分析实体的两种模式。下面我们将试图说明这两种模式并非互不相关，相反它们之间存在一种演进关系。

五、两种分析模式的关系

如果亚里士多德的两种分析实体的模式之间没有什么关系，那么我们就有理由质疑亚里士多德使用两种分析模式的用意。①然而事实上，它们之间存在着一种逻辑演进的关系，而这与亚里士多德形而上学的研究方法论相一致。

首先，我们可以看到，这两种分析模式在文本上并非截然分开，而是共同交织在《形而上学》的核心卷中。如果它们之间没有什么联系，那么亚里士多德的行文逻辑就会显得不那么连贯（同时也就会给发展论的解决方式造成困难）。其次，我们在上文的论述中已经提到，亚里士多德采用人造物模式是为了更清楚地表明形式、质料和四因之间的区分；而采用生命体模式虽然不容易看出以上区分，却隐含着亚里士多德关于潜能/现实和功能等另一方

（接上页）的突破，是他更为赞同的，参见 Lewis, "Aristotle on the Relation between a Thing and its Matter," pp. 268-269 n. 45. 另外也可参看 J. A. Tipton, *Philosophical Biology in Aristotle's Parts of Animals*, Cham: Springer, 2014, pp. 33-36 对此的进一步论述。Tipton 认为亚里士多德形式的功能层面的提出纠正了德谟克里特对形状的过分强调；并且他指出亚里士多德的形式从外看就意味着形状，从内看则更注重其功能。

① 这里可以参考[美]余纪元：《亚里士多德〈形而上学〉中 being 的结构》，杨东东译，中国社会科学出版社 2013 年。在他看来，亚里士多德的"双重之是"似乎是没有什么联系的（比如他对《形而上学》核心卷次的重新划分），但是这就招致了聂敏里的批评，参见聂敏里《存在与实体》，第 354–365 页。

面的考虑,这样也似乎能从中找出一点关系。而我们从《形而上学》Z.3（或Z.4）①的一段文本中，就更能看出二者之间的联系以及其中的方法论要求：

> 因为，向更加可知的东西进展是有益的。由于在一切方面，学习都是这样——通过在自然上（phusei）较少可以认识的进展到较多可以认识的，……同样，学习就是要从对我们更加可知的东西开始，使那些依照自然更加可知的东西成为对自己也是可知的。那些对每个人来说是可知的和首要的东西，常常只是略微可知的东西，……但是，尽管如此，应当尝试从那些粗糙可知、但只是对自己而言可知的东西开始，去认识那绝对可知的东西，……通过这些东西逐步前进。②（1029b3-12）

这段文本③一般被解释为对于实体的研究要从可感实体开始，进展到不可感实体。因为可感实体对自己（也就是对我们，本文在这里采用《后分析篇》、《物理学》、《尼各马可伦理学》等处的说法）更加可知，不可感实体则是依照自然更加可知。④然而，我

---

① 关于以下这段文本（1029b3-12）是否应该移到 Z.3 结尾（也就是 1029a34 之后），历来有不同的意见。尽管自 Bonitz 以来的现代学者普遍认为应该移至 Z.3 结尾（这体现在各希腊文本和译本中），但是 Irwin 则反对这种修订，参见 T. Irwin, "From essence to form: Metaphysics 1029b1-14 (in that order)," in C. Natali, ed., *Aristotle: Metaphysics and Practical Philosophy, Essays in Honour of Enrico Berti*, Louvain-la-Neuve: Peeters, 2011, pp. 95-110. 不过对于本文而言，这段文本的位置如何并不影响我们的论证，因为我们只需指出，从"对我们更可知"到"依照自然更可知"的方法论是亚里士多德所一贯主张的。
② 译文参照聂敏里的《存在与实体》一书后附的相关文本翻译，略有改动。
③ 亚里士多德在其他一些文段中也提到了相似的内容，参看《物理学》I.1, 184a17以下、《尼各马可伦理学》1095a30-b8、《后分析篇》71b33-72a5。
④ 同样，由于对文本位置的不同看法，这里讨论的内容也会有争议，主张不改变原有位置的 Irwin 就认为这里论述的是从对本质的研究到对形式的研究，另外也有

们认为，从"对我们更可知"（better-known to us）到"依照自然更可知"（better-known by nature）不仅可以运用到实体对象的选择上，也可以运用到亚里士多德的研究方法论上。在亚里士多德看来，x比y更加可知就意味着，我们可以在不知道y的前提下知道x，但不可以在不知道x的前提下知道y①。而亚里士多德的总体研究也是这样，从对我们更加可知的研究开始，进展到依照自然更加可知的研究中，因为"依照自然更加可知"的研究尽管更接近真理，却未必都是对我们很熟悉的。②从这个角度看，亚里士多德的这两种分析实体的模式之间的关系就昭然若揭了：人造物分析模式是"对我们更加可知"的方式，生命体模式则是"依照自然更加可知"的方式。因为我们之前提到，用人造物模式来分析实体对我们来说更熟悉，理解起来也更加容易（比如说现在一些不主张发展论的学者认为《范畴篇》更可能是一部面对初学者的导论性作品，也就是"对我们更加可知"的作品）；而用生命体模式对我们来说却更困难一些，但是依照自然却更可知。而按照前文提到的亚里士多德对"更加可知"的解释，我们也可以认为在不知道人造物模式的情况下，直接按照生命体模式分析实体的可感部分是有困难的（比如前文提到过的作为主体，以及形式质料和四因区分的问题）。③因此，亚里士多德的两种分析实体的模式

（接上页）人认为指的对象是可感实体和不可感实体的本质，参看 Irwin, "From essence to form," pp. 99-100, 103ff.

① 参见《论题篇》141b29-34 以及 Irwin, "From essence to form," pp. 103-104。

② 参看 A. E. Miller & M. G. Miller, "Aristotle's Metaphysics as the Ontology of Being-Alive and its Relevance Today," *Proceedings of the Boston Area Colloquium in Ancient Philosophy* 20 (2004), pp. 1-96 对此的另一种运用。在作者看来，Z. 4-6 的"静态分析"对我们更可知，而 Z. 7 之后从生成角度的"动态分析"则是依照自然更可知。关于更多亚里士多德总体研究的顺序或者说漫步学派学员的"学习顺序"问题可参考 Burnyeat, *A Map of Metaphysics Zeta*, p. 111-124。

③ 人造物分析模式更多涉及的是《范畴篇》的相关内容，而生命体分析模式则与生物学著作更相关，这也符合 Irwin 所认为的亚里士多德的总体方法论：我们可以

之间存在着一种演进的关系，而且这种关系与他所要求的研究方法论是相一致的。

由此，我们当然可以在一定程度上承认发展论（比如说亚里士多德可能在早期更重视人造物分析模式，在晚期更主张生命体分析模式），但是我们也可以绕过发展论，认为这两种分析实体的模式在亚里士多德那里同时存在，他自始至终都没有抛弃任何一种发展模式（尽管在本文所探讨的这个问题上，他可能更倾向于生命体模式，但是我们没有足够证据说明亚里士多德以生命体模式完全取代了人造物模式），二者之间只是研究方法论上的进展关系，对应着学习和研究的不同阶段。尽管通过对不同分析模式的运用，亚里士多德对于"实体的可感部分与作为整体的实体分离后，可感部分作为自身是否是实体"这个问题会有两种完全相反的回答，但是这并不意味着两种分析模式是完全并列的，二者是在不同层次上对同一个问题的回答：从"对我们更可知"到"依照自然更可知"。

参考文献

1. Ackrill, J. L.: *Aristotle's Categories and De Interpretatione*, New York: Oxford University Press, 1963.
2. Bogaard, P. A: "Heaps or Wholes: Aristotle's Explanation of Compound Bodies", *Isis*, 1979, pp. 11-29.
3. Bostock, D.: *Metaphysics: Books Z and H*, New York: Oxford University Press, 1994.

（接上页）在不知道后者的情况下研究前者，却不能够在不知道前者的情况下研究后者。参见 Irwin, "From essence to form," pp. 103-105。

4. ——: *Space, Time, Matter and Form: Essays on Aristotle's Physics*, New York: Oxford University Press, 2006.
5. Burnyeat, M.: *A Map of Metaphysics Zeta*, Pittsburgh: Mathesis Publications, 2001.
6. Cohen, S. M: *Aristotle on Nature and Incomplete Substance*, Cambridge: Cambridge University Press, 2003.
7. Devereux, D: "Inherence and Primary Substance in Aristotle's *Categories*", in Gerson L., ed., *Aristotle: Critical Assessments Vol. 1*, London: Routledge, 1999, pp. 52-72.
8. Fine, G.: "Separation", *Oxford Studies in Ancient Philosophy*, Vol. 2, 1984, pp. 31-87.
9. Frede, M.: "Individuals in Aristotle", in *Essays in Ancient Philosophy*, Minneapolis: University of Minnesota Press, 1987, pp. 49-71.
10. Freeland, C. A: "Aristotle on bodies, matter, and potentiality", in Gotthelf, A. and Lennox, J. G., eds., *Philosophical Issues in Aristotle's Biology*, Cambridge: Cambridge University Press, 1987, pp. 392-407.
11. Ferejohn, M.: "The Definition of Generated Composites in Aristotle's *Metaphysics*", in Scaltsas, T., Charles, D. and Gill, M. L., eds.: *Unity, Identity, and Explanation in Aristotle's Metaphysics*, New York: Oxford University Press, 1994, pp. 291-318.
12. Frey, C.: "Organic Unity and the Matter of Man", *Oxford Studies in Ancient Philosophy*, Vol. 32, 2007, pp. 167–204.
13. Furth, M.: *Substance, Form, and Psyche: An Aristotelean Metaphysics*, New York: Cambridge University Press, 1988.
14. Gerson, L.P.: "Artifacts, Substances, and Essences", *Apeiron*, Vol. 18.1, 1984, pp. 50-58.

15. Gill, M. L.: *Aristotle on Substance: The paradox of unity*, Princeton: Princeton University Press, 1989.
16. ———: "Material Necessity and *Meteorology* IV.12", in Kullmann, W. and Fullinger,S., eds.:*Aristotelische Biologie. Intentionen, Methoden, Ergebnisse*, Stuttgart: Franz Steiner, 1997, pp. 145-161.
17. ———: "Unity of definition in *Metaphysics* H.6 and Z.12", in Lennox, J. G., and Bolton,R. eds.:*Being, Nature, and Life in Aristotle: Essays in Honor of Allan Gotthelf*, New York: Cambridge University Press, 2010, pp. 97-121.
18. Halper, E. C.: *One and Many in Aristotle's Metaphysics: The Central Books*, Columbus: Parmenides Publishing, 2005.
19. Irwin, T.: "From essence to form: *Metaphysics* 1029b1-14 (in that order)", in C. Natali, ed., *Aristotle: Metaphysics and Practical Philosophy, Essays in Honour of Enrico Berti*, Louvain-la-Neuve: Peeters, 2011, pp. 95-110.
20. Katayama, E.: *Aristotle on Artifacts: A metaphysical puzzle*, Albany: State University of New York Press, 1999.
21. ———: "Substantial Unity and Living Things in Aristotle", *Apeiron* 41.3, 2008, pp. 99-127.
22. Kirwan, C.: *Aristotle's Metaphysics, Books Gamma, Delta, and Epsilon*, New York: Oxford University Press, 1993.
23. Koslicki, K.: "Four-Eighths Hephaistos: Artifacts and Living Things in Aristotle", *History of Philosophy Quarterly* 14, 1997, pp. 77-98.
24. ———: *The Structure of Objects*, New York: Oxford University Press, 2008.

25. Kosman, L. A.: "Animals and Other Beings in Aristotle", in *Philosophical Issues in Aristotle's Biology*, Cambridge: Cambridge University Press, 1987, pp. 360-391.
26. Lewis, F. A: "Aristotle on the Relation between a Thing and its Matter", In *Unity, Identity, and Explanation in Aristotle's Metaphysics*, 1994, pp. 247-277.
27. ——: *How Aristotle Gets by in Metaphysics Zeta*, Oxford: Oxford University Press, 2013.
28. Miller, A. E. & Miller, M. G.: "Aristotle's Metaphysics as the Ontology of Being-Alive and its Relevance Today", *Proceedings of the Boston Area Colloquium in Ancient Philosophy*, Vol. 20, 2004, pp. 1-96.
29. Miller, F. D.: "Aristotle on the Separability of Mind", in *The Oxford Handbook of Aristotle*, Shields,C. ed.: Oxford University Press, 2012, pp. 306-339.
30. Morrison, D.: "The evidence for degrees of being in Aristotle", *The Classical Quarterly (New Series)* 37.2, 1987, pp. 382-401.
31. Rosen, J.: "Essence and End in Aristotle", *Oxford Studies in Ancient Philosophy* 46 (2014), pp. 73-107.
32. Ross, W. D.: *Aristotle's Metaphysics*. Vol. 2, Oxford: Clarendon Press, 1924.
33. Shields, C.: "Substance and Life in Aristotle", *Apeiron* 41.3, 2008, pp. 129-152.
34. ——: *Order in Multiplicity: Homonymy in the Philosophy of Aristotle*, Oxford: Oxford University Press, 2002.
35. Sokolowski, R.: "Matter, elements and substance in Aristotle", *Journal of the History of Philosophy* 8.3, 1970, pp. 263-288.

36. Spellman, L.: *Substance and Separation in Aristotle*, Cambridge: Cambridge University Press, 2002.
37. Sprague, R. K.: "Aristotle and divided insects", *Methexis*, 2, 1989, pp. 29-40.
38. Tipton, J. A.: *Philosophical Biology in Aristotle's Parts of Animals*, Boston: Springer, 2014.
39. Whiting, J.: "Living Bodies", in Nussbaum, M. and Rorty, A., eds.: *Essays on Aristotle's De Anima*, Oxford: Oxford University Press, 1995, pp. 75-91.
40. Woods, M.: "The Essence of a Human Being and the Individual Soul in *Metaphysics* Z and H", in *Unity, Identity, and Explanation in Aristotle's Metaphyisics*, Oxford: Oxford University Press, 1994, pp. 279-289.
41. 曹青云:《亚里士多德的形式—质料关系与功能性质料和构成性质料的区分》,载于《世界哲学》2011年,第2期,第233–245页。
42. 门恩:《〈形而上学〉Z.10-16和〈形而上学〉Z卷的论证结构》,收入《20世纪亚里士多德研究文选》,聂敏里选译,华东师范大学出版社,2010年,第398–444页。
43. 聂敏里:《存在与实体:亚里士多德〈形而上学〉Z卷研究(Z1-9)》,上海:华东师范大学出版社,2011年。
44. ——:《〈形而上学〉Z.13,1038b16-34的论证》,载于《云南大学学报(社会科学版)》,2013年,第3期,第4–16页。
45. 余纪元:《亚里士多德〈形而上学〉中being的结构》,杨东东译,中国社会科学出版社,2013年。

纪　念

纪念汪子嵩先生[①]

聂敏里

一

2018年1月21日二十二点零五分,96岁高龄的汪子嵩先生永远地离开了我们。

汪子嵩先生是我国当代著名的古希腊哲学史家。他1941年入西南联大学习哲学,先后师从冯文潜、汤用彤、冯友兰、金岳霖、陈康等多位中国现代著名学者。1945年他考入北京大学文科研究所,成为陈康先生的研究生,由此走上了专治古希腊哲学的研究道路。当时,陈康先生同时身兼西南联大和中央大学的教职,我的业师苗力田先生早汪先生一年考取中央大学研究院哲学研究所陈康先生的研究生,因而两人实为陈康先生在大陆仅存的入室弟子。

西方古典哲学传入中国早在明末清初,以利玛窦为代表的一些耶稣会传教士在和中国士大夫阶层接触时,也将古希腊、古罗马的一些自然科学著作、道德哲学著作和形而上学著作或以转述的形式、或以翻译的形式绍介进来,其中,像亚里士多德的《范

[①] 本文首发于2018年2月1日《南方周末》。

畴篇》《前分析篇》《论天》《论宇宙》《论灵魂》《气象学》《尼各马可伦理学》等都有译介,因此,中国知识阶层了解古希腊哲学、特别是亚里士多德的哲学,实是从明末清初开始。但是,古希腊哲学学科在中国的成立却是始自现代,而在这个过程中,使中国的古希腊哲学学科达到国际水准,为中国的古希腊哲学研究奠定了坚实学术基础的,就是陈康先生。但是,遗憾的是,陈康先生1940年从德国学成归国,1948年即离开大陆,前往台湾大学哲学系任教,因而,在大陆学界给我们留下的东西不多,只是几篇文章和一本可谓空谷遗音的柏拉图《巴曼尼得斯篇》译注。因此,当我们谈到在20世纪80年代那个百废待兴、思想解放的年代,沉寂了近三十年的古希腊哲学研究在国内重新焕发青春与活力,并为古希腊哲学学科在当代中国的发展奠定坚实的基础,我们就不得不提到敬爱的汪公——汪子嵩先生。

熟悉汪先生的人,大概都知道他那个"我要回到古希腊去了"的人生重大决定。当时,正是"真理标准大讨论"的1978年,汪先生时任人民日报社理论部副主任,亲身参与到了其中许多具体的工作中去。但也正是在那个时候,汪先生做出了他人生当中的重要决定,这就是重新回到他所热爱的古希腊哲学中去,尤其是回到对亚里士多德《形而上学》的研究上去。我们现在已经不能知道汪先生当年做出这一决定时的具体想法。但是,或许,写在1981年出版的《亚里士多德关于本体的学说》"后记"当中的一段话能够向我们说明其中部分的原因。"1944年,我在西南联大读书,要作毕业论文,我对西方哲学史有兴趣,想从头读起,就选了柏拉图的哲学作为论文题目。第二年当了研究生,跟陈康先生读了点柏拉图和亚里士多德的书,开始学习怎样从哲学家的著作中分析研究他们的哲学思想。不久就迎来解放,哲学史被抛在一边,我转学马克思主义哲学了。1959年,我的生活发生了一次转折。1963年，让我重新搞哲学史，并且要我讲《形而上学》的课。当时有些爱好哲学史的同学告诉我，他们想读这本书，却遇到了不少困难。我开始想用马克思主义的方法对《形而上学》作些分析和解释。但是，我刚写了一篇文章，就离开了学校。以后的工作，又是与哲学史没有直接关系的。直到1979年初，要我参加多卷本西方哲学史的编写工作。虽然直到现在，这项工作还只是我的业余工作，但是我想，这次我应该有个长期的打算，准备为这项工作贡献我的余生。"所以，可以肯定的是，从求学于陈康先生起就形成的对亚里士多德《形而上学》的浓厚学术兴趣，对探求知识真理的拳拳赤子之心，特别是在那个思想解放的年代所激发起的追求民主、自由和科学的决心和勇气，正是所有这一切促成了汪先生的这一重大的人生决定。

我认为，真正的学者，特别是以求真为己任的学者，在生命的关键时期，都或多或少有这样一次"伟大的转身"。在世人看来，人生的艰难时刻转身不易，其实处于顺境转身更难。汪先生能够在年届耳顺之时选择摆脱宦途，转向真正的自我，远离在今天许多人看来的上升之途，而选择下降之途，这就是学者的良知和灵魂。在人生的道路上，有的人越走身形越渺小，有的人越走身形越伟大。汪先生以他的人生抉择和他生命的最后四十年，向我们展示了人如何可以以他的切实的、不慕浮名、不恋虚位的艰辛劳作和创造而成就人生真正的伟大和卓越。

二

这样，在20世纪80年代的学术界，就呈现出了汪先生"回到古希腊去"的第一本重要著作，《亚里士多德关于本体的学说》。

苗先生曾多次向我说过汪先生写作此书之不易。这实际上是他在那段"言不敢称希腊"的时期,一个人潜心精研亚里士多德《形而上学》的结果。它的出版一下子将我们的哲学史研究提升到了本体论的高度。人们在那个时代有关亚里士多德哲学的唯心、唯物的简单争论之外,开始知道亚里士多德哲学有更深刻、更严肃的问题需要我们去讨论,而既然亚里士多德的哲学是西方哲学之根,因此,对整个西方哲学史的讨论也就有更深刻、更严肃的问题要去讨论。同时,人们也由此知道了我们应当如何"学术地"或者说"科学地"讨论哲学史问题,这就是从哲学家自己的文本、自己的思想、自己的论证出发,而不是脱离思想史语境乃至历史语境地空谈。因此,汪先生的这部著作,就像当年亚里士多德哲学在中世纪经院哲学中的复活一样,给我们的学术界带来了一缕清新的学术气息,使人们知道何为严肃的学问,科学的研究应当如何去做。

但由此一来,我们就必须谈到汪先生的另一本书,这就是《陈康:论希腊哲学》。这是汪先生与王太庆先生合编、合译的陈康先生在海内外学术期刊上发表的中英文论文的合集,1990年由商务印书馆出版。它的重要价值在于,在大陆仿佛已经烟消云散的陈康先生的学术精神和学术生命仿佛又重新复活了。凡是深入地研究古希腊哲学的学者,都会严肃地对待陈康先生的这部论文集。陈康先生写作于四五十年前的那些学术论文,到今天仍然能给古希腊哲学的研究者带来具有真知灼见的教益。但我深信,汪先生和王先生编辑这部陈康先生的论文集,还有更深层次的考虑。在"编者的话"中两位先生这样写到:"我们面聆先生教益不多,但从课堂里听到的,以及从他的著作中学到的,却深深感到陈先生教给我们的是实事求是、不尚玄虚、不取道听途说、不作穿凿附会的方法,是研究哲学史、特别是研究古典希腊哲学史的一种重要方法。"向国内治古希腊哲学史、乃至于西方哲学史的学者推荐这种方法，以使学术研究始终立于实事求是的基地上，这才是两位先生编辑陈康先生这部论文集的根本用心所在。当我们今天重读这段写在近三十年前的话，尤其是联想到近些年来在一部分国内学者中流行的立足于想象、立足于自我发挥、立足于所谓微言大义的研究方法，它的意义和价值就变得格外珍贵起来。

学术观点会随着研究的深入而不断更新，从而，我们今人看前人的学术研究，难免会有粗糙、不深入、不恰切之感，但是，有一分事实说一分话的实事求是的精神却始终是学者最基本的职业操守和学术良知，由此我们才能谈到学术传统的继承和延续。就复兴陈康先生这一严谨的学术传统来说，我想，再也没有比汪先生和王先生共同完成的这个工作更重要、更关键的了。《陈康：论希腊哲学》出版的时候，陈康先生尚健在，他给汪先生的回信中这样写道："旧稿多逸，收集艰辛。何期冀北，尚有知音。辑译编印，启发群英。备承青睐，深感情殷。既成我志，复慰我心。其愿亦偿，二者同欣。"师生殷殷之情，跃然纸上，在我们今天这个师生之情浇漓、实用主义盛行的时代，岂不令人感慨系之！

只是在此之后，我们才要郑重地谈到使我国的古希腊哲学研究无愧于世界的那部多卷本巨著——《希腊哲学史》。这部四大卷五大本、长达四百余万言的巨著，是在汪先生的带领下，在范明生先生、陈村富先生、姚介厚先生等多位前辈学者的通力合作下，最后又有包利民、章雪富等年富力强的学者的加入，历时近三十年（1982-2010）而最终完成的。它上起公元前6世纪的米利都学派，下迄公元6世纪才宣告完结的新柏拉图主义，不仅在纵向线索上条贯清晰而完整，覆盖了几乎所有重要的古希腊哲学家和哲学流派，而且在横向线索上也点面结合，将所论及的每一位哲学家和每一个哲学流派的不同方面的思想都做了全方位的梳理和论述，从而可谓是包罗万象、总其大成。像这样的鸿篇巨制，坦率地说，在世界范围内，也只有现代古希腊哲学史学科的奠基者、德国著名的哲学史家策勒耗时一甲子之年所反复修订杀青的六大卷八大册（按英译本说）的《古希腊哲学史》（1844-1902）可与之比肩。因为，在汪先生等所编写的《希腊哲学史》之前，多卷本的希腊哲学史著作除策勒的以外，至少还有贡珀茨（Theodor Gomperz）三卷本的《古希腊思想家：古代哲学史》（1893-1909）、雷亚莱（Giovanni Reale）四卷本的《古代哲学史》（1975-1978）和格思里（W. K. C. Guthrie）六卷本的《古希腊哲学史》（1962-1981）；但是，就规模与形制的完整性而言，就覆盖的全面与详尽而言，就体量的巨大和厚重而言，确实，除策勒的以外，如果说世界上还有第二部，我们就必须自豪地举出由我们中国人自己所编写完成的这部《希腊哲学史》。

这部著作的缘起是怎样与80年代的思想解放运动紧密相关、与汪先生的那次"伟大的转身"紧密相关，汪先生在他为第四卷的出版所写的"序言"中已经做了清楚的交代；而汪先生在这项旷日持久的工程中承担了多少具体的工作，付出了多少巨大的劳力，陈村富先生在第四卷的"后记"中也已经做了详细的说明。《希腊哲学史》是多人合作之作，汪先生拒领主编之名，而实任主编之劳，其高风亮节为海内所钦敬。我认为，正是在汪先生这一巨大人格魅力的感召下，《希腊哲学史》的整个编写团队才能够在数十年内抵住各种名利的诱惑、顶住各种现实生活的压力、排除种种思想干扰，实现汪先生在最开始所订立的"君子之约"，即：为保持著作的新颖，撰稿人都不要把自己承担的部分以论文或著作的形式独立发表，多卷本概不用已发表而又无新突破的稿子。显然，正是这个十分严苛的约定保证了《希腊哲学史》各章、各卷的学术高质量。但成就《希腊哲学史》整个写作过程严谨和自律的还不仅止于此。在第四卷的"后记"中，陈村富先生还记录了另一个"君子之约"："我们四位撰稿人形成了如下共识：前人的研究，无论是谁，都予尊重；前人的成果应给予恰当评价，以启示后人的思想，加以贬低或抹杀都是学术之大忌；来自学术界的批评，遵照学术界惯例，认真听取，平等对待，以讨论和对话共促学术之繁荣；作为老一代学人，我们应扶持年轻人成长，从年轻人那里吸取学术营养，以宽恕别人的失误。"在这个约定中，如何公正地对待前人的成果、如何正确地对待别人的批评、如何包容地对待后辈的成长，说得清清楚楚、明明白白。这就是所谓"严以律己，宽以待人"的美德，比起今天一些青年学者通过恶意贬低前人来成就自己的恶德，真是天壤之别！

上面所讲的三件工作，一个人一生只要完成其中一件，就已经可以无愧于此生了，而汪先生完成了三件，就此而言，我认为汪先生的一生是无愧的，他在耳顺之年的"伟大的转身"是价值巨大的！人的生命是短暂的，穷三十年光阴完成《希腊哲学史》这一势必会耗尽人全部生命的伟大劳绩，这对许多人或许是奢望，但汪先生在生命迟暮之年开始这一工作，却最终能够亲眼看到它的完成，就此而言，他是幸福的，而且是无比幸福的。

三

我最早接触汪先生的著作是在 80 年代末，也就是汪先生的那本《亚里士多德关于本体的学说》，正是那本书使我对亚里士多德的《形而上学》有所了解，也使我知道了什么是哲学的本体论问题。而我和汪先生的实际接触是在我 1996 年成为苗力田先生的博士生之后。苗先生和汪先生都是陈康先生的研究生，他们之间交往密切，不分彼此，以至于苗先生的学生也就很自然地是汪先生的学生。苗先生由于当时年事已高，有时候要送点儿东西给汪先生，就会让我跑一趟，送到他光华里的家中。我正是在那个过程中与汪先生渐渐熟悉起来的。到我1999年博士毕业的时候，汪先生又是我博士毕业论文答辩委员会的主席，参加我答辩的还有王太庆先生、傅乐安先生。社科院的叶秀山先生、姚介厚先生和北京大学的杨适先生是我的博士毕业论文的评审专家。当时汪先生78岁，但步履矫健、神情闲雅，答辩休息期间和我们谈笑风生，而苗先生时年82岁，但也精神矍铄，和老友时有调侃打趣，很难让人想到一年之后他会遽然离世。这些18年前的往事仿佛历历如在昨日，令人不胜唏嘘。

晚年的汪先生深居简出，秉承"低调做人"的原则，再加上年事已高，身体不好，所以，我们做晚辈的也就不好再登门打搅。但是，令我颇感意外的是，2015年，当我和清华大学的宋继杰、天津外国语大学的吕纯山一起申报的"陈康著作的整理、翻译与研究"获得当年国家社科基金重大项目立项时，姚介厚先生却打来电话，向我转达了汪子嵩先生的欣慰之情。在和汪先生的女儿汪愉女士的通话中，她也向我表达了汪先生的殷切期盼，这就是将陈康先生发表在海外的全部著作翻译成中文，以全面展示陈康先生的学术成就。汪先生对陈康先生的深厚感情，我自然是知道的，但是，在他已届94岁高龄、思维已经不是十分清晰的时候却仍然不能忘怀于陈先生，为有关陈先生的一切工作感到兴奋与喜悦，这是我万万没有想到的。

当时，我还和人民出版社合作主编一套"古希腊哲学经典学术译丛"，其中一个重要部分就是策勒六卷本《古希腊哲学史》的翻译。由于我知道汪先生对策勒这部哲学史著作十分重视，当年《希腊哲学史》编写的缘起就与策勒这部书有关，因此，我也就不揣冒昧，通过汪愉女士斗胆向汪先生提出了请求，希望汪先生为这部即将翻译出版的著作题词。不过汪先生毕竟年事已高，是否能够题词，我心里也没有把握。但没有想到，汪愉女士却向我传来了肯定的答复，说汪先生十分支持翻译工作，表示可以试着让汪先生写写看，因为汪先生当时写字已经不能成行了。我是在2016年5月向汪先生提出这个请求的，在2016年7月终于拿到了这个题词的扫描件，题词是这样写的："德国哲学史家策勒的《古希腊哲学史》是古希腊哲学学科的奠基之作，中国学者有责任将它完整地翻译过来！" 据汪愉女士告诉我，这是汪先生每天费力地写一点，写了很多次，最终从已经完成的字纸中拣最好的挑出来的。当我拿到这份扫描件时，我的心情十分沉重。因为，从这几行歪歪斜斜的字迹中，我看到的是一颗高尚的灵魂：她很少想到自己，而总是想为别人、为她所热爱的事业做到更多；她做事不求回报，而以无私的胸襟包容一切！

2017年，适逢陈康先生诞辰115周年，苗力田先生诞辰100周年，是年9月16–17日，我以国家社科基金重大项目"陈康著作的整理、翻译与研究"课题组的名义在中国人民大学召开了"陈康先生学术思想研讨会——暨苗力田先生诞辰100周年座谈会"，除参会的青年学者外，与会老学者、老专家20多人，都是苗先生生前的友好或学生。当姚介厚先生发言时，他特别转达了96岁高龄的汪子嵩先生的口信，说汪先生听闻此次会议的召开非常高兴，他向本次会议表示衷心祝贺，并借此表达他对陈康先生的感恩与崇敬，对他的师兄苗力田先生的纪念与缅怀！当时，与会的老学者无不动容，既为汪先生的身体健康感到高兴，也为他对师门的深情厚谊所感动。但没有想到的是，仅仅过去3个多月，汪先生就遽然离我们而去！

汪愉女士告诉我，汪先生生命的最后几天思维异常清晰，这大概是因为看到家人团聚在一起的缘故,他走时没有任何遗憾!确实如此,一位如此胸襟博大而富于包容的老人,一位将一生无私地奉献给追求自由和真理事业的老人,他的生命当然不会有任何遗憾!

英文摘要

(Abstracts)

Plato's Empiricism
XIAN Gang

Abstract: It is usually maintained that Plato seeks the beyond world of Ideas and looks down upon the empirical world of reality. This articles intends to prove that the above opinion is an one-sided misreading of Plato's writings. From the pespective of the whole spirit of dialectics, Plato does not propose the separation of things and their Ideas, and therefore knowledge of the Ideas must start from and contain in itself the empirical knowledge of the things. In this sense, Plato's philosophy is a version of empiricism, but it differs essentially from modern empiricism in that it always insists on the tensional unity between empirical knowledge and rational knowledge.

Keywords: empiricism; separation; Idea; induction; dialectic

Acquisition of Knowledge in Plato's *Phaedo*
ZHAN Wen-jie

Abstract: Acquiring knowledge, according to Plato's *Phaedo*, implys three aspects: 1) the purification of the soul, 2) the recollection of the intelligible Forms, and 3) the investigation of reality by the method of hypothesis instead of empirical observation. This article studies these aspects successively, and takes the endeavor to explain Plato's views about cognition and knowledge appeared in this dialogue. In addition, the author brings forward an argument to refute Chen Chung-hwan's interpretation that Plato shows in the *Phaedo* that there is a mode of cognition higher than thinking or reasoning which might be called the *Ideenschau* or the direct vision of the Forms.

Keywords: *Phaedo*; knowledge; recollection; hypothesis

Are One and Many the Highest Principles of Plato's Philosophy?
CHANG Xu-ming

Abstract: Tübingen School suggests that theory of Idea is not the essential thought of Plato. According to their Unwritten Doctrine, the highest One and the following Two are the dualistic Principles so that Plato could put forward the construction of Being including its classes and their relationship especially in *Philebus*. By analyzing the mixture between One and Many, Finite and Infinite in *Philebus*, this paper would question that if Plato could go beyond the theory of Idea, and, if his theory of Principles could be an alternative metaphysical option to replace the theory of Idea. This paper suggests that Plato has failed and just Aristotle turns Plato's path into another new metaphysical direction based on different meanings of Being in his early works *EudemianEthics*.

Keywords: Plato; *Philebus*; principle; one; many

Plato on the Unicity of the World
LIU Wei-mo

Abstract: It is highly disputable how to understand and evaluate Plato's argument about the unicity (both the oneness and as a unified whole) of the world at the beginning of the *Timaues*. Traditionally, this was often simplified as an argument in terms of the unicity of the Form on which the divine craftsman builds the most similar world. The argument, so understood, does not seem sufficient to establish the strong thesis that Plato wants to establish. Critics even complain that this is nothing but a fallacious inference based on confusing the formal with the proper properties. Contrasting such criticisms, in this paper, I aim to provide a new and charitable reading of Plato's argument for the unicity of the world, which includes three sub-arguments. First, I focus on the concept of "containing (περιέχον)", which helps Plato to clarify in what sense the world is complete (30c4-31b1). Then, in contrast to the traditional reading which is inclined to link 30c4-31b1 with 39e3-40a2, I turn to 32c5-33b1, the internal structure of the world, analyzing how four simple bodies or their capacities construct the wholeness of the world, which is also a necessary condition for its being numerically one. Finally, I argue that Timaeus' account of the world soul and its mathematical constitution (35b2-36b6), as a parallel case, provides further clues for making better sense of his argument for the unicity of the world. In particular, this reinforces the reliability of the analogy between the form of Living thing and the visible world, the starting point of this argument.

Keywords: *Timaeus*; container; whole and part; proportion; element

Question Mark in Plato's Philosophy:
Euthyphro 12d and *Meno* 73a, 81a
SHENG Chuan-jie

Abstract: Question mark in Plato's philosophy is generally ignored by scholars, since they usually treat Plato's dialogues as monologues or treatises. By analysing the texts of *Euthyphro* 12d and *Meno* 73a, 81a, this article tries to prove: (1) Plato's dialogues are dialogues, not statements; (2) ideas or theories expressed in those questions are not necessarily held by Plato or Socrates. From this point, the importance of dialogue form in Plato's philosophy emerges. This article consists of three parts: firstly, the text of *Euthyphro* 12d elaborates the reasons why dialogue cannot simply be treated as treatise and the functions of question mark in the text. Secondly, combined with the texts in *Protagoras*, the analysis of *piety as a part of justice* illustrates

Socrates does not hold this idea and the question in the text is not a statement. Lastly, two texts of *Meno* are selected as paradigm to demonstrate how Socrates expresses his ideas.

Keywords: *Euthyphro*; *Meno*; Plato; dialogue

The Insight of Being and the Vision of Nature
---The *Phaedrus* on Beauty
FAN Li

Abstract: According to Socrates' account in the Phaedrus, 'recollection' is the passage between the mortal soul and its original vision, recovered by the radiance of beauty. Despite its limitedness, this recovered vision somehow lifts the soul to its pre-fall state, a state of philosophy. The analysis of the text indicates that the foremost obstacle to the soul's recovery lies in opinions, especially the public opinions of the city. The recovery of the soul's original vision depends above all upon transcending the opinions of the city, namely, its nomoi. 'Recollection' in this sense consists in liberating the soul from the Cave of the city, discovering or recovering the natural vision. Beauty assists this process in the way other beings cannot.

Keywords: *Phaedrus*; beauty; soul; recollection

Function Argument: From Plato to Aristotle
LIU Wei

Abstract: In Aristotle's ethics, the famous "function argument" is the key to connecting human being, reason, virtue, and happiness. But

Aristotle provides two very different function arguments in his *Eudemian Ethics* and *Nicomachean Ethics*. If we take Plato's "function argument" in *Republic* I as starting point, and then compare Aristotle's two arguments, we will find a number of threads to understand Aristotle's central argument in his ethics, his departure and development from Plato, and also see Aristotle's own reflections and revisions.

Keywords: function; *Republic*; *Eudemian Ethics*; *Nicomachean Ethics*

The Division of System of Scientific Knowledge in Aristotle
NIE Min-li

Abstract: How does Aristotle divide the system of scientific knowledge? It seems a simple problem, but a complicated one. For Aristotle applies different standards of division to this job. So, from the viewpoint of the inquired objects, the system of scientific knowledge is divided into physics (natural knowledge), practical knowledge and productive knowledge, but from the view point of the thinking function, the system of scientific knowledge is divided into theoretical knowledge, practical knowledge and productive knowledge. Investigators usually confuse the two standards of division, and thus claim that physics is opposite to practical knowledge and productive knowledge in the thinking function. This paper, based on a detailed and deep investigation of Aristotle's texts, clarifies the difference and connection between the two standards of division. Finally, this paper shows that the theoretical thinking as the thinking function also can be applied to practical knowledge and productive knowledge.

Keywords: theoretical thinking; practical thinking; productive thinking; nature; practice; production

The "Primary Substance" in Aristotle's *Categories*: An Interpretation of Neoplatonism

WANG Yu-feng

Abstract: In *Categories* Aristotle takes the individuals as "primary substances" which are prior of their species and genera, i.e. those secondary substances. Plotinus, Porphyry and those Neoplatonists after them distinguish two different kinds of "priority", one is by nature, one is to us. In their view, the categories which are discussed in *Categories* are limited in the sphere of sensible beings, the priority of the primary substance is only to us, not by nature. By this way, Neoplatonists not only dissolve the "contradicts" between the *Categories* and *Metaphysics*, but also the tension between Aristotle's philosophy and Plato's philosophy.

Keywords: categories; primary substance; second substance; priority

Absence of Being or Absence of Form

— On the notion of *sterèsis* in Heidegger's *On the Essence and Concept of Φύσις in Aristotle's "Physics"*

ZENG Yi

Abstract: Serving the different interests of his proper philosophy for the different stages, Heidegger's interpretation of Aristotle follows different strategies and can not be considered perminent. After the *Kehre*, a strain of mysticism seems to go through his thoughts, which is also reflected in his interpretation of Aristotle. For explaining this tendency, we take his interpretaion of crucial aristotelian concepts in book II of *Physics* as a example, to clarify the instances of his reconstruction, for which his inventive comprehension of concept *sterèsis* plays a pivotal role. Via this approach, the two-fold essence of *phusis*, which means Nature here, is established as origin of both *Entbergung* and *Verbergung*. Thus, pursuit of truth in the history of western spirit is accordingly revealed as a development of uncoverness of Being with the forget of *phusis* delivering and hiding itself, which makes that history possible.

Keywords: nature; induction; privation; form; shape

Form and *Ousia* in *Metaphysics* Z:

A Discussion with Michael Frede & Günther Patzig

LV Chun-shan

Abstract: This paper begins with the view made by M. Frede and G. Patzig that the two concepts of substance and form in *Metaphysics* Z are identical. By way of arguing against this view, it claims that they are not absolutely equal, because form is not only the separate substance, which is 'a this', but it is also the object of the universal definition, which is universal. Form possesses dual roles and hence double characters. This paper goes further to point out that the universality of form has not been demonstrated in Book Z, but it is clarified in Book Λ and *On the Soul*. In these two texts, Aristotle interprets the universality of form in two ways, namely, by analogy and by extending the concept of reality.

Key words: substance; form; universal; individual

The Physical Parts of Substance and the Substance: On the Dual Model of Analysis in Aristotle's Theory of Substance
GE Tian-qin

Abstract: This article deals with the question as to whether the physical parts of a substance *per se* can still be substances after separating from the whole substance. It seems that Aristotle gives two contrary answers to this question in his corpus. In order to avoid the inconsistence, this article shows that Aristotle actually uses two models for analyzing substances, namely the Model of Artifacts and the Model of Living-beings. According to the former, the physical parts of a substance *per se* are still substances after separating from the whole substance; according to the latter, on the other hand, the physical parts of a substance *per se* are not substances after separation. In addition, this article attempts to show that there is a kind of methodologically progressive relationship between the two models, i.e. from what is "better-known to us" to what is "better-known by nature".

Keywords: substance; physical parts; artifacts; living-beings; models of analysis

2017 年学术会议简报

(按时间顺序)

"亚里士多德实体概念——文本分析和思想史分析"学术研讨会于 2017 年 5 月 20-21 日在山东大学召开。本次研讨会由山东大学古希腊思想研究中心主办,来自中国人民大学、四川大学、中国社会科学院、华侨大学、北京师范大学、山东省委党校和山东大学的 10 多位希腊哲学研究领域的著名学者应邀在研讨会上发表演讲,多位研究生旁听了会议。研讨会包括三个专场的著作讨论、一次围绕实体概念的专题讨论,以及一场针对余纪元教授的学术追思会。前两个专场讨论分别围绕中国人民大学教授聂敏里和四川大学教授熊林各自所做的主题发言,由山东大学教授谢文郁和中国社会科学院副研究员詹文杰主持,其中,关于"形式的个体化"与"同名异义"两个核心问题,引发了大家激烈的讨论。在自由发言环节,大家依次针对所提交的三篇论文进行回应和点评。最后,由山东大学教授傅永军、谢文郁主持,特意为余纪元先生举办了一场小型的追思会和余纪元著作的专题讨论会,学者们分别讲述了各自与余纪元先生在生前交往共事的点滴,同时也针对其学术成果展开了大量讨论,最后对余纪元先生为国内希腊学界,乃至整个中国学术界做出的突出贡献,给予了充分肯定和高度评价。通过此次学术研讨会的顺利召开,汇集了各位希腊哲学研究学者们的新近成果,增进了希腊学界内部的交流与沟通,展望了未来希腊哲学研究的前沿视域。(供稿/山东大学古希腊思想研究中心)

"亚里士多德对柏拉图形而上学的批评与柏拉图的可能回应"国际会议于 2017 年 6 月 17-18 日在中国人民大学召开。本次会议由中国人民大学哲学院主办,参会学者包括美国哥伦比亚大学的沃尔夫冈·曼(Wolfgang Mann)、美国乔治亚大学的爱德华·哈珀(Edward Halper)、英国牛津大学的保罗·费特(Paolo Fait)、德国慕尼黑大学的克里斯提安·费弗(Christian Pfeiffer)、爱尔兰三一学院的瓦西里斯·波利提斯(Vasilis Politis)和彼得·拉尔森(Peter Larsen)、中国人民大学的刘玮、北京大学的程炜、北京师范大学的刘鑫、中国政法大学的苏峻、山东大学的田洁、复旦大学的王纬、中山大学的江璐等,与会学者在为期三天的会议中,就柏拉图与亚里士多德的形而上学问题展开了深入细致的探讨。(供稿/中国人民大学哲学院)

"第十届全国古希腊哲学论坛"于 2017 年 8 月 21-22 日在云南大学召开。本次论坛由中华全国外国哲学史学会古希腊罗马哲学专业委员会主办、云南大学公共管理学院哲学系承办、《思想战线》·《云南大学学报(社会科学版)》编辑部协办。本次论坛以"古希腊哲学中的实在、心灵与知识"为主题,来自中国人民大学、中国社会科学院、中山大学、四川大学、天津外国语大学、南昌大学、云南大学和云南省社科院等单位的近 20 位专家学者参加论坛。与会学者通过主题报告、专家评议和集中讨论的方式,围绕公元前 5 世纪到公元 3 世纪时期古希腊哲

学中关于实体、心灵与知识的重要本体论、认识论和伦理学问题进行了深入研讨。(供稿/云南大学哲学系)

"陈康先生学术思想研讨会——暨苗力田先生诞辰100周年座谈会"于2017年9月16-17日在中国人民大学召开。此次会议由聂敏里教授主持的国家社科基金重大项目"陈康著作的整理、翻译与研究"项目组主办,中共中央党史研究室副主任、中国人民大学原副校长冯俊,中国人民大学哲学院院长姚新中出席会议并致辞。纪念座谈会环节由冯俊主持。北京大学哲学系教授朱德生、陈启伟,中国人民大学哲学院教授李毓章、刘大椿,中国社会科学院哲学研究所研究员姚介厚,北京市社会科学院哲学所研究员洪汉鼎等老一辈学者,以及来自北京大学、清华大学、中国人民大学、中国社会科学院、中共中央党校、山东大学等高校和科研机构的中青年学者,在纪念座谈会上回忆了苗力田先生生前治学的点滴,对其在哲学研究领域的杰出学术成就和对学术的坚守表达敬意。会上,姚介厚转达了96岁高龄的著名哲学史家汪子嵩先生对座谈会的衷心祝贺。汪子嵩表示,希望座谈会取得圆满成功,同时借此表达他对导师陈康先生的感恩之情以及深深的敬意,表达对他的师兄苗力田教授的真挚缅怀之情。在学术研讨会环节,与会学者围绕陈康先生的学术理念和学术成就以及古希腊哲学(尤其是柏拉图和亚里士多德哲学)中若干重要主题展开深入研讨。(供稿/中国人民大学哲学院)

《古希腊罗马哲学研究》征稿启事

《古希腊罗马哲学研究》(Journal of Ancient Greek and Roman Philosophy)是中华全国外国哲学史学会古希腊罗马哲学专业委员会主办的专业学术辑刊。本刊的学术指导和编辑职责由编辑委员会承担。本刊秉持专业性、前沿性和开放性的原则,旨在为国内外研究者提供一个学术交流的专业平台,以促进学科发展和学术繁荣。

《古希腊罗马哲学研究》现面向国内外学术界征求古希腊罗马哲学研究领域的学术论文、译文、书评、书讯、访谈和会议简讯等稿件。论文、译文和书评等学术稿件需接受同行专家匿名评审。一般而言,学术稿件需要包括题名、作者姓名、工作单位、中英文摘要、关键词、正文、注释及参考文献。中文摘要一般为200字左右,关键词3-6个。本刊不接受纸质稿件,请将电子版发送至本刊编辑部电子邮箱 jagrp_editor@163.com,邮件标题请写明作者姓名及论文名称,并注明"投稿"字样。投稿者三个月未接到用稿通知,稿件可自行处理。

欢迎投稿!

《古希腊罗马哲学研究》编辑部
2018 年 4 月